Autonomie oder Getto?

Kontroversen über die Alternativbewegung

Peter Brückner · Daniel Cohn-Bendit
Matthis Dienstag · Jens Huhn
Bernd Leineweber · Karl-Ludwig Schibel
Thomas Schmid

Herausgegeben von Wolfgang Kraushaar

Verlag Neue Kritik

ISBN 3-8015-0150-7
c 1978 by Verlag Neue Kritik KG Frankfurt
Der Abdruck des Beitrags „Abriß der Lebensreform" aus dem Band „Fidus" von J.Frecot, J.F.Geist und D.Kerbs erfolgte mit der freundlichen Genehmigung des Verlages Rogner & Bernhard
Umschlag Hanno Rink
Druck Fuldaer Verlagsanstalt Fulda

INHALT

Vorbemerkung

Bei dem vorliegenden Band handelt es sich, wie schon aus dem Untertitel zu ersehen ist, in erster Linie um einen Diskussionsband. Lediglich zwei Beiträge sind nicht unmittelbar für die Kontroverse über die Alternativbewegung geschrieben worden. Der Artikel von Matthis Dienstag, „Provinz aus dem Kopf", stammt aus dem Jahre 1975 und der sozialgeschichtliche Abschnitt aus der Studie von Frecot, Geist und Kerbs über „Fidus", den Maler der Lebensreform, von 1972. Trotz ihrer unterschiedlichen Motive gehören sie zweifelsohne auch in den hier thematisierten Zusammenhang.

Allen anderen Autoren haben die einleitenden Thesen in einer ersten Fassung vorgelegen. Anhand der in ihnen entwickelten Problemstellungen wurde eine ganze Reihe von Diskussionen geführt. So sind die Beiträge zwar unverkennbar von Einzelnen geschrieben, jedoch wären sie ohne die Vielzahl von mündlichen Auseinandersetzungen in der vorliegenden Form kaum denkbar. Deshalb möchte ich mich auch bei all jenen bedanken, die an ihnen teilgenommen haben, hier aber keine explizite Erwähnung finden.

Das Gespräch mit Dany Cohn-Bendit wurde mit ihm zusammen leicht überarbeitet und in einigen Passagen ummontiert.

Die abschließende Bibliographie soll zusammen mit dem historischen Teil aus dem „Fidus"-Band die Möglichkeit bieten, Problemstränge, die in der hier geführte Kontroverse zu kurz gekommen sind, durch eine gründlichere Lektüre weiter fortzusetzen. In der vorliegenden Fassung wäre diese Literatursammlung ohne die Vorarbeiten und Hinweise von Christine Huth, Bernd Leineweber und Karl-Ludwig Schibel nicht möglich gewesen.

W.K.

Wolfgang Kraushaar
THESEN ZUM VERHÄLTNIS VON ALTERNATIV- UND
FLUCHTBEWEGUNG
Am Beispiel der frankfurter scene

„Wenngleich die Ambivalenz, welche die ganze Bewegung durchdringt, ihre Isolation von der Gesellschaft — eine Vorbedingung ihrer radikalen Funktion
— zu einer unreifen Personalisierung, zur Beschäftigung mit Privatproblemen führt . . . sind diese Kommunen nicht nur ein Refugium . . ., sie sind Inseln
einer Zukunft, der Testboden humaner Beziehungen
zwischen Menschen. Die Tatsache, daß diese ganze
Sphäre, wie jede andere Gesellschaftssphäre, ebenso
die Zufluchtstätte einiger Kranker und Verrückter
geworden ist, hebt nicht ihre politische Rolle und
Funktion auf. Aber dieses politische Potential wird
nur in dem Grade aktiviert werden, indem es in politisches Bewußtsein übersetzt ist und indem es diesen
Kommunen gelingt, die neue Sensibilität, das Private
und die individuelle Befreiung der „Anstrengung des
Begriffs" zu unterwerfen."
Herbert Marcuse

Obwohl die bundesrepublikanische Linke augenblicklich nichts
mehr kennzeichnet als der fast vollständige Mangel eines sozialrevolutionären Ansatzes, versucht dennoch ein Teil von ihr auch
unter den lähmenden Vorzeichen staatlicher Repression nicht
auf die Revolutionierung der Verhältnisse zu verzichten.
Waren mit dem Scheitern des SPD-Reformismus zugleich auch
die politischen Voraussetzungen für eine radikale Interventions-

strategie im Produktionsbereich verlorengegangen, so antworteten die undogmatisch-spontaneistischen Gruppen auf die Erfolglosigkeit von Betriebs- und Stadtteilkämpfen mit der Radikalisierung ihres eigenen Lebenszusammenhanges. Hatte die innenpolitische Entwicklung in der Bundesrepublik ohnehin den anfangs apostrophierten „langen Marsch durch die Institutionen" nicht zugelassen und damit die Herausbildung einer „revolutionären Berufsperspektive" schon im Keime erstickt, so sollte nun der Schaffung einer eigenen Reproduktionsbasis eine zentrale Rolle zukommen. Angesichts einer staatlich geschlossenen Gesellschaft versprach man sich von diesen beiden Initiativen, den fortschreitenden Identitätszerfall der radikalen Linken auffangen zu können. Zum zentralen Gegenstand der politischen Bemühungen wurden die Fortsetzung des Emanzipationskampfes und die Absicherung des eigenen Sozialzusammenhanges unter veränderten Bedingungen.

Unter diesen, weitgehend durch die restriktive innenpolitische Entwicklung der sozialliberalen Koalition bedingten Umständen und bei der gleichzeitigen Bedeutungslosigkeit der zunehmend pathologisierten K-Gruppen auf der einen und der wieder weitgehend integrierten linken Fraktionen in SPD und DKP auf der anderen Seite, geriet vor allem das Sozialistische Büro in den Blickpunkt der Öffentlichkeit. Als einzig ernst zu nehmender organisatorischer Ansatz der unabhängigen Linken, der der Zwickmühle von Reformismus und Revisionismus zu entgehen versucht, schien er den zersplitterten und paralysierten Kräften vor allem mit seiner Antirepressionskampagne Rückhalt und Stabilität zu verleihen. Jedoch stellte sich schon bald heraus, daß mit einem bloßen Abwehrkampf keine wirkliche politische Identität erhalten und auch kein Zusammenhalt bewahrt werden kann.

Wenngleich das SB als Sammelbecken heterogener politischer Strömungen nicht einfach auf die linkssozialdemokratische Herkunft seiner Gründungsmitglieder zu reduzieren ist, so läßt sich dennoch der konstitutive Einfluß dieser Position auf seine gesamte Politik keineswegs verleugnen. Der vor allem moralisch bestimmte Kampagnensozialismus, der am Beginn seiner Entwicklung in der Antiatom- und Antinotstandsbewegung im Vordergrund stand, prägt auch heute noch in entscheidenden Zügen

* Kritik des SB

das Bild dieser Organisation. Ja, fast scheint es so, als hätte die restriktive politische Entwicklung in diesem Lande nicht unerheblich mit dazu beigetragen, daß ihr wirklicher Charakter offener als bisher in Erscheinung treten konnte. Die Reduktion auf radikaldemokratische Positionen, die in der politischen Repression des Staates ihre quasi-objektive Rationalität findet, scheint keineswegs zufällig zu sein, sondern vielmehr etwas von der tatsächlichen Substanz ihres Selbstverständnisses auszudrücken. Zwar hat sich das SB immer als Organisationsform für jene Gruppierungen und Ansätze angeboten, die aus der Studentenbewegung stammen, sein Selbstbewußtsein jedoch hat es daraus zu keinem Zeitpunkt bezogen. Die Kampf- und Erfahrungsmomente der antiautoritären Bewegung gingen niemals konstitutiv in seine politische Identität ein; sie taugten immer nur als radikales Ferment für ganz andere strategische Absichten, in die es sie zu integrieren galt. Wenn für die Studentenbewegung die ,,Trauer um den Tod des bürgerlichen Individuums" bestimmend gewesen ist, dann war es für einen großen Teil des SBs die Trauer um die verlorengegangene Integrität der SPD. Die wirkliche politische Identität blieb immer an der Vorstellung einer real existierenden Arbeiterbewegung — und das hat in der Bundesrepublik fast immer Stillstand geheißen — fixiert und hofft dementsprechend unverdrossen weiter auf Polarisierungsprozesse, die in der SPD und den Gewerkschaften in Gang kommen sollen. Deshalb ist das SB auch geradezu zwangsläufig neben sporadischen Kampagnen und der bürokratischen Verwaltung anderswo stattfindender Politik durch nichts mehr als einen Zustand des permanenten Abwartens gekennzeichnet. Seiner Logik zufolge kann es im eigentlichen Sinne noch nicht aktiv werden, da es dazu eben die Ansätze radikaler Arbeitsgruppen benötigt, die hier aber kaum existieren. So steht es in gewisser Weise über allen Aktivitäten, unter allen Gruppierungen, neben allen Ansätzen; jedoch niemals im Zentrum der Praxis selber. Dies zu tun gibt zwar die sogenannte ,,Arbeitsfeldkonzeption" programmatisch vor, in Wirklichkeit handelt es sich hierbei aber um eine leicht durchschaubare politische Rationalisierung der eigenen Berufspraxis, die ja wohl kaum irgendwo mit einer revolutionären identisch sein dürfte. Ein Realitätsprinzip, das ansonsten immer schon gegenüber dem Lustprinzip gesiegt hat, stellt sich hier überdies auch noch als Fiktion heraus. Anstatt eine materialistische Klärung für die übergroße Mehrheit seiner im Hochschul- und Sozialbereich tätigen Mitglieder herbeizuführen, wird insgeheim immer nur die potentielle Bedeutung der Arbeiterklasse beschworen. Die Propaganda, undogmatisch und offen zu sein, ist zumindest insofern eine Täuschung als sie an einem eheren Grundverständnis, das noch ungebrochen am Primat von Proletariat und Betriebsarbeit festhält, keinen wirklichen Zweifel zuläßt. Unterhalb des basisdemokratischen libertären Selbstverständnisses steckt ein dogmatischer Bodensatz, der die politische Mentalität seiner aktiven Mitglieder zutiefst prägt. Ausdauer, Zähigkeit, Kleinarbeit und Widerstandskraft mögen ansonsten notwendige Momente jeder politischen Praxis sein, hier bekommen sie jedoch eine sozialistische Weihe, in deren Schutz eine ansozialisierte Arbeitsmoral fröhliche Urständ feiern kann. Sozialistisches Büro — das ist der Sozialismus, der aus der protestantischen Ethik kommt. Ein Sozialismus, der allein schon deshalb nur schwer zu neuen Ufern führen kann, weil er blind einen Sozialcharakter mitschleppt und unbewußt fördert, der in der Geschichte immer mit Industrialisierung und Fabrikgesellschaft verschwistert war. Auf die neuen Qualitäten, die das historische Niveau der Studentenbewegung ausgemacht haben, ist hier oft schon von vornherein verzichtet; bisweilen dienen sie lediglich zur Erleichterung der ‚harten' politischen Arbeit. Selbst als Organisation, als synthetisierende und identitätsstiftende Kraft muß das SB letzten Endes fiktiv bleiben. Als Sammelbecken hat es zwar zunächst einmal die Möglichkeit zur produktiven Konfrontation unterschiedlicher Positionen, sobald sich aber die heterogenen Gruppierungen einmal praktisch aufeinander beziehen müssen, zerfällt ihr Zusammenhalt zumeist umstandslos in seine mannigfaltigen Bestandteile. Hinter fast jeder einzelnen Position verbirgt sich auch ein Hegemonialanspruch, der fortwährend auf die gesamtorganisatorische Vorherrschaft spekuliert und damit eine produktive Auseinandersetzung oft schon im Keim verunmöglicht. Seine organisatorische Einheit bewahrt es nur solange, wie es Politik verwalten kann, das heißt mehr oder weniger unverbindlich und appellativ bleibt. Sobald es aber dazu gezwungen ist, sich konkreter auf bestimmte Konflikte einzulassen und praktisch zu verhalten, verliert es auch seinen Zusammenhang. Gerade dann, wenn die Probe aufs Exempel seiner Absichtserklärungen gemacht werden soll, versagt es. Bisher jedenfalls war das SB vor allem ein Projektionsgegenstand für eine Unzahl unerfüllter politischer Hoffnungen. Sicherlich wäre die hiesige Linke ohne es noch ärmer, dennoch aber besteht kaum ein Grund, von ihm die Verwirklichung der auf es gerichteten Hoffungen zu erwarten. Auf absehbare Zeit scheint es weder in theoretischer, geschweige denn in praktischer Hinsicht der Ort zu sein, an dem eine produktive Auseinandersetzung mit den hierzulande wirklich existierenden Bewegungsansätzen — Frauen-, Studenten-, Ökologie- und Antikernkraftwerksbewegung — möglich ist. Dazu steht die Organisation zu weit daneben, sitzen die Dogmen in ihr noch zu tief und haben sich ihre Mitglieder zu sehr aufs Abwarten — worauf eigentlich? — eingerichtet. Das Sozialistische Büro verkörpert das Dilemma mit dem Sozialismus in der Bundesrepublik eher, als es diesen herbeiführt. Es ist ein frommer Wunsch, der sich anscheinend kaum säkularisieren läßt.

Die Priorität des Interessens- und Erfahrungszusammenhanges, die vom SB nur plakativ beschworen wird, steht im Zentrum jener Ansätze, die etwas pauschal als Alternativbewegung bezeichnet werden. Spätestens seit dem Tunix-Treffen in Berlin haben sie ein öffentliches Interesse gefunden, das selbst über den Kommunikationszusammenhang der Linken hinausreicht. Mit dem Aufbau alternativer Projektmodelle (Buchläden, Druckereien, Werkstätten, Landkommunen etc.), der Organisierung des eigenen Lebenszusammenhanges, der Entfaltung eines Systems von Gegenökonomie, letztendlich der „Politik in erster Person" stellen sich für sie die Probleme von Widerstand, Kampf und Antizipation nicht länger mehr unter den jeweiligen Bedingungen der Klassengesellschaft, sondern vornehmlich im Medium subjektiver Erfahrung und konkreter Alltagspraxis. Anstelle eines gezielten Angriffs auf die Strukturen des kapitalistischen Systems tritt nun mit dem Aufbau eines alternativen ökonomischen Systems die Entfaltung der Subjekte, die schon heute qualitativ anders möglich sein soll, in den Mittelpunkt der Auseinandersetzungen. Erfolgskriterium ist nicht mehr die soziale Wirksamkeit eines Klassenkampfkonzeptes, sondern der Entwicklungsgrad positiver Lebensentwürfe und

12

der darin eingeschriebenen Möglichkeiten zur Selbstbefreiung. Damit versucht die Alternativbewegung in einer existentiellen Krise der Neuen Linken eine Antwort auf Integration und Repression zu finden, indem sie eine eigene soziale Identität zu entwickeln versucht, die die historisch neuen Bedürfnisqualitäten, die das spätkapitalistische System selbst schon mitproduziert hat, zu ihrem zentralen Gegenstand macht. Sie will

— auch im Kampf gegen Berufsverbote und Arbeitslosigkeit die generelle Ablehnung von kapitalistischen Rollenfunktionen und damit verbundenen Herrschaftsformen, sowie der taylorisierten Arbeit als Entfremdungs- und sozialen Unterdrückungszusammenhang nicht aufgeben;

— auch die unter kommunistischen und sozialdemokratischen Vorzeichen sich fortsetzende Entsubstantialisierung eines Politikbegriffs, der immer mehr in Widerspruch tritt zu qualitativ anders möglichen Lebensformen, in einer Öffnung nach seiner materialistischen Bedürfnisbasis hin abfangen;

— eine immer wieder aufs neue einrastende, schlecht abstrakte Organisationsdebatte, die zentralistisch subsumierend verfährt, in den Kontext des gegenkulturellen Lebenszusammenhanges stellen, ohne dabei von der Unterschiedlichkeit und Vielschichtigkeit dezentraler Organismen abzusehen;

— sich nicht im Abwehrkampf gegen Repression die Ebene der Auseinandersetzung vom Staat und seinen Herrschaftsagenturen vorschreiben lassen, sondern im Entwurf alternativer Lebensformen die Voraussetzung für eine sozialrevolutionäre Strategie entwickeln, in deren Verlauf die persönliche Emanzipation anstatt von ihrer Bedürfnisbasis abgeschnitten, weiter forciert werden soll;

— in den Mittelpunkt des Kampfes nicht mehr substitutionalisierend die Interessen des Proletariats, einer bloß kategorial definierten Klasse stellen, in die man ohnehin nur durch einen Akt intellektueller Dezision gelangen kann, sondern die Bedürfnisse der im Kampf involvierten Subjekte selber.

Nun stellt sich allerdings die Frage, ob sich tatsächlich die „Große Verweigerung" positiv in die Organisierung des eigenen Lebenszusammenhanges umkehren läßt, ob das Ende des langen Marsches durch die staatlichen mit dem Aufbau eigener Institutionen, die vollständige politische Isolation mit der Kehrtwendung in eine Autonomie-Position der relativen Stärke beantwortet werden kann. Wie weit läßt sich der Kapitalismus transzendieren, ohne daß dies die Abschaffung seiner ökonomischen Strukturen zur Voraussetzung haben muß? Kann die Alternativbewegung wirklich einen neuartigen Ansatz zur Revolutionierung der spätkapitalistischen Metropolen begründen oder ist sie nur eine Zerfallserscheinung, eine subkulturelle Fluchtbewegung, die in der Umstandslosigkeit ihres Bedürfnisansatzes letztendlich zur politischen Wirkungslosigkeit verkommen muß?

Unleugbar ist mittlerweile, daß hiermit zwar ein erster Versuch unternommen wurde, aus der historischen Scheinalternative von Sozialdemokratie und Kommunismus auch konkret hinauszugelangen, indem mit der praktischen Erprobung eigener Projektansätze begonnen wurde. Jedoch ist gerade der Aufbau von gegenökonomischen Strukturen an massive Grenzen gestoßen und ein anderes Selbstverständnis, das eine historisch neue Form sozialer Identität antizipieren soll, konnte überhaupt nur auf der Grundlage ideologischer Kurzschlüsse realisiert werden. Aus diesem Grunde ist es unbedingt erforderlich, eine Diskussion zu eröffnen, in der die organisatorischen Prinzipien und perspektivischen Absichten der Alternativbewegung auf ihre sozialrevolutionären Möglichkeiten hin untersucht werden. Denn nur die Rekonstruktion des jeweiligen sozialpolitischen Kontextes vermag Kriterien zu begründen, nach deren Maßgabe sich die Spielräume zu bemessen haben, die den Konstitutionsrahmen alternativer Projekte markieren.

Dazu sechs ketzerische Thesen, die am Beispiel der frankfurter scene die bislang vorherrschende Begriffslosigkeit der Alternativbewegung auf den Begriff bringen sollen, ohne allerdings damit gleichzeitig Rückgriffe auf einen scheinbar vorhandenen Fundus „sozialistischer Allgemeinverbindlichkeiten" zu ermöglichen, die die zutagegetretenen Widersprüche zwar entschärfen, jedoch keineswegs lösen würden.

I. Die Alternativbewegung als Entmischungsprodukt der APO

Die Herauskristallisierung der Alternativbewegung verdankt sich einem komplementären Entmischungsprozeß einer zwar widersprüchlich zusammengesetzten, aber dennoch mehr oder weniger einheitlich agierenden ,Außerparlamentarischen Opposi-

14

tion', mit dem SDS als organisatorischem Kern. Ergebnis dieses sich am Ende der Sechziger Jahre abspielenden Prozesses war die folgenreiche Auflösung des antiautoritären Aktionszusammenhanges in jeweils voneinander separierte politische Erscheinungsformen, in denen entweder Organisationsprinzipien oder Emanzipationsgehalte einseitig verabsolutiert wurden. Trotz der gravierenden Unterschiedlichkeit dieser Erscheinungsformen beruhen beide gleichermaßen auf einem Moment des warenproduzierenden Kleinbürgertums, der entweder die historisch schon möglichen Befreiungsakte nicht aufzugreifen in der Lage ist oder aber die dementsprechend aktuell notwendigen Realisierungsbedingungen einfach mißachtet. In doppelter Hinsicht ist er durch eine komplementäre Form „revolutionärer Ungeduld" gekennzeichnet: Die Parteiansätze täuschen mit der Geschlossenheit der politischen Organisation eine schon verwirklichte Synthese der sozialen Bereiche vor, ohne daß diese auch nur ansatzweise aus ihren empirischen Widerstandsmomenten eine die gesellschaftliche Totalität antizipierende Form der Organisation herauskristallisieren könnten; damit vollzieht sich die Formbestimmung des Organisationstypus, ohne auch nur den Keim empirisch daseiender Bedürfnisstrukturen und Bewußtseinsformen in sich zu vereinigen, nach Maßgabe eines dezisionistischen Aktes, der in fataler Weise einer der beiden existierenden Varianten des ‚realen Sozialismus' verpflichtet ist. Die spontaneistischen Mobilisierungsformen hingegen täuschen mit der Praktizierung alternativer Lebensformen eine Konkretionsebene vor, die substantiell erst dann erreicht werden kann, wenn die die Erscheinungsformen konstituierenden ökonomischen Antagonismen außer Kraft gesetzt sind. Solange jedenfalls die sich wie auch immer formierende Klassengesellschaft noch fortexistiert, solange wird jedes einzelne soziale Phänomen — und mag es noch so exklusiven Charakters sein — bis in seine letzte Verästelung hinein von diesem zentralen Widerspruch mehr oder weniger stark geprägt sein. Befreiung im emphatischen Sinne ist auch nicht um einen Zoll möglich, solange dieses System als totalitätskonstituierendes Realitätsprinzip andauert. Es ist zwar richtig, den Gang in die bloß politischen Organisationen als gleichzeitigen Niedergang der Emanzipationsgehalte zu desavouieren und von vornherein die widersprüchliche Einheit von ‚Politik und

Leben' zu postulieren; jedoch muß dieser Versuch, aus dem Zirkel von Spontaneität und Organisation, Sporadik und Kontinuität, Aktualität und Geschichte auszubrechen, solange gegenkulturelle Figur bleiben müssen wie er nicht aus seinem Getto heraustritt und in veränderter Form gesellschaftlich interveniert. Deshalb ist auch der Aufbau alternativer Lebenszusammenhänge und gegenökonomischer Projekte nicht schon per se abzulehnen, sondern lediglich ihre Verselbständigung zu pseudoautonomen „Widerstandsinseln", das Ausblenden aller anderen sozioökonomischen Widersprüche.

Die erste These lautet, daß erst ein strategischer Ansatz zur sozialen Revolution in Westeuropa vor der Gefahr der wechselseitigen Verselbständigung in organisatorischer oder emanzipatorischer Hinsicht gefeit ist, wenn er dazu in der Lage ist, die systemkonforme Kanalisierung von Massenbedürfnissen aufzufangen und sie zur Basis einer revolutionären Politik zu machen, in der die konkrete Entwicklung befreiter Lebensformen zugleich eine Perspektive gesamtgesellschaftlicher Umwälzung besitzt. Erst wenn die Differenz von Politik und Leben ausgehalten und produktiv gemacht wird, läßt sich sowohl dem Kurzschluß einer voreiligen Identität, als auch der vollständigen Unterwerfung des einen dem anderen gegenüber entgehen.

II. Gegenökonomie: Ein Schritt vor, zwei Schritte zurück

Ohne die um die sogenannte Ökokrise kreisende und am explosiven Thema Kernenergie sich auch innerhalb des Systems scheidende Problematisierung bislang gesellschaftlich nicht weiter hinterfragter Standardbegriffe wie Technik, Rationalität und Fortschritt wären die inzwischen von der Subkultur hervorgebrachten Ansätze zur Entwicklung einer alternativen Bewegung mühelos und mit aller Eindeutigkeit auch von der Linken als rückschrittliche Fluchttendenzen gebrandmarkt worden. Seitdem aber die von den multinationalen Konzernen zum Teil absichtlich mitproduzierte „Erdölkrise" Ende 1973 einen massenpsychologischen Schock auszulösen vermochte und zudem eine früher nur in Spezialistenkreisen geführte Debatte um eine alternative „soft technology" Eingang in die Massenmedien gefunden hat, treffen sie auch innerhalb der ehedem interventionistisch am „proletarischen Subjekt" fixierten radikalen Linken

16

auf größere Resonanz. Vor allem die schon seit einem Jahrzehnt im Medienbereich arbeitenden Kollektive wie Verlage, Druckereien, Buchvertriebe und -läden besitzen einen Vorschuß an praktischer Erfahrung in Sachen alternativer Ökonomie, der mittlerweile auch in anderen Bereichen der Produktions- und Zirkulationssphäre Anwendung findet. Wenngleich auch die alternativen Projekte dem Doppelcharakter der Arbeit unterworfen bleiben und jeder Versuch, das Geld als Lohnform abzuschaffen, zwangsläufig im verschleierten Äquivalententausch münden muß, so unterscheiden sie sich dennoch in zwei bedeutsamen Punkten von der Produktionslogik kapitalistischer Betriebe. Einmal versuchen sie durch die unnachgiebige Insistenz auf dem Gebrauchswert die Prinzipien einer tauschwertorientierten, profitmaximierenden Logik zu unterlaufen und zum anderen in der Veränderung der Verkehrsformen, insbesondere der Aufhebung geschlechtsspezifischer Rollenfunktionen, sowie der Trennung von Hand- und Kopfarbeit die hierarchischen Prinzipien und sonstigen Herrschaftsformen in Frage zu stellen. Jedoch so ehrenswert die Intentionen und so entschlossen die einzelnen Umsetzungsversuche auch sein mögen, über kurz oder lang stellen sich tiefgreifende Widersprüche in ausnahmslos jedem genuinen alternativen Projekt ein, die den Kollektivzusammenhang in eine existenzbedrohende Zerreißprobe zwischen Marktmechanismen einerseits und Emanzipationsansprüchen andererseits führen. Nicht ohne Grund ist bei den zumeist manufakturiell organisierten Alternativbetrieben, die sich zwangsläufig durch einen niedrigen Entwicklungsstand der Produktivkräfte auszeichnen — wie Rolf Schwendter zwingend nachgewiesen hat —, die Selbstausbeutung der Ware Arbeitskraft ein strukturelles ökonomisches Prinzip, demzufolge die Mehrwertschöpfung eine besonders große Rolle einnimmt. Der Zirkel, in dessen Rahmen hier jeder Transzendierungsversuch einer kapitalistischen Ökonomie befangen bleiben muß, besteht darin, daß entweder die alternative Ökonomie versucht, auf dem ‚freien Markt' konkurrenzfähig zu werden, indem sie die Selbstausbeutung der Ware Arbeitskraft bis an deren physische Grenzen vorantreibt, also mit der Überbetonung des variablen Kapitals das zumeist mangelnde konstante Kapital an Gebäuden, Werkzeugen, Rohstoffen etc. auszugleichen versucht und damit den Anspruch alternativer Verkehrsformen — von der Insistenz auf dem Gebrauchswert ist dann zumeist schon längst keine Rede mehr — zum bloßen Lippenbekenntnis werden läßt. Oder aber man versucht die Veränderung der Verkehrsformen bei zumeist niedrigem Qualifikationsniveau praktisch voranzutreiben, sodaß der Betrieb wegen mangelnder Rationalisierung und Arbeitsteilung nicht länger mehr konkurrenz- und damit praktisch auch nicht mehr aus eigener Kraft existenzfähig bleibt. Um einen Bankrott zu vermeiden, wird nun zumeist unter politischen Rationalisierungen eine Serie permanenter Subventionierung notwendig; als Kreditgeber müssen sich meist Genossen „opfern", die infolge ihres beruflichen Status über ein relativ hohes Einkommen verfügen. So eignen sich linke Professoren — eingeweihten Kreisen zufolge — sowohl im objektiven als auch subjektiven Sinne „besonders vorzüglich" für derartige Transaktionen; zum einen gelten sie politisch als „Kriegsgewinnler", weil sie im Gegensatz zu anderen ehemals politisch aktiven Studenten als Marxisten Karriere an der Hochschule machen konnten, und zum anderen zeichnen sie sich aufgrund ihrer „mangelnden Praxis an der Basis" zumeist ohnehin schon durch ein schlechtes Gewissen aus, von dem sie sich mit einem großzügigen Kredit oder einer angemessenen Spende leicht loskaufen können. Diese Schilderung eines typischen Beispiels aus der zumeist anonym verbleibenden Schattenzone der Gegenökonomie deutet den Zynismus an, mit dem die alternativen Charaktermasken zum Teil bewußt operieren; diejenigen, die noch die Naivität aufbringen, an den umstandslos emanzipatorischen Charakter zu „glauben", gelten häufig als die einfältigen Idioten, die nicht den „nötigen Durchblick" besitzen und sich in der Arbeit meistens als besonders „nützlich" erweisen. So stellt sich auch unter den Vorzeichen einer radikalen Infragestellung von Herrschaftsformen leicht ein undurchschaubarer Zwangszusammenhang ein, der neue Gewalt- und Unterdrückungsformen hervorbringen kann. So häufen sich die Fälle, in denen sich „Genossen" untereinander bei Androhung von Gewaltanwendung oder öffentlicher Bloßstellung die erforderliche „materielle Solidarität" erpressen. Ohne die komplexen Zusammenhänge von Gegenökonomie und alternativen Lebensformen umfassend skizzieren zu können, läßt sich dennoch in aller Eindeutigkeit feststellen, daß die Alternativbewegung aufgrund ihres weitgehend undurchschauten ökonomischen Konstitutionsprinzips der einfachen Warenproduktion zugleich einen neuen Typus von Sozialcharakter hervorbringt, den der subkulturell nachsozialisierten alternativen Charaktermaske.

Die zweite These lautet daher, daß der Aufbau alternativ organisierter Projekte und die damit ansatzweise möglich gewordene Entwicklung eines subkulturellen Lebenszusammenhanges zwar nicht per se in das Gegenteil ihres offen verkündeten emanzipativen Anspruchs umschlagen muß, man sich jedoch davor hüten sollte, die Gegenökonomie zur Basis einer historisch neuartigen, weil autonomen Revolutionsstrategie hochzustilisieren. Sicher gewinnt die Schaffung einer unabhängigen Reproduktionsbasis, die durchaus die strukturell bedingte höhere Ausbeutung der Ware Arbeitskraft zum Teil mit der Erhaltung und Stabilisierung einer radikalen Form von Gegenidentität wettmachen könnte, angesichts der zunehmenden psychischen und mittlerweile auch schon physischen Verelendung der wissenschaftlichen Intelligenz ständig an Bedeutung. Jedoch sollte dabei von vornherein klargestellt werden, daß die materielle Reproduktion und der Entwurf einer befreiten Zukunft innerhalb des auf der entfalteten Warenproduktion beruhenden kapitalistischen Systems, zumal angesichts einer weitgehend vorangeschrittenen Transformation des Konkurrenz- zum Monopolkapitalismus, nicht miteinander identisch werden können; wäre dies hingegen der Fall, so könnten wir getrost schon jetzt von der Abschaffung der Klassengesellschaft ausgehen. Nur das begriffliche Aushalten der spezifischen Differenz von Gegenökonomie und alternativem Leben kann vor dem Trugschluß einer umstandslos möglichen neuen Identität mit all ihren fatalen Folgeerscheinungen bewahren.

III. Unter der Hülle der Emanzipationsphilosophie: Sozialdarwinismus

Obwohl es einer der zentralen Aktionsgehalte der antiautoritären Revolte war, davon auszugehen, daß subjektive und objektive Veränderung, Selbstbefreiung und politischer Kampf untereinander vermittelt sein müssen, so ist der tatsächliche Ablauf doch wohl eher durch ein ständiges Auseinanderbrechen der in diesem Anspruch miteinander verbundenen Extreme charakterisiert gewesen als durch eine wirklich stattgefundene „Dialektik der Befreiung". Die schier unvermittelbaren, ja sich geradezu ausschließenden Positionen im exemplarischen Konflikt zwischen der Kommune I und dem Berliner SDS, in dem Orgasmusschwierigkeiten gegen den Vietnamkrieg und die Verbandspolitik einer Studentenorganisation gegen die Revolutionierung der Verkehrsformen vice versa ausgespielt wurden, drückt diese Diskrepanz noch am gravierendsten aus, die dann im organisatorischen Ausschlußverfahren nur zum Schein gelöst wurde. Danach ist es in der Geschichte dieser im Laufe nur eines Jahrzehnts so ungeheuer rapide gealterten Neuen Linken kaum noch zu derartigen Brüchen gekommen, da die strikte Auseinanderdividierung von subjektiven und objektiven Momenten in der Motivation zum politischen Kampf eine folgenreiche Desillusionierung der einstmals vertretenen emphatischen Ansprüche hinterließ. Heute jedenfalls kommt einem schon der Gedanke, daß die wechselseitig bis zur Pathologie auseinandergetriebenen Zerfallsprodukte erneut mit gemeinsamen Ansprüchen in einen Zusammenhang treten könnten, wie eine Zumutung vor. Würde die AA-Kommune beispielsweise die Absicht kundtun, im ‚Kommunistischen Bund Westdeutschland' eine aktionsanalytische Zelle zu gründen, so hätte das bestenfalls Gelächter oder Mitleid zur Folge. Das Maß an Integrationsfähigkeit, das noch die Kommune I hingegen dem SDS zuzutrauen imstande war, als sie ihre radikalen Selbstveränderungsansprüche noch im organisatorischen Rahmen dieses Intellektuellenverbandes lösen zu können glaubte, muß einem im nachhinein als geradezu naiv erscheinen. Nachdem das, zunächst einmal kurzfristig doppelte Scheitern der Revolte nach außen — Antinotstandsbewegung, Springerkampagne, Hochschulrevolte, Randgruppenkonzeption — und nach innen — Kommunebewegung, kollektive Lern- und Produktionsformen, sexuelle Revolte, Kinderladenbewegung etc. — zu einer existentiellen Krise der gesamten Bewegung und ihrer Akteure ausgewachsen war, reagierten die verschiedenen Zerfallspartikel mit einer Realitätsflucht in zum Teil schon vorhandene, nach Möglichkeit geschichtsträchtige Identitätshülsen. Das Ergebnis war die eingangs skizzierte komplementäre Depravierung von Organisations- und Emanzipationsformen zum höl-

zernem Dogmatismus der K-Gruppen einerseits und den begriffslosen Mobilisierungsriten der Spontis andererseits. Die von beiden Richtungen unternommenen Interventionen im Betriebs-,
Stadtteil- und Hochschulbereich scheiterten in jeweils verschiedenen Verlaufsformen. Die erneuten Reaktionsbildungen bestanden in nochmaligen Verhärtungen der ohnehin schon vorgegebenen fatalen Tendenzen. Während die K-Gruppen ihre diversen Parteiansätze vollends zu bloßen Außenposten Chinas,
Albaniens und der Sowjetunion entselbständigten, um damit
ihre eigene Wirkungslosigkeit als ,Avantgarde des Proletariats'
zumindest an der Seite des jeweils ,welthistorischen Siegers'
zu kaschieren, so verselbständigten sich viele Spontis zur lebensreformerischen Subkulturbewegung, indem sie sich nach den
ohnehin gescheiterten Interventionen vorsätzlich noch einmal
von den letzten Randposten der Außenwelt abschnitten, um
sich desto verbissener im eigenen Getto als autonomem Bezirk
einzurichten.

Die Entfaltung eines eigenen gegenkulturellen Sozialgefüges, der
,scene', ist so schon von vornherein als ambivalent zu bezeichnen. Zwar kann sie zunächst einmal das Auseinanderbrechen
der im politischen Kampf entstandenen Strukturen verhindern und bis zu einem gewissen Grad Spielräume zur Erprobung alternativer Lebensformen ermöglichen; diese müssen
jedoch im revolutionären, gesellschaftsumwälzenden Sinne wirkungslos bleiben, solange sie ihre eigene soziale Wirklichkeit
nicht in ein bestimmtes Verhältnis zum gesellschaftlichen Kontext und dessen Widersprüchen setzen. Mit dem trotzigen Beharren auf der Dezentralität und Autonomie der einzelnen Wider-
standsformen allein wird sich in diesem Lande jedenfalls nicht
mehr verändern, als sich nicht ohnehin schon ändert und das
wahrlich nicht zu unseren Gunsten. Die ideologische Verklärung
des in die Enge der sozialen Isolation getriebenen Linksradikalismus zur Autonomieposition einer unabhängigen, historisch
neuartigen Stärke gerät in die Nähe eines alternativ paraktizier-
ten Selbstbetrugs. Statt eine Gefahr für das System zu werden,
nimmt die kommunitäre Bewegung in zunehmendem Maße die
Form einer Sozialagentur an, die das Überleben der Drop-Outs
abzusichern hat. Eine solche Bewegung jedoch, die sich zum
privaten Überleben zurückzieht, ist im sozialrevolutionären Sin-

ne zweifelsohne zum Sterben verurteilt. Die dem Sozialistischen Büro so gerne vorgeworfene Sozialarbeitermentalität läßt sich in der Alternativbewegung noch am ehesten lokalisieren; lediglich mit dem Unterschied, daß erstere gesellschaftliche Außenseiter als Sozialfälle begreifen, während letztere nur sich selber zum Sozialfall machen. Die Tatsache allein, daß im Schatten des universitären Gettos, aus dem die studentische Linke seit einem Jahrzehnt auszubrechen versucht, nun ein alternatives aufgebaut wird, verändert nichts und läuft lediglich auf eine Umdeklarierung der totalen politischen Isolation hinaus. Daß Getto damit Getto bleibt und daran auch keine noch so laut vorgetragene Propaganda etwas ändern kann, beweisen die Strukturen, die sich dort im Laufe der letzten Jahre herausgebildet haben. Im fast bruchlosen Übergang von einem ständig abrufbereiten Reservoir mobilisierungsbereiter Spontis zur eigenökonomisch fundamentierten Alternativbewegung werden sowohl Charakterformen, als auch Autoritätsstrukturen zementiert, die je weiter der Wirkungskreis der sich eigendynamisch verselbständigenden Gegenökonomie reicht, desto anonymer und damit unangreifbarer werden.

Wie Krahl in der ,Dialektik des antiautoritären Bewußtseins' den Umschlag von der antiautoritären zur ML-Bewegung zu begreifen versucht, so wäre heute dieser Prozeß am Beispiel der Alternativbewegung gegen seinen damals skizzierten historischen Strich zu verfolgen. Lediglich mit der Differenz, daß der aus dem Begriff der einfachen Warenproduktion derivierte Sozialcharakter des Kleinbürgertums sich mittlerweile auch den Schein einer längst verloren gegangenen ökonomischen Basis zurückzugewinnen sucht. Der Gegenstand der damals geleisteten Kritik hat sich gewissermaßen nachträglich materialisiert, indem er sich die entsprechende ökonomische Basis gegeben hat. Hatte sich der naturwüchsige Zustand der Spontibewegung ohnehin schon in den Zeiten der zyklischen Zusammenrottung und des wilden Auseinandertreibens auch unter den Vorzeichen einer emphatischen Solidarität in Wirklichkeit durch den Krieg aller gegen alle ausgezeichnet, so gewinnt dieser in der sich nun selbst geschaffenen Sphäre der einfachen Warenprodution auch langsam seinen ökonomischen Sinn. Durch das umstandslose Identischsetzen von ökonomischer Reproduktion und revolutionärer Intention formiert sich jede Verhaltensweise innerhalb des Gettos von ihrem Kern her nach der Doppelstruktur der Ware. So gehört zu den auffälligsten Widersprüchen des scene-Alltags, daß auch nur jede sich ‚alternativ', ‚spontan' oder ‚befreit' gebende Geste künstlich bis zur Theatralik gesteigert werden muß, um durch diese Inszenierung die schon vorherrschende stille Gewaltförmigkeit, die Unterminierung alternativer Lebensformen durch ihr unerkannt zugrundeliegendes ökonomisches Prinzip, zu überspielen. Die sich als Genossen X und Y gegenüberstehenden Mitglieder ein und desselben Projekts können aufgrund des Zwangs, sich materiell ausreichend reproduzieren zu müssen, nicht mehr einfach davon abstrahieren, daß sie sich als Konkurrenten gegenüberstehen, die sich tendenziell entweder in der Höhe des Lohns oder aber in der Verausgabung ihrer Arbeitskraft übers Ohr hauen müssen. Das ist eine zwangsläufige Folge der Unterkapitalisierung fast aller Betriebe und der daraus resultierenden weitgehenden Konkurrenzunfähigkeit auf dem ‚freien Markt'. Kaum anders, wenngleich auch komplexer wird es, wenn sich Genossen zweier verschiedener Projekte gegenüberstehen, womöglich aus dem gleichen Zusammenhang linker Literaturproduktion. Dann wird unter der Hand versucht, die existenzbedrohende Situation dadurch zu entschärfen, daß die Liquidität durch einen verdeckten Preisaufschlag im „genossenschaftlichen Zwischenhandel" wiederhergestellt wird und damit im Grunde genommen der finanzielle Druck solange weitergegeben wird, bis sich der Zirkel im linken Nebenmarkt vollendet und die defizitäre Grundstruktur zur direkten Gewaltandrohung bzw. -anwendung eskaliert. Dieser offen kriegerische Naturzustand des Kapitals, der die Phase der ursprünglichen Akkumulation gekennzeichnet hatte, kehrt nun im Stadium des Monopolkapitalismus unter der doppelten Bedingung einer von außen aufgezwungenen und innen selber noch einmal künstlich nachvollzogenen Abkapselung wieder und treibt eine Form sozialer Wirklichkeit hervor, die sich nur als Sozialdarwinismus auf den Begriff ihrer begriffslosen Praxis bringen läßt. Diese an den Lehren Darwins orientierte biologische Variante der bürgerlichen Soziologie hatte in der zweiten Hälfte des 19. Jahrhunderts den Kapitalismus zu rechtfertigen versucht, indem sie den Kriegszustand des Kapitals zum Naturgesetz verklärte, demzufolge sich nur die Stärkeren gegen die Schwächeren durchsetzen und damit im fortwährenden Kampf ums Dasein der Krieg den eigentlichen Zustand der Gesellschaft darstellen soll.

In den beiden oben angeführten Fällen ist es im Grunde genommen völlig gleichgültig, mit welchem Bewußtsein, welchen Interessen und Wünschen die betreffenden Genossen miteinander konfrontiert werden. Solange sie mit ihrer Existenz vollständig an den jeweiligen alternativen Betrieb gekoppelt sind, fungieren sie zunächst einmal als Vertreter dieses Einzelkapitals und verkörpern zugleich dessen Logik auch in den Sozialbeziehungen. Durch diese Verquickung aber, in der die persönliche Existenz mit der institutionellen Existenz eines einzelnen Projekts punktuell identisch wird — nämlich in der Frage der materiellen Reproduktion — muß sich die alternative Gegenidentität zwangsläufig zu einer alternativen Charaktermaske entleeren. Daran ändert auch nichts ein zeitweilig egalitäres Verhalten der Genossen untereinander — eher ist es noch eine Bestätigung, die einen strukturellen Bruch der bürgerlichen Gesellschaft in Arbeit und Freizeit, Geschäftemacherei und Vereinskumpanei noch einmal reproduziert. Schritt für Schritt dringt die eigendynamisch verselbständigte Gegenökonomie in jede Ritze des Alltagslebens ein und zerfrißt mit ihrer Verwertungslogik fast jeden alternativen Ansatz, sodaß über kurz oder lang nur noch seine ideologische Hülse übrigbleibt.

Die naturwüchsig propagierten scene-Strukturen haben ihrerseits im Laufe der Zeit ein eigenes System von Werten und sozialen Normen hervorgebracht, das mit Zwangsläufigkeit all jene ausschließt, die nicht unmittelbar dazu bereit sind, sich diesen Charakterformationen zu beugen. Darunter fallen in fataler Koinzidenz sowohl äußere Anzeichen einer ‚normalen', systemkonformen Erscheinung, als auch die einer virulenten psychischen Krise. Insbesondere wenn die ‚psychischen Störfälle' bzw. Ausfallerscheinungen von den Wohngemeinschaften nicht mehr ausgehalten und auch von anderen ‚Sozialnischen' nicht mehr aufgefangen und stabilisiert werden, bildet sich ex negativo ein neuer Stärketypus heraus, der seine eigene Kontur in der Abgrenzung zum psychischen Defekt gewinnt und damit ein gängiges Identitätssyndrom der übrigen Gesellschaft reproduziert. Wer aus bestimmten Zusammenhängen nicht herausfallen will, trägt deshalb präventiv in Kleidung und Gestik offen und mit Nachdruck die Verletzung aller gesellschaftlichen Werte zur Schau. Jedoch in dem er dies tut, bildet er zugleich einen neuen, ,positiven' Sozialcharakter aus, den des Subkulturellen. Wenngleich dieser sich in der Erscheinung von dem des bürgerlichen unterscheidet, so kann er dennoch dem Zwang einer eigenen Normsetzung nicht vollends entkommen und bildet im Unterschied zu eben jenem anderen Habitus zugleich auch neue Aussonderungs- und Unterdrückungsmechanismen heraus.

Ein anderes krasses Symptom für das Auseinanderklaffen von Anspruch und Wirklichkeit in der Alternativbewegung ist die Existenz von ganz manifesten informellen Strukturen. So gehört schon seit Jahren die in der Gegenreaktion auf die Über- und Blindorganisierung der Parteiaufbauer sich abzeichnende Weigerung, formelle Strukturen zu akzeptieren, die untergründige und gerade wegen ihrer mangelnden Transparenz so unangreifbare Herausbildung informeller Strukturen zu den widersprüchlichsten Phänomenen innerhalb der scene. Gerade die Naturwüchsigkeit der Mobilisierungs- und Aktionsformen hat komplementäre Hierarchien und Autoritätsformen herausgebildet, die im eklatanten Widerspruch zur postulierten Revolutionierung der Verkehrsformen stehen. Die Anzahl der Vorinformierten, die ,Entscheidungsbefugnisse' innehaben, steht dabei in einem umgekehrt reziproken Verhältnis zu denen, die die Entscheidungen praktisch umsetzen sollen. Die Träger von Informationskanälen sind in derart unorganisierten Gruppen zugleich nicht nur im potentiellen, sondern auch im faktischen Sinne identisch mit politischen Machtinhabern, da diejenigen, die von den zentralen Informationskanälen ausgeschlossen sind, entweder keine oder zuwenig Informationen besitzen, um damit an Entscheidungsprozessen partizipieren zu können, und deshalb schon von vornherein auf den Status politischer Objekte reduziert sind. Folge dieser strukturellen Diskrepanz ist die Herauskristallisierung von linksradikalen Stars, die in einer spezifischen Art und Weise ihre wankelmütige Gefolgschaft auf den jeweils zuvor ausbaldowerten „Vordermann" zu bringen versuchen. Das, was die informelle Elite exklusiv beschlossen hat und mit der gezielten Verbreitung des Spontaneitätsmythos zu legitimieren versucht, wird von den Stars auf den teach-ins inklusiv „vermasst".

Die Aphasie der Menge wird dabei nur schwach getüncht von der expressionistischen Rhetorik der immergleichen Redner. Seitdem diese Strukturen im Übergang von der Sponti- zur Alternativbewegung auch noch eigenökonomisch einbetoniert wurden, muß einem der ,demokratische Zentralismus' der Parteiaufbauer im Vergleich zu den autoritären Gehalten mancher unorganisierter Gruppen geradezu wie ein Waisenkind vorkommen. Die komplementär zur Naturwüchsigkeit ihrer Sozialbeziehungen produzierten informellen Strukturen gleichen zuweilen denen einer subkulturell verbrämten Kleinstadtmaffia; entgegen aller propagandistisch verbreiteten Öffentlichkeitsansprüche nehmen sie den Exklusivcharakter eines alteingeschworenen Clans ein, der alternativ residiert und dessen Strukturen unangreifbarer zu sein scheinen als die Erbfolge der Monarchie.

Die dritte These lautet: Je weiter sich Ökonomie und Politik, Leben und Kampf in der Alternativbewegung zu einem undurchschaubaren Geflecht durchdringen, eine desto höhere Sensibilität müssen im Grunde genommen alle darin Involvierten aufbringen, um die verdeckt produzierten, von ihrer Legitimationsbasis her kaum angreifbaren Herrschaftsformen schon im Keim aufzuspüren und zu bekämpfen. Nur die Offenlegung des praktizierten ökonomischen Prinzips, die Herstellung einer egalitären Informationsbasis und plenar, sowie öffentlich durchgeführte Entscheidungsprozesse können das vollständige Umkippen der Alternativbewegung in ein kleines Chicago verhindern.

IV. Jargon der Unmittelbarkeit: Lebensphilosophischer Agnostizismus

Die klassenanalytische Katharsis der antiautoritären Bewegung hatte geradewegs in die Katastrophe der reinen proletarischen Position geführt. Dem vor allem durch den Heidelberger SDS in geschichtsblinder Analogie zu Lenins Ökonomismuskritik an der russischen Sozialdemokratie erhobenen Ruf nach „Liquidation der antiautoritären Phase" folgte in klassischer Reaktionsbildung von Teilen der Bewegung zunächst einmal das selbstironische Akzeptieren des Vorwurfs ,Spontaneist' zu sein und sich damit des Verdachts schuldig zu machen, an einer der „kommunistischen Kinderkrankheiten" zu leiden. Doch die sich allmählich zum Positivum eines neuen Selbstverständnisses verfestigende affirmative Wendung des Sponti-Vorwurfs signalisiert einen eklatanten Kurzschluß im Bewußtsein der Betroffenen. Denn ganz offensichtlich entweicht man der Zwangsgewalt der wechselseitigen Bornierung keineswegs, indem man einfach das akzeptiert, was einem vorgeworfen wird. Gerade die Selbstdefinition ex negativo markiert im Prozeß des Austauschs des emanzipations- gegen das organisationsbornierte Moment den Versuch, eine Seite der Verdinglichung mit ihrer anderen heimzuzahlen. Im Zwang zur Unmittelbarkeit muß paradoxerweise jeder Sponti in eben dem Zirkel gefangen bleiben, den ihm der Marxist-Leninist indirekt vorschreibt. Das macht bei allen innovierenden Momenten den Kern seines Selbstbetrugs aus: Schon deshalb nicht mehr spontan sein zu können, weil die Spontaneität ohnehin fortwährend im reaktiven Sinne herausgefordert wird.

Unabhängig von diesem politisch historischen Zwangsmechanismus gibt es allerdings ein viel grundsätzlicheres, sozusagen substantielles Problem mit der Spontaneität im Spätkapitalismus, das hier nur angerissen werden kann. Analog zu Jerry Rubins rhetorischer Frage „Wie kann ich sagen: ,Ich liebe dich', nachdem ich hörte: ,Autos lieben Shell.' ", so wäre jeder Sponti zu fragen: „Wie kann man sich noch als ,Sponti' begreifen, wenn der ,Spontankauf' für die Warenhauspsychologen zur zentralen Kategorie ihrer Arbeit geworden ist?"

In die sich als Reaktionsbildung auf die ML-Bewegung herauskristallisierten und selber schon wieder zu Riten erstarrten Mobilisierungsformen und Aktionszusammenhänge der Spontibewegung gingen zwei zentrale Momente ein, die gerade deshalb so verhängnisvolle Auswirkungen haben konnten, weil sie geschichtslos aus dem Bewußtsein verdrängt wurden. Dies war zum einen der Versuch, dem politischen Zwangsverhalten und dem daraus resultierenden Realitätsverfall der K-Gruppen durch die Insistenz auf dem ,Hier und Jetzt' zu entweichen, und zum anderen die Abkehr von der Position des kritischen Kritikers, indem der Primat der Praxis und des Kampfes unabdingbar wurde. Beide aus dem Abgrenzungszwang enstandene Fluchtpunkte mündeten am Ende des sogenannten Interventionismus gleichermaßen in einen Beschwörungszwang, der sich im verbalen Ritus des immergleichen Gebrauchs bestimmter Sentenzen das praktische Fußfassen an der sozialen Basis durch Magie zu sichern versucht. Insbesondere die adjektivischen Wendungen ‚ganz konkret', ‚ganz spontan' und ‚autonom' sollen in ihrem manisch formelhaften Gebrauch eine Sphäre von Unmittelbarkeit vortäuschen, die unter den gegenwärtigen Bedingungen allemal fiktiv bleiben muß. Von dieser sprachlichen Matrix können nahezu alle Sätze wie Flugblätter von der Matritze abgezogen werden, womit sie sich im Grunde auf bloße Zusätze reduzieren. Zusätze aber zeichnen sich dadurch aus, daß sie nichts neues mehr erfassen können, sich die Sprachformen zwar noch leicht variieren, jedoch ohne damit wirkliches Erfahrungsmaterial zu verarbeiten, also im Grunde zu Sprachhülsen ausgehöhlt sind. Damit aber tritt genau das ein, was so manisch verhindert werden soll: Die schlechte Abstraktheit des Intellektuellen wird mit der schlechten Abstraktheit des konkretionswütigen Projektaufbauers bekämpft. Indem sich hier der Kreis wieder schließt, reproduziert die Alternativbewegung in ihrem Sprachverhalten gerade dort, wo sie die Grenzen des Gettos zu transzendieren versucht, ihre sozioökonomische Isolation, weil sich die verbal aufgeblähten Wünsche nicht wirklich materialisieren können.

Diese Restriktion des Sprachcodes auf einen Jargon von Unmittelbarkeit signalisiert nicht nur eine verminderte Fähigkeit, soziale Widersprüche auch im Denken und demzufolge in der Sprache auszuhalten, sondern den fast vollständigen Verlust eines politischen Gegenstandes, an dem der eigene Ansatz überhaupt erst Konturen gewinnen könnte. Abzulesen ist dies auch am augenblicklichen Zustand der Projekte und zwar in aller Deutlichkeit. Die Sozialzentren, die errichtet wurden, um eine kontinuierliche Zusammenarbeit mit den Arbeitsemigranten zu ermöglichen, haben sich zu eigenen Treffpunkten verselbständigt; die Druckerein erledigen, anstatt Flugblätter zu produzieren, fast ausschließlich Auftragsarbeiten; die Werkstätten begründen eine zum Aussterben verurteilte Handwerkergilde wieder neu und die Verlage produzieren Bücher, die kaum mehr als Eigendarstellungen sind. Von einem sozialen Zusammenhang mit anderen gesellschaftlichen Schichten und Klassen, der auch vordem nur sehr sporadisch existiert hat, kann beim besten Willen keine Rede mehr sein; auch die letzten strukturierenden Kontakte zur Außenwelt sind abgebrochen. Eine Zweck-Mittel-Relation im sozialrevolutionären Sinne hat sich aufgelöst. Die Mittel sind unmittelbar geworden, der Zweck ist entschwunden. An seine Stelle ist der Selbstzweck getreten. So fügt sich die soziale Beziehungslosigkeit figurativ zur Scheinidentität desjenigen zusammen, der sich Sponti nennt. Dieser stürzt sich immer wieder aufs neue in Situationen hinein, die schon per se eine eruptiv radikalisierende Wirkung verbürgen sollen. Wo die Situationisten noch mit der bewußten Herstellung von Situationen unbewußte, verdrängte Gehalte aufzusprengen versuchten, da reihen die Spontis Situationen und Konstellationen bewußtlos aneinander, daß sich einem für derart Tun die Bezeichnung serialisierter Situationsmus geradezu aufdrängt. Nichts Penetranteres läßt sich deshalb auch vorstellen als die Rituale zur Abschaffung der allgemein verbreiteten Gettofrustration, gemeinhin Fete genannt. Diese orgiastisch inszenierten Selbstbegräbnisse unterliegen einem fortwährenden Wiederholungszwang, weil sie etwa den Stellenwert einer sprachlos durchgeführten psychoanalytischen Kur einnehmen, in der die Frustration die Rolle des zu bearbeitenden Widerstands einnimmt.

Erfahrung, so emphatisch sie auch herbeizitiert werden mag, ist in einer derart begrenzten Situation im Grunde genommen nur noch als autistische möglich. Das, was allein den Blick darauf verwehrt, ist der Zustand des Kollektivs, der immer wieder aufs neue Scheinobjektivationen vortäuschen kann. Hinweis dafür ist auch, daß in der scene nur der akzeptiert wird, der sich entsprechend in Szene zu setzen weiß. Ein kurzgeschlossener Öffentlichkeitsbegriff, der meint, es müßte auch gleich alles offensichtlich sein, was öffentlich werden soll, verhindert die Produktion wirklicher Erfahrung. Am alternativen Verhalten soll unmittelbar abgelesen werden können, was erst anzuzeigen wäre, indem man sich auch mit dem auseinandersetzt, was den Horizont des Gettos überschreitet.

Die auch für den Marxismus so brisanten Ansätze einer ‚Politisierung durch den Lebenszusammenhang‘ und der ‚Revolutionierung des Alltagslebens‘ werden Schritt für Schritt durchsetzt mit den Archaismen der Bodenständigkeit. Nahezu fugenlos vollzieht sich im Bewußtsein derer, die glauben mit Glucksmann den Marxismus wie ein Hemd abstreifen zu können, der Über-

gang vom klassenkämpferischen Operaismus über einen voluntaristischen Existenzialismus zu dem, was Heidegger ‚Fundamentalontologie' genannt hat. „Die Verfallenheit an das Man"
mußte lediglich feministisch uminterpretiert werden; der ideologische Abstand ist ohnehin nicht mehr gravierend. In den Mittelpunkt gerückt ist das, was man ‚Leben' nennt; ‚Politik' als
historisch verschlissenes Prinzip wurde vorerst an die zweite Position zurückversetzt. Von ‚Revolution' spricht sowieso kaum
noch jemand, weil man sozusagen ein historisches Mißverständnis befürchtet. Die Rede ist stattdessen von der ‚Alternative',
weil das alltäglicher, selbstverständlicher, so richtig nebenher
gesagt klingt. Daß diese liberale Vokabel aber so unendlich verwaschen ist, daß kaum eine der bürgerlichen Parteien auf ihren
Gebrauch verzichten will, ist trotz ständiger Selbstverständnisdebatte in der Alternativpresse bislang anscheinend noch niemandem aufgefallen. So hat man sich von der Negation der bestehenden Verhältnisse nun auf die Position der Selbstveränderung
kapriziert; insgeheim kündigt sich schon die Ersetzung des
Kampfbegriffs durch den der Befriedung an. Anstatt die Verhältnisse zu unterminieren, hat man sich in ihnen auf eigene Weise
eingerichtet. Während alle Welt vom historischen Kompromiß
redet, praktiziert ihn die Alternativbewegung schon längst —
wenn auch in einem anderen Sinne.
Da der Aufstand der Sinne, gleichermaßen gegen die Verwertungsinteressen des Kapitals wie gegen den Dogmatismus der
linken Traditionalisten gerichtet, bislang ohne Sinn geblieben
ist, wird die Theorie sozusagen zum Metaproblem, das mit den
Schwierigkeiten der Praxis nichts mehr zu tun hat. Je weniger
die studentischen Interventionen in den gesellschaftlichen Bereichen einzurasten vermochten, desto mehr geriet das revolutionäre Bewußtsein aus den Fugen. Ein ohnehin schon seit Jahren schwelender antitheoretischer Affekt hat sich unter den
Vorzeichen der Alternativbewegung zur manifesten Ablehnung
verfestigt, überhaupt noch die „Mühe des Begriffs" auf sich zu
nehmen. Das macht auch die Paradoxie solcher Zeitschriften
wie der ‚Autonomie' aus, die am liebsten noch den Antirationalismus stringent ableiten und damit begründungsfähig machen
möchte. Theorie und Praxis sind damit im Stadium des Aufbaus
eigener Projekte vollständig auseinandergefallen und stehen sich

genau kontradiktorisch gegenüber. Selbst ein polemisierender Beitrag wie dieser ist wahrscheinlich überflüssig, da der Adressat möglicherweise „unerreichbar verzogen" ist.

In frappierender Weise hat sich im Laufe der Zeit eine stillschweigende Koinzidenz hergestellt, zwischen einem Agnostizismus, in den sich die enttäuschten Liebhaber des Marxismus geflüchtet haben und einer neu aufgelegten, subkulturellen Variante der Lebensphilosophie, deren Raunen nach dem ganzheitlichen Menschen nur als virulentes Krisensymptom einer mangelnden Legitimationsbasis für die Praxis der Alternativbewegung begriffen werden kann. Hatte die Lebensphilosophie um die Jahrhundertwende noch die ideologische Verunsicherung des bürgerlichen Bewußtseins angesichts des Übergangs vom Konkurrenz- zum Monopolkapitalismus ausgedrückt, so nimmt sie heute neoromantisch umspielt die Form einer subkulturellen Ideologie der Jugend an, die ihre manifeste Identitätskrise ursprünglich, ganzheitlich und intuitiv im archaischen Rückgriff auf die Mythen der Eigentlichkeit zu lösen versucht. Trotz aller historischer Differenzen unterscheidet sich das Selbstbildnis derjenigen, die sich neuerdings als „Stadtindianer" begreifen, bisweilen nur noch graduell von dem 1937 formulierten Selbstverständnis eines klassischen Lebensphilosophen: „Indem die Lebensphilosophie von der inneren Erfahrung ausgeht, wird das rational-discursive Denken seines Geltungsanspruchs der einzig vertretbaren ‚objektiven' Erkenntnis entmächtigt und allen nicht-rationalen Vorgängen des Erlebens, also den Trieben, Affekten, Leidenschaften, Strebungen und Gefühlen die Funktion des Erkennens zugeschrieben. Dem Erleben kommt ein ursprünglicher und selbständiger objektiver Geltungswert zu, es überschreitet den Bereich des rein Subjektiven und vermag Welt in Erfahrung zu bringen." [1]

Krahls Konstatierung, daß die in der einfachen Warenproduktion aus dem Zustand der Asozialität resultierende Verabsolutierung der einzelnen Emanzipationsegoismen eine naturgesetzliche Tendenz zur Selbstzerstörung historisch neuer Vernunftprinzipien impliziert, bringt die sich im Jargon der Alltäglich-

[1] Philipp Lersch, Grundsätzliches zur Lebensphilosophie, Leipzig 1937, Seite 123

keit äußernde Unmittelbarkeitsideologie auf ihren Begriff: „Der Kleinbürger ist nur imstande, sich selbst und seine vermeintlich unmittelbaren, bornierten Interessen wahrzunehmen und außerstande, eine langfristige Klassensolidarität von sich aus organisationspraktisch zu stabilisieren, sowie die Gesellschaft als Zwangszusammenhang über den unmittelbar begrenzten Umkreis seiner atomisierten Interessenindividualität hinaus wahrzunehmen . . . Der losgelassene Emanzipationsegoismus will auf die Mühsal und Qual des politischen Kampfes, auf die geschichtliche Langfristigkeit in der Entwicklung einer sozialrevolutionären Massenbasis und auf die Vermittlungsdauer der zunächst notwendig abstrakten Theorie der materiellen Gewalt im Bewußtsein der Massen verzichten und gleichwohl das künftige Reich der Freiheit hic et nunc für sich empirisch usurpieren. Die kleinbürgerlichen Dispositionen behandeln das Reich der Freiheit als privates Kleineigentum (dem entspricht die Ideologie der Freiräume), gleichsam orientiert an der Vorstellung vom Besitzrecht der ersten Landnahme . . . Unter den Bedingungen des politischen Kampfes und den Zwängen der kapitalistischen Herrschaft und ihrer Institutionalisierung ist die reine Antizipation des Reichs der Freiheit eine praktische Unmöglichkeit. Sie würde in ihr Gegenteil umschlagend zu einer repressiven Selbstvernichtung revolutionärer Bewegungen führen." [2]
Im Augenblick nimmt die Alternativbewegung etwa den Status einer unmittelbarkeitsideologischen Sekte ein, die in zwar unbewußter gleichwohl aber existierender Korrespondenz zu den maoistischen Sekten steht. Anzunehmen, daß mit der Kreierung einer neuen Unmittelbarkeit schon ein gravierender Unterschied zur Isolationspraxis der K-Gruppen markiert würde, gleichsam als könnte man noch im Getto den Massen die Wunschökonomie am eigenen Pulsschlag ablauschen, ist kaum mehr als phantastisches Wunschdenken. Solange jedenfalls der äußere Rand des politischen Dunstkreises mit Knastkampagnen für die eigenen Genossen und sporadischen Antikernkraftwerksdemonstrationen zusammenfällt, solange reduziert sich die alternativ inspirierte politische Praxis auf den Akt, den oberen Hosenrand

2 Hans-Jürgen Krahl, Konstitution und Klassenkampf, Frankfurt 1971, Seite 305 f.

anzuliften, um den eigenen Bauchnabel betrachten zu können.

So problematisch es auch ist, beim gegenwärtigen Zustand der Alternativbewegung das Bewußtsein ihrer Akteure überhaupt noch als widersprüchliches darzustellen, so soll dennoch der Versuch unternommen werden, es in einer vierten These kritisch zu pointieren: Angesichts des fortgeschrittenen Zerfalls von gesellschaftlichem und geschichtlichem Bewußtsein, der weitgehenden Kaprizierung auf eine bloße Position der Selbstveränderung, muß die erneut grassierende Ideologie der Unmittelbarkeit uneingeschränkt aufgedeckt und radikal kritisiert werden. Wenn auch an der maßgeblichen Differenz zwischen einer instrumentellen Politik, wie sie für das traditionelle sozialistische und kommunistische Selbstverständnis typisch ist, und einer authentischen Politik, wie sie sich zunächst in einigen Ansätzen des Anarchismus und später dann in der Studentenbewegung artikulierte, festgehalten werden muß, so darf das aber auf keinen Fall heißen, daß die jeweils eigenen Bedürfnisse kurzgeschlossen zum alleinigen Kriterium von Veränderung gemacht werden können. Jedem nach seinem Bedürfnis – das kann in dieser Gesellschaft auch eine ,,emanzipierte'' Form von Terror bedeuten. Nur eine ständige Vergegenwärtigung der unter diesen Verhältnissen auf keinen Fall, wenn überhaupt zu beseitigenden Ambivalenz von Trieben und Bedürfnissen als libidinöser Basis politisch-emanzipatorischen Handelns, des durchaus systemkonformen Anteils an ihrer Hervorbringung, kann eine bewußtlose Affirmation oder aber die einfache Ignorierung des Bestehenden verhindern. Deshalb muß die Verabsolutierung individueller Wünsche und Bedürfnisse entzaubert, die Pseudokonkretheit der Phrasen bloßgestellt, der Jargon und Gestus des scene-slangs ironisiert werden, müssen die Denkverbote aufgesprengt, die Tabuisierungen des Handelns durchbrochen und die selbsterrichteten Wirklichkeitsbarrieren beiseite geräumt werden. Anstatt die Reise ins Innere oder gar ,,in den Wahnsinn'' anzutreten, sollte bei der gegenwärtigen Blockade gesellschaftsverändernder Praxis erst einmal mit der kritischen Darstellung und Reflexion bereits gemachter kollektiver Erfahrungsprozesse begonnen werden. Wenn einem schon die Gettosituation zu einem gehörigen Teil durch die repressiven Verhältnisse aufgezwungen wird, dann muß man sie nicht auch noch gedanklich verdoppeln. Erst wenn die Gettoisierung des eigenen Denkens überwunden wird, gibt es überhaupt wieder eine Chance, die gesellschaftliche Situation neu zu bestimmen und darin die eigenen Möglichkeiten für eine veränderte Zukunft zu erkennen. Ein erster Schritt dazu wäre die Aneignung und Bewußtmachung der eigenen Vorgeschichte des Protests und der Emanzipation im Laufe des letzten Jahrzehnts. Gerade an ihr ließe sich exemplifizieren, daß das „Hier und Jetzt" des revolutionierenden Wunsches nicht einfach vom Himmel gefallen ist, sondern noch im Anschein seiner situativen Unmittelbarkeit Ausdruck eines historischen Prozesses, unter anderem auch eines Erfahrungs- und Lernprozesses mit der zerbrochenen Geschichte des Kommunismus ist. So wie Spontaneität organisiert sein will, so treten revolutionäre Situationen nicht bedingungslos ein.

V. Politik in erster Person: Eine Fiktion

„Was hat das mit mir zu tun?" schallt es aus allen Ecken und Winkeln der scene. Während man sich vor zehn Jahren noch fragte, was Soziologie mit dem Vietnamkrieg zu tun haben könnte, so fragt man heute eher umgekehrt — so als wäre einem die Außenwelt lästig geworden — was „das alles" überhaupt noch mit einem selber zu tun hat. Reklamierte man früher den mangelnden Bezug von dem, was man tat, zur gesellschaftlichen Wirklichkeit — sogar im globalen Zusammenhang —, so beklagt man nun die fehlende Beziehung der Realität zum eigenen Ich. Fast erscheint es so, als würde Umwelt von einer neuen Generation der Verweigerung aus einer Art Baby-Perspektive wahrgenommen, mit infantilem Trotz eine passende Welt als quasi-mütterliche Zuwendung fordernd. Wenn dieser Eindruck nicht täuscht, dann verbirgt sich hinter diesem Perspektivenwechsel nicht einfach nur eine politische Akzentverschiebung; vielmehr eine gravierende soziopsychische Veränderung, die die Gegenstrukturen der scene in einem völlig anderen Licht erscheinen lassen müssen. Von einem zutiefst regressiven Zustand aus würde Subjektivität geradezu von seinem genauen Gegenteil, vom Objektstatus, einzuklagen versucht.

Seitdem 1967 die ersten Hippiekommunen aus San Franciscos Haight-Ashbury aufs Land zu ziehen begannen, um dort abseits vom Großstadtgetriebe eigenständige Gemeinschaften zu gründen, ist fast auf jede Niederlage der Studentenbewegung in den Metropolen ein teilweises Ausscheren aus dem politischen Lager und ein schrittweiser Erprobungsprozeß alternativer Lebensformen erfolgt. Darin besitzen die geschlagenen Studenten durchaus eine gewisse Ähnlichkeit mit bestimmten Teilen der Arbeiterbewegung. Auch in ihren Reihen gab es Fraktionen, die sich den aufzehrenden Kampf mit dem Klassenfeind ersparen und den mühseligen Gang durch die Geschichte verkürzen wollten. So beispielsweise ein nicht unbedeutender Anteil proletarischer Emigranten, die im 19. Jahrhundert tief im Landesinnern der Vereinigten Staaten mit dem Aufbau einer anderen Welt, kommunitären Modellen unterschiedlichster, oftmals religiös inspirierter Art begannen. Mehr aber noch ist der studentische Exodus vergleichbar mit den Ausbruchsversuchen von Künstlern und Literaten aus ihrer saturierten und korrupten bürgerlichen Welt. Heinrich Vogeler etwa, der während des 1. Weltkriegs seine Klasse verriet und nach dem Scheitern der Novemberrevolution in Worpswede mit anderen sozialen und ästhetischen Lebensformen zu experimentieren anfing. Der vom Faschismus zerrissene Faden einer utopischen Praxis wurde in Deutschland erst wieder aufgenommen, als 1969 einige Studentinnen nach der ,,Weiberrevolte" im SDS und dem Auseinanderbrechen der APO verschiedene ihrer Ideen im Aufbau antiautoritärer Kinderläden zu verwirklichen versuchten. Wie fast zu allen Zeiten so wurden auch von ihnen nach einer gescheiterten Rebellion die unerfüllten Wünsche in eine zukünftige Generation projiziert. Wenn sich die Gesellschaft schon nicht in einer frontalen Konfrontation zum bestehenden System verändern ließ, dann jedoch zumindest im kleinen und zwar von Grund auf — angefangen bei den eigenen Kindern. Während aber die Kinderladenbewegung noch eine starke gesellschaftliche Ausstrahlung besaß und die Konflikte mit den traditionellen pädagogischen Konzepten und den bestehenden Kindergärten nicht scheute, entschwand die Außenwelt bei den sich auch in der Bundesrepublik zu Beginn der siebziger Jahre langsam ausbreitenden Landkommunen und anderen Emanzipationsmodellen immer weiter. Von den orthodoxen Kadern der neoleninistischen Gruppen einhellig als bourgeois verpönt und weitgehend ignoriert, gewannen diese erst an Attraktivität nachdem die unterschied-

lichen sozialen Interventionsversuche mit Betriebs- und Stadt-
teilgruppen gescheitert waren. In Frankfurt boten sich die Landkommunen, die man hier ebenso wie die Popkultur jahrelang als
völlig unpolitisch abgelehnt hatte, als Bezugspunkt erst nach
dem Ende des Häuserkampfes und den fiktiven Verlängerungs-
versuchen in der Chile- und Portugalsolidarität an. Als sich die
ständigen Anläufe zu einer neuen Perspektivdiskussion immer
wieder als blockiert erwiesen und man langsam um den sozialen Zusammenhang der scene zu bangen begann, versuchte man
in gewisser Weise aus der Not eine Tugend zu machen: Man
„entdeckte" die eigene soziale Existenz als gegenkulturelle und
mit ihr die während der Hektik und Anspannung des Häuserkampfes allzuweit aufgestauten individuellen Bedürfnisse. Was
im Geschehen des politischen Kampfs nahezu selbstverständli-
ches Moment war, wurde plötzlich extrapoliert und als eigenständige Errungenschaft „gefeiert". Nachdem im strategischen
Sinne „nichts mehr ging", wollte man nun mit der Politik erst
einmal bei sich selber anfangen. Zum Motto wurde wieder einmal ein Impuls aus Italien: „Politik in erster Person" hieß fortan die Parole. Jedoch unterhalb des politisch-gegenkulturell
apostrophierten neuen Begründungszusammenhanges bildete
sich bald eine eigene Wirklichkeit heraus, deren Verbindung
zum gemeinsam diskutierten Konzept immer loser wurde.
Das, was über den gesamtgesellschaftlichen Befreiungsweg nicht
— jedenfalls nicht in dieser Kürze — zu erreichen war, versuchte
man sich nun vielfach kurzgeschlossen in der Form der psychischen Selbstveränderung, die in letzter Konsequenz auf das Leben als Kunstform hinausläuft, anzueignen. Statt das System
zu verändern, begann man sich selber zu ändern. Unter dem
Stichwort einer neuen Subjektivität rückten damit der eigene
Körper, die Psyche, das Befinden, das Gefühl, die Bedürfnisse
in den Blickpunkt und gingen nahezu bruchlos über in den ma-
gischen Glauben, daß nur die Riten der Desintegration vor einer
Anpassung an die Normen des Systems dauerhaft bewahren
könnten.
Die scene, ohnehin ein Schmelztiegel für die diversen Zerfallspartikel einer bloß hypostasierten Gegenidentität, bildete nun
eine untergründige ideologische Querachse aus, die eine Verbindung herstellte von der AA-Kommune über das consciousness-

raising, das meditative Yoga-Training, die Karate-Gruppe bis hin zur Urschrei-Therapie und dem Reichschen Orgonkasten: das Selbst. Überall wird gesucht, gegraben und geforscht nach etwas, was noch nie vorhanden war: das Natürliche, das Ursprüngliche, ein Erstes der eigenen Person in welcher Form auch immer. Hauptsache ist dabei, daß es der subkulturellen Existenz den Anschein einer biologischen Ursprünglichkeit verleiht, eine Art Identität im Naturzustand. Doch ein solch waberndes Wesen gibt es nicht, weder in der äußeren Natur noch in einem selber. Da werden selbst die Hebammendienste der diversesten Psychotherapien ihren Dienst versagen müssen.

Der verzweifelte Glaube an einen weichen Kern in der eigenen Persönlichkeit, den es nur auf unterschiedlichstem Wege zu entdecken und freizulegen gilt, ist ein Irrglaube. Denn er hat schon von vornherein auf das verzichtet, was das menschliche Individuum ausmacht: ein gesellschaftliches Wesen zu sein. Das, was sozial erst anzueignen und selber wieder neu hervorzubringen wäre, wird hier immer schon vorausgesetzt. Das äußere Ich soll zu dem werden, was es in seinem inneren Wesen angeblich längst schon ist. ,,Aber das menschliche Wesen ist kein dem einzelnen Individuum innewohnendes Abstraktum. In Wirklichkeit ist es das Ensemble der gesellschaftlichen Verhältnisse." [3] Was der gerade erst kennengelernte und neuerlich schnell wieder verleugnete Marx schon Feuerbach entgegenhielt, trifft auch heute noch den nervus rerum im alternativen Bewußtsein. Dieses gerät im bedenkenlosen Rückgriff auf Ursprungsideologien jeder Art mitunter in bedenkliche Nähe zu einem reaktionären Individualismus, der jedoch im Unterschied zu früheren Zeiten heute auch noch im Massenkonsum weidlich ausgebeutet wird.

Hier wird dann auch deutlich, daß die Alternativbewegung einige ihrer Vorlieben mit den kulturindustriell und warenästhetisch gezüchteten Standards des gegenwärtigen Massenbewußtseins teilt. Denn zu fragen wäre, ob sich etwa jemand selber bestimmt, indem er, anstatt sich kalorienreich zu ernähren, makrobiotisch ißt? Als wäre nicht auch der Vegetarismus, kalorienarmes Pepsi-Cola, das selbstgebackene Brot schon längst wieder vermarktet und unter die Regie ganz anderer Interessen genom-

---

3 Karl Marx, Thesen über Feuerbach, MEW Bd. 3, Berlin 1969, Seite 6

men. Entdeckt etwa jemand, der sich meditativ in sich versenkt, neue Gebiete seines Unterbewußtseins, die dem gesellschaftlichen Zugriff vollständig entzogen sind? Als ob nicht absehbar wäre, daß die vor den Verwertungsinteressen Fliehenden sich soweit zurückziehen müssen, bis schließlich kein Raum mehr vorhanden ist, um überhaupt noch ein Refugium bilden zu können. Definiert sich nicht auch längst schon das, was man sich unter Nacktheit vorstellt, ex negativo, etwa nach dem Vorbild fehlender Jeans? Gerade dort, wo man meint, ganz bei sich selber zu sein, nämlich seinem Körper, da ist dieses vermeintliche Ansich bereits vollends verschwunden. Der neue Kultus empirischer Befindlichkeiten, etwa der der Massage, verdankt sich nicht zuletzt dem Wunderglauben, die verlorengegangene Identität im Abtastvorgang wiedergewinnen zu können. Jedoch: Noch nie war die Empirie so intelligibel wie heute. Wahrnehmung, auf ihre bloß sinnlichen Qualitäten reduziert, löste sich als subjektive in einem undefinierbaren Strom psychischer Energiequanten auf. Weniger als je zuvor können Wahrnehmung und Erfahrung auf ihre reflektierende Dimension, den Sinn des Sinnlichen, verzichten. Anderenfalls drohen die Individuen in der Reizüberflutung zu ertrinken; ob in der warenindustriell produzierten oder in der subkulturell selbstgeschaffenen ist dabei zunächst einmal unerheblich.

Anstatt eine wirkliche Alternative zu den herrschenden Verhältnissen darzustellen, wird die scene immer mehr hin und her gerissen zwischen den Archaismen der Bodenständigkeit auf der einen und den Modernismen der Massenkultur auf der anderen Seite. Im unerbittlichen Zangengriff von bürgerlicher Regression und industrieller Progression drohen die gerade erst aufgekeimten neuen Qualitäten eines politischen Kampfes, für den der Primat der Interessens- und Erfahrungsebene und die Authentizität der Kämpfenden selber unverzichtbar geworden sind, wieder erstickt zu werden. So haben beispielsweise in den eigenen Kino- und Theatergruppen — nur ein Orchester bildet noch eine Ausnahme — jene Tendenzen die Überhand gewonnen, die eine vorschnelle Identifikation mit ihren subkulturellen Antihelden („Jonas" z.B.) anbieten. Indem sich altbekannte Erzählstrukturen und Darstellungsmuster im gewandelten Stoff wieder durchsetzen, wird aus der einstmals intendierten kulturrevolutionären Opposition ein bloßes Komplement zum offiziellen Kulturbetrieb. Anstelle eines Gegenteils ist aus der alternativen Kultur ein Ergänzungsteil der herrschenden geworden. Gerade ihre scheinbare Desintegration hat sie im eigentlichen Sinne erst als integrationswürdig erwiesen. Jedoch auch unabhängig von diesem Funktionszusammenhang muß einem allein schon der Wandel des Realisierungsmediums für die politischen Absichten, vom revolutionären Kampf zum alternativen Kulturbetrieb, an der eigentlichen Zielsetzung gehörig zweifeln lassen. Denn hierbei vollzog sich nicht einfach nur eine Akzentverschiebung vom Attribut ‚politisch' auf das Attribut ‚kulturell', sondern zugleich auch ein entscheidender Ebenenwechsel von der Politik zur Ästhetik und damit von der Praxis zur Anschauung. Damit wurde eine Auflösung innerer psychischer Spannungen zwar leichter möglich, eine konkrete Umsetzung der Indentifikationsbedürfnisse in politische Praxis jedoch auch gleichzeitig verhindert. In dieser vorschnellen Befriedigung durch Phantasieproduktion kam der Wunsch von vielen zum Vorschein, die Anforderungen der eigenen Gegenidentität, die die spannungsgeladene Konfrontation zum System kaum noch aushält, auf eine erträglichere Ebene aufzuheben. Möglich wurde dies, indem man sich ein eigenes Bild anfertigte, mit dessen ästhetischem Schein eine positive Identifikation gelingen konnte, die der zerklüfteten politischen Rolle in der Bundesrepublik der Mitsiebziger auf jeden Fall versagt bleiben mußte.

Der gegenwärtige Zustand der scene, mehr Sub- als Gegenkultur zu sein, läßt sich auch an der Literaturrezeption ablesen, vor allem an der neuerlichen Konjunktur von Autobiographien. Die nahezu uneingeschränkte Vorliebe zu diesem Genre kann auch nicht entscheidend durch das Faktum entlastet werden, daß die politischen unter ihnen (Davis, Cohn-Bendit etc.) augenscheinlich noch nicht von Ghostwritern verfaßt werden, wie es bei ihren Trivialpartnern (Knef, Beckenbauer, etc.) zweifelsohne der Fall ist. Leo Löwenthal hat schon 1938 in seiner Studie „Die biographische Mode" die fatale Koinzidenz zwischen fiktiver Subjekthaftigkeit und tatsächlicher Ohnmacht in dieser besonders ideologieanfälligen Literaturgattung aufgedeckt: „Wie die generellen Sätze, denen man sich geradezu mit Hingebung entgegenwirft, die Angst produzieren, umsonst gelebt zu haben, ja, eigentlich gar keine Existenz zu besitzen, wenn es nichts Verbindliches gibt, an das man sich halten kann, so lebt die Anbetung des Einzigartigen und Außerordentlichen der Individualität aus dem gleichen Grund der Sorge, nur ein verwehtes Stäubchen zu sein. Der Hymnus des Individuellen, der jetzt zu belegen ist, gibt den Spiegel bloßen Scheins, reflektiert die krampfhafte Bemühung, in der Wunschphantasie eine Autonomie und Beständigkeit — die Persönlichkeit — bestätigt zu wissen, die jenes Allgemeine beständig zertritt." Die Treffsicherheit, mit der diese Studie vier Jahrzehnte später auf ein zwar völlig anderes, dennoch aber „wesensverwandtes" Phänomen bezogen werden kann, kommt nicht von ungefähr. Was Löwenthal mit dem Biographieboom als literarischem Vorboten für die historische Stunde des autoritären Charakters verstanden wissen wollte, trifft ein Krisenmoment, das die scene mit dem unalternativen Massenbewußtsein gemein hat. Die wahnhafte Überhöhung des Ichs, von der die Massenmedien ebenso wie die Alternativkultur leben, ist hier wie dort umgekehrter Ausdruck des Defizits, in der Wirklichkeit Subjekt zu sein. Insofern markiert der aktuelle Zustand der subkulturellen scene eher ein Krisensymptom als den Ausdruck einer neuen sozialen Lebens-, sowie einer anderen politischen Kampfweise.

In einer fünften These ist festzuhalten, daß das erst vor wenigen Jahren aus der Taufe gehobene antitraditionalistische Konzept einer „Politik in erster Person". vorerst gescheitert ist. Nicht etwa weil die damit verfolgten Absichten falsch gewesen wären, sondern weil der Subjektbegriff, der darin einging, zu leicht Anpassungs- und Integrationstendenzen Vorschub leistete. Indem die Vorstellung entstand, daß schon heute eine ganz andere Form der Individualität im Kollektiv möglich sei, sozusagen ein positiver Gegenentwurf zum bestehenden System mit seinen Charaktermasken, gingen wesentliche Gehalte, wie sie für die Gegenidentität der antiautoritären Bewegung — in ihrer bloß negativen Haltung — charakteristisch waren, gleichzeitig wieder verloren. Mit der Aufgabe eines nichtidentischen Subjektbegriffs wurde unter der dünnen Oberfläche eines alternativen Gestus

---

4 Leo Löwenthal. Die biographische Mode, in: Sociologica I, Frankfurt 1955, Seite 373

allen möglichen Adaptionen der Ursprungsideologie Tür und Tor geöffnet. Entgegen allen Fetischisierungen des Subjekts, wie sie heute in der Alternativbewegung grassieren, wäre immer noch an der Einsicht festzuhalten, daß in dieser Gesellschaft niemand ungebrochen Subjekt sein kann, weil das einen Zustand voraussetzte, in dem die Herrschaft von Menschen über Menschen abgeschafft ist. Aus dem gleichen Grunde, wie kein Bedürfnis zum Kriterium des Handelns verabsolutiert werden kann, läßt sich auch das revoltierende Individuum nicht auf einen harten Kern, das Selbst, reduzieren. Ein triebpsychologisch Erstes, das man der geschwundenen sozialrevolutionären Gegenidentität zu unterlegen können glaubt, ist in welcher Form auch immer blanke Ideologie. Die positive und einheitliche Identität eines alternativen Lebensentwurfs kann nur um den Preis eines grandiosen Selbstbetrugs gelingen — und zwar im doppelten Sinne. „Politik in erster Person" muß solange eine Fiktion bleiben, wie sich die scene um ihre gesellschaftliche Bestimmung herummogelt.

VI. Natur als politische Ersatzidentität

Wenn man sich heute fragt, was eigentlich die scene noch bewegt, dann sind es im Vergleich zur Protestbewegung der sechziger Jahre doch zumeist sehr verschiedene Anstöße, die wirklich motivierend wirken. Auf einen Nenner gebracht könnte man folgende Hypothese wagen: Furore machen nicht mehr so sehr die Skandale der äußeren, sondern vor allem die der inneren Realität; dementsprechend spielen sich Bewegungen auch eher in der psychischen als in der empirischen Wirklichkeit ab. Äussere Anlässe lösen zumeist nur Gefühlsmobilisierungen aus, kaum aber noch praktisch-gegenstandsbezogene Aktivitäten. Wenngleich das kein einheitliches Bild ist, so stellt dies zumindest die dominierende Tendenz dar. Sicher lösen die Veröffentlichung von Plänen zum Bau von Atomkraftwerken oder neue Informationen über staatliche Repressionsakte noch breite Mobilisierungen aus, eine Vielzahl von Ereignissen aber, die noch vor wenigen Jahren Tausende auf die Beine gebracht hätten, werden heute nur noch mit einem müden Achselzucken quittiert. Die politische Sprengkraft von internationalen Geschehnissen, wie dem Völkermord der US-Amerikaner in Vietnam, dem Einmarsch der Warschauer Paktstaaten in der CSSR oder dem von CIA und ITT lancierten Militärputsch in Chile, scheint auf unabsehbare Zeit verpufft zu sein; fast alle spektakulären Konflikte in der Dritten Welt von Südafrika und Rhodesien angefangen über Zaire, Äthiopien, Argentinien bis hin zum Iran und Libanon bleiben hier gegenwärtig ohne eine bemerkenswerte Resonanz. Trotz ihrer kaum zu unterschätzenden internationalen Bedeutung, der über Jahre hinweg vorprogrammierten Konfliktstrukturen und der zum Teil völlig offensichtlichen Frontstellungen bewirken sie kaum mehr als ein gewisses Engagement von ,amnesty international' und eine zwangsläufige Verwaltung des „Internationalismus" durch periphere kommunistische Zirkel. Selbst außergewöhnliche innenpolitische Ereignisse, wie die Verabschiedung des Kontaktsperregesetzes, die Druckerstreiks oder die Blockierungspolitik des Bundesverfassungsgerichts (Kriegsdienstverweigerung, Abtreibung) lösen keine Initiativen mehr aus, wie das noch zu Zeiten der Notstandsgesetzgebung geschehen ist. Daß das Stillhalten in dieser Hinsicht nicht einfach mit der gewachsenen Bedrohung und Einschüchterung durch einen mächtiger gewordenen Staat zu erklären ist, beweisen die überaus hohen Teilnehmerzahlen und auch die Schärfe der Auseinandersetzungen bei Antikernkraftwerksdemonstrationen. Nein, im Vordergrund stehen heute vielmehr provokante Themen der inneren und äußeren Natur: Gewaltphantasien, sexuelles Verhalten, psychische und ökologische Problemstellungen. Jedenfalls gewinnt man diesen Eindruck, wenn man die „bewegendsten" Anlässe der letzten Zeit Revue passieren läßt. Der Skandal, den in der gesamten Bundesrepublik der „Buback-Nachruf" einer gewissen „Mescalero"-Gruppe auszulösen vermochte, war für die scene ein pseudoradikaler Artikel über das Sexualverhalten eines linken Mannes. Die Macht der Phantasiebildung, die im Widerstreit mit der eigenen oder oktroyierten Zensurgewalt liegt, dürfte auch die Suggestivkraft solcher aufreißender Buchtitel wie den Stefanschen „Häutungen" oder den Theweleitschen „Männerphantasien" ausmachen. Sofern man eine politisch resümierende Einschätzung wagen will, so kann man vielleicht noch sagen, daß sich die Neue Linke nicht mehr auf den äußeren Imperialismus, beziehen, sondern auf das, was einige Sozialwissenschaftler in

Analogie dazu als „inneren Imperialismus" bezeichnen. Thema sind nicht mehr die politisch-ökonomischen Strukturen des Ausbeutungs- und Unterdrückungsverhältnisses oder etwa die Mächtigen selber; stattdessen sind die innerpsychischen Repräsentanzen der Macht zum allseits bewegenden Motiv geworden.

So haben sich im Laufe der letzten Jahre gravierende Verschiebungen und Konturveränderungen in der politischen Landschaft der unabhängigen Linken abgespielt. Wenn auch ein flüchtiger Blick auf die einzelnen Organisationen ein unverändertes Bild gegenüber früheren Zeiten vielfach noch abgeben sollte, so muß das dennoch täuschen, weil unter der Oberfläche gar mancher Gruppenhülse sich bedeutsame Interessenverschiebungen und Gewichtsverlagerungen ereigneten, die in ihrer Tragweite bislang noch kaum einen entsprechenden Audruck gefunden haben. Von Organisationsfiltern weitgehend unberührt treten solche Tendenzen am offensichtlichsten in überregionalen Mobilisierungszusammenhängen zutage, wie sie etwa die Initiativgruppen für die Antikernkraftwerksbewegung darstellen. Jedoch auch die frankfurter scene konnte sich trotz ihrer spezifischen Sozialstrukturen, ihrer relativen Eigendynamik und Ungleichzeitigkeit der Sogkraft dieses untergründigen Umschichtungsprozesses keineswegs entziehen. Vielmehr waren hier aufgrund der Offenheit und kaum formalisierten Strukturen viele der neuen Akzentsetzungen schon sehr frühzeitig zu erkennen. Nachdem sich herausgestellt hatte, daß mit den Solidaritätsaktionen für Chile und Portugal die am Ende des Häuserkampfes verlorengegangene „lokale" Einheit nicht so einfach wiederzugewinnen war, lösten sich schrittweise einzelne Gruppierungen und Individuen aus den kollektiven Diskussionsforen heraus und begannen, wenn sie überhaupt noch aktiv blieben, mit zum Teil sehr voneinander differierenden Formen „emanzipativer" Praxis. Die Unterschiede, die keineswegs für die scene allein typisch sind, sondern hier vielleicht nur einen besonders exponierten Ausdruck finden, werden sicherlich in einem zeitlichen Vergleich am deutlichsten.

Zu Beginn der siebziger Jahre wurde fast überall ein für lange Zeit ungebrochen geltender Primat der Betriebsarbeit definiert, der, wenngleich er für die übergroße Mehrzahl der Politisierten keine direkte praktische Bedeutung besaß, dennoch die meisten anderen politischen Arbeitsformen dominierte. Die Stadtteilarbeit, die Initiativ- und Basisgruppen in den verschiedensten Bereichen gewannen erst dann an Relevanz, als die ersten Interventionsversuche im Produktionsbereich schon gescheitert waren und man bei den übrigen absehen konnte, daß sie zu keinen raschen politischen Erfolgen führen würden. Bei fast allen Aktivitäten wurde jedoch noch eine Hierarchie vorausgesetzt, in der die Fabrik an oberster Stelle rangierte, der sich die anderen Bereiche dementsprechend als sekundäre, tertiäre usw. jeweils untergliederten. Diese Rangordnung ist spätestens im Jahre 1975, im ,,Jahr der Frau", kräftig in Unordnung geraten. Nicht etwa, weil die Frauenbewegung sie mit ihren Aktionen direkt verursacht hätte, sondern weil diese, indem sie sich in einer Krise der gesamten Neuen Linken als erste den üblichen Systematisierungen verweigert hat und ganz abrupt ausgeschert ist, dem lange Zeit nur schwelenden, dennoch aber tiefgehenden Umbruchprozeß zuerst manifest und übergreifend Ausdruck verliehen hat. Dabei hat sie die Interpretationshierarchie sozialer Bewegungen nicht nur in Frage, sondern an deren Stelle zunächst einmal ihre eigene Existenzweise gestellt, um erst anschließend spezifische Interpretationsformen dafür zu entwickkeln. Natürlich hatte es auch in den Jahren zuvor schon einige, zumeist anarchistisch orientierte Stömungen innerhalb der Linken gegeben, die sich dem Primat der Betriebsarbeit nicht gebeugt haben, jedoch besaß keine von ihnen die übergreifende innovative Funktion der Frauenbewegung. Wollte man heute das sich in ihrem Windschatten umschichtende Spektrum der Gruppen und Bewegungsansätze beschreiben, dann würde man sich in der immer undurchschaubarer gewordenen Vielfalt hoffnungslos verzetteln. Selbst wenn man sich auf einige Tendenzen konzentriert, wird man, ohne es mit einem Bild denunzieren zu wollen, beim Gang durch den linken Gemüsegarten einen ganz schönen Salat anrichten. Da gibt es Anti-Psychiatrie-Gruppen neben Ökologiegruppen, Frauenzentren neben Schwulencafés und ethnizistische Ansätze neben Massage- und Yogagruppen, Makrobioten und Vegetarier neben Karatekämpfern, Landkommunen, Stadtindianer etc. Auch über die Grenzen der Jugendbewegung hinaus lassen sich einige der Umgruppierungen noch in den Bürgerinitiativen wiederfinden, die nicht mehr die reformistische Basis der SPD wie in der Brandt-Ära darstellen, sondern sich im Protest gegen Umweltverschmutzung, Stadtverplanung und Landschaftszerstörung gleichfalls um natur- oder zivilisationsgebundene Probleme zentrieren. Ja, der Umorientierungsprozeß reicht damit in gewisser Weise, wenn auch zumeist nur indirekt bis in die Mitgliederreihen der herrschenden Parteien hinein, die sich nicht zufällig in letzter Zeit immer mehr über einen Schwund an Aktivitäten im parlamentarisch-politischen Sinne beklagen.

Wenn man sich nun die Leitlinien der neuen Orientierungsversuche anschaut, dann fällt daran auf, daß sie sich den herkömmlichen politischen Interpretationsansätzen auf eigentümliche Weise entziehen. Sie sind sperrig, stehen quer; weder vertikal, noch horizontal richtig einzuordnen, scheinen sie in mancherlei Hinsicht kaum analytisch zu begreifen zu sein. Selbst die oberflächlichsten politischen Assoziationsmöglichkeiten — ob progressiv oder konservativ — gehen in den meisten Fällen, wie etwa bei den Ökologengruppen, fehl und versagen schon bei ersten Einschätzungsversuchen. Das, was zuunterst war, scheint nun auf einmal zuoberst zu sein, was daneben lag, nun in der Mitte zu stehen, und was bisher überhaupt keinen Platz hatte, plötzlich eine umfassende Bedeutung gewonnen zu haben. Um das Durcheinander überhaupt erst einmal zu sichten, geschweige denn die entstandenen Verwirrungen auch aufzulösen, scheinen einige Einschnitte in den Problemfeldern angebracht, die zumindest Verschiebungen in den Akzentsetzungen verdeutlichen könnten.

Theorie-Erfahrung: Kriterium politischen Handelns ist schon lange nicht mehr die treffende theoretische, zumal die ökonomiekritische Analyse, vielmehr die subjektive Erfahrung des jeweiligen Individuums. Wofür man aktiv werden soll, das will man gefälligst auch am eigenen Leib spüren. Was jedoch in einer bestimmten Phase ein durchaus wichtiges Politisierungs- oder Kritikmoment an Orthodoxie und Dogmatismus darstellte, ist jetzt vielerorts in einen problemlosen Kult der Bedürfnisse umgekippt. Erfahrung, die keiner theoretischen Analyse mehr zugänglich ist und jedes irritierende Reflexionsmoment abwehrt, hat sich auf das durchschnittliche Quantum von Gefühlserregungen reduziert. Damit hat sie ihre Widerspenstigkeit verloren und

ist weitgehend integrabel geworden. Erfahrung, derart verabsolutiert, hat sich von einem Medium der Autonomie in ein Medium von Integration und Anpassung verwandelt.

Stadt-Land: Nicht nur weil mit der Ökologie- und Antikernkraftwerksbewegung sehr oft dünn besiedelte und wenig indu-
strialisierte Zonen objektiv an Bedeutung gewonnen haben, sind
viele Randgebiete ins Zentrum des politischen Interesses gerückt. Auch ohne die von Staat und Kapital neu gesetzten
Schwerpunkte wäre das Land zum Fluchtpunkt eines nicht unbeträchtlichen Teils der Linken geworden. Der Ort hingegen,
der mit seiner Anballung von Macht, mit seiner Zentralisierung
von Entscheidungskompetenzen sozialer, kultureller und intellektueller Umschlagspunkt, sowie Schmelztiegel ist — die Stadt
—, ist, selbst wenn man dort noch zu hausen hat, zu einer verlas-
senen Stätte geworden, die einen mit ihrer falschen Fülle nur
noch anödet. Während man sich in der antiautoritären Bewegung
fast glücklich schätzte, in den Metropolen kämpfen zu können
— das große Idol Che Guevara hatte es als Landguerillero geradezu bedauert, nicht wie seine amerikanischen Genossen im „Herzen des imperialistischen Ungeheuers" leben zu können —, hat
dieses Synonym seine Ausstrahlung nun eingebüßt. Wenngleich
die Bedeutung regionalistischer, dezentraler und lokaler Bewegungen angesichts der rapide angestiegenen Zentralisierung des
Kapitals und der Internationalisierung von politischen Entschei-
dungsstrukturen nicht unterschätzt werden sollte, würde eine
Aufgabe der Stadt als Ort revolutionärer Entscheidungen gleich-
bedeutend sein mit der Aufgabe des revolutionären Anspruchs
überhaupt. In den Städten herrscht zwar immer „Krieg", wie
Brecht einmal gesagt hat, deshalb herrscht aber auf dem Lande
längst noch keine Ruhe und wenn doch, dann sollte das umso
stutziger machen.

Geschichte-Alltag: Die Reklamation des „Hier und Jetzt" war
im Jahre 1968 Dreh- und Angelpunkt aller Kritik am traditionellen Revolutionsverständnis von Sozialdemokratie und Kommunismus. Nicht noch einmal wollte man sich für eine vermeintlich gewisse Zukunft, eine Partei, die den historischen Sieg des
Proletariats schon in der Tasche zu haben schien, opfern lassen,
dazu war die Geschichte dieses Jahrhunderts allzuoft zu Bruch
gegangen und die katastrophale Erfahrung mit dem Stalinismus

noch zu nah. Jedoch war die unnachgiebige Insistenz auf der Unmittelbarkeit kein Ersatz für Entwicklung, ja Geschichte schlechthin. Die Revolte hatte durchaus eine Vorgeschichte, wenn sie auch nur kurz war; vor allen Dingen sollte sie aber eine Zukunft bekommen. Jedoch eine, die auf ihrem Weg, in ihrem Prozeß, niemals ihre alltägliche Dimension wieder verlieren sollte. Heute allerdings scheint es fast so, als hätte die Forderung nach Alltäglichkeit, Jetztzeit, ihre kritische Spitze verloren und sei stumpf geworden. Mehr noch, die Politisierung des Alltags ist fast zu einem Gefängnis geworden, aus dem es kaum noch ein Entrinnen geben kann. Die Zeit der Veränderung ist in ihrer vollständigen Reduktion auf Unmittelbarkeit schattenlos geworden. Sie hat weder eine Vorgeschichte, noch eine Zukunft; indem alles alltäglich wurde, haben sich die Ereignisse gegenseitig nivelliert. Mit der Verabsolutierung der Situation hat die Befreiung ihre Perspektive verloren. Aus der Reklamation des Alltags gegenüber einer Geschichtsauffassung, in der die Individuen als notwendige Momente der Historie wie auf einem Verschiebebahnhof hin und her rangiert werden, ist unter der Hand eine Reklame für das Bestehende geworden.

Bewußtsein—Wahnsinn / Kampf—Leben / Militanz—Pazifismus / Rationalität—Emotionalität / Realität—Phantasie / geistige Arbeit—körperliche Arbeit / Intellekt—Sexualität: die stichwortartige Aneinanderreihung der Umbrüche ließe sich fast beliebig fortsetzen, ohne die Vorgänge damit wirklich erfaßt zu haben. Denn schon an den Überschneidungen, Verdoppelungen und Querverbindungen dieser verschobenen Akzentsetzungen ist unschwer zu erkennen, wie schwer nur die einzelnen Motivationsveränderungen getroffen werden. Die üblichen Darstellungsmittel scheinen schon bei einer bloßen Phänomenologie des Umbruchs in Schwierigkeiten zu geraten. Der Versuch einer Systematisierung in einzelnen Dyaden wird gesprengt und erforderte wahrscheinlich eine wesentlich kompliziertere Stuktur, die vielleicht nur noch mit den unendlich verzweigten und verästelten Molekularbildern aus der Physik und der Chemie zu vergleichen wären. Und dennoch dürften auch sie kein Beschreibungsraster, sondern müßten ein Schwingungsbild ergeben.

Trotz der schillernden Mehrdeutigkeit dieses Umpolungsprozesses läßt sich in allen Verschiebungen ein gemeinsames Moment herauskristallisieren: Im Versuch der Neuen Linken, eine neue Basis zu gewinnen, werden politische Identitäten immer mehr in Naturkategorien umgegossen. Nicht mehr gesellschaftliche, sondern natürliche Gründe sollen einen Befreiungsprozeß verbürgen, der im politischen Kampf nicht auszustehen war. Eine solche Tendenz hat auch der Kultursoziologe Hans Peter Dreitzel diagnostiziert: „Die Suche nach politischen Identitäten, die direkt erfahren werden können, wird sich weiter ausbreiten. Diese aber werden in der Regel durch Naturkategorien definiert. Heute, da Stammes- oder Clanzugehörigkeiten oder sogar stabile Familienbande zwischen den Generationen fehlen, blühen alle Formen der „body-politics" auf, vom ethnischen Separatismus bis ‚Women's Lib', von der ‚Gay Revolution' bis zur Organisation von Seniorengruppen und Kooperativen von Geisteskranken." Er vertritt die Ansicht, „daß bei sinkenden Wachstumsraten in allen Industriegesellschaften und bei zunehmender psychischer Pauperisierung die zukünftige Funktion von Kultur hauptsächlich in der Neuinterpretation unseres Verhältnisses zur Natur bestehen wird. Die Anfänge dieser Entwicklung lassen sich heute feststellen im wachsenden Umweltbewußtsein, in der sich ausbreitenden öffentlichen Debatte über Fragen der körperlichen und seelischen Gesundheit und im Entstehen synkretistischer religiöser Bewegungen, die ein kosmisches Gleichgewicht zwischen Natur und Bewußtsein propagieren. Anscheinend hat die Dialektik, die sich daraus ergibt, daß wir einen Körper haben und gleichzeitig ein Körper sind, noch mehr Dimensionen als die bloße Kontrolle von Muskelkraft. Das psychische Elend, das am Ursprung der allgemeinen Suche nach einer neuen Fundierung der Authentizität liegt, ist die subtile Rache der Natur an einer Kultur, die ihr rein instrumentelles Verhältnis zur Natur in großen Leistungen der Wissenschaft, der Medizin und der technologischen Erzeugung artifizieller Milieus gefeiert hat." [5]

Exkurs: Natur als Politik — am Beispiel der Frauenbewegung

Klarer als alle anderen Varianten der Alternativbewegung voll-

[5] Hans Peter Dreitzel, Der politische Inhalt der Kultur, in: Alain Touraine u.a., Jenseits der Krise — Wider das politische Defizit der Ökologie, Frankfurt 1976, Seite 68 und 66

zog die Frauenbewegung die große Wende nach innen, den Rekurs auf den eigenen Körper, hin zur weiblichen Natur. Seitdem sie mit dem herrschenden Interpretationsmodell eines ökonomisch verkürzten Marxismus gebrochen hat und aus dem gemeinsamen Diskussionszusammenhang der Linken ausgeschert ist, um ihre eigene Autonomie zu gewinnen, ist es vielen anderen Gruppierungen leichter gefallen, nun ebenfalls politisch lange Zeit unterdrückte Interessen und Bedürfnisse zu artikulieren. Jedoch gerade weil der Bruch der Frauen und ihre Konstitution zu einer eigenen, sich den anderen gegenüber disparat verhaltenden Bewegung so abrupt war, demonstriert er auch besonders exemplarisch, mit welchen Problemen dieser Versuch einer neuen Identitätsgewinnung behaftet ist. Deshalb soll hier am Beispiel der Frauenbewegung die Ambivalenz verdeutlicht werden, die unweigerlich dann auftritt, wenn mit der Ablehnung eines versteinerten Marxismus zugleich auch dessen sozioökonomisches Bewußtsein als irrelevant abgetan wird.

Seitdem sich in der Tendenz von einer männlichen Linken sprechen läßt, ist es verpönt, sich überhaupt noch öffentlich zum Verhältnis zwischen Frauen und Männern, Frauenbewegung und Linker zu äußern, obwohl es evident ist, daß die Entwicklung des Feminismus der jüngsten Zeit ohne die innere Dynamik der Neuen Linken völlig undenkbar wäre. Daß dieses Tabu von den Frauen selber aufgestellt wurde, die nicht länger mehr mit den linken Männern „gemeinsame Sache" machen wollten und es sich deshalb verbeten haben, weiter reinreden zu lassen, ist dabei klar; dennoch aber ist es umgekehrt von männlicher Seite aus von Anfang an falsch gewesen, dies einfach zu akzeptieren. Nicht etwa, um sich trotzdem ungebeten in die Diskussionen der Frauen einzumischen, sondern um überhaupt die Debatte öffentlich auszutragen, wenn auch vielleicht „nur unter sich". Zwar läßt sich seit den ersten Ansätzen des radikalen Feminismus nicht länger mehr diskutieren oder theoretisieren, als sei nichts geschehen, das bedeutet aber längst noch nicht, daß man deshalb nur noch schuldbewußt zu schweigen hätte. Denn das Resultat, das sich so in vielen Fällen einstellen konnte, ist ein zum Teil unglaublicher Opportunismus seitens der männlichen Linken gegenüber den radikalisierten Frauen. Die Devise heißt vielerorts „Abwarten", nach außen hin in Demut seine männliche Gebrochenheit zu demonstrieren, nach innen aber ungebrochen weiter als Pascha fortzuexistieren.

An der Frauenbewegung im allgemeinen und am Feminismus im besonderen tritt in aller Schärfe zum Vorschein, daß die Rückbesinnung auf eine vermeintlich pure weibliche Natur zunächst einmal nur das subjektive Kondensat, der Restbestand einer aus der gesellschaftlichen Wirklichkeit in sich selber zurückgenommenen Emanzipationsbewegung ist. Erst in dem Augenblick, als eine studentische Intervention nach der anderen gescheitert war, brach der lange schwelende Konflikt zwischen den Geschlechtern wieder auf. Wie schon auf der letzten SDS-Deligiertenkonferenz im Jahre 1968 die „Weiberrevolte" gerade dann ausbrach, als die Identitätskrise der Studentenbewegung auch in ihrer Kernorganisation offen zutage trat, so begannen auch Mitte der siebziger Jahre die Frauen erst von dem Moment an zu revoltieren, als offensichtlich war, daß die Neue Linke keine weitere Möglichkeit mehr bot, die manifesten politischen Probleme offensiv in Angriff zu nehmen. Deshalb kann man sagen, daß die Entstehung der Frauenbewegung — sicher nicht nur allein — aber auch Ausdruck einer umfassenden Identitätskrise der unabhängigen Linken ist und das heißt indirekt auch, daß sie Ausdruck der gesellschaftlichen Resonanzlosigkeit der von der Linken praktizierten Politik ist. Man muß diese doppelte Übersetzung einschalten, um das bei der Konstitution der Frauenbewegung mitspielende, aber nur schwer zu erkennende politisch-gesellschaftliche Problem aufdecken zu können. Nach den Niederlagen im Betriebs- und Stadtteilkampf, dem Rückzug aus den meisten Institutionen haben die Frauen etwas zum Prinzip erhoben, was viele Männergruppen nun ebenfalls gerne tun würden, wenn es nicht so schwierig wäre, sich eindeutiger als unterdrückt zu bestimmen: Weil keine soziale Stabilität des Widerstands zu gewinnen war, haben die Frauen als erste einfach sich selber — ihre eigene Natur — zum schlechthin Rebellierenden erklärt. So drückt die Frauenbewegung klarer als fast alle anderen der in der scene vorfindbaren Varianten der Alternativbewegung schon per definitionem aus, worin sie ihre neue Identität gerne sehen möchte. Damit aber hat sie im Vergleich zu anderen Teilen aus der Studentenbewegung nur eine andere Form der Ersatzindentität gewählt. Sie hat nicht mehr zu historischen oder geographischen Attrappen (Sowjetunion, China, Trotzkismus etc.) gegriffen, um sich als revolutionsträchtige Gruppierung zu verpuppen, sondern zu natürlichen. Was die gesellschaftliche Wirklichkeit nicht hergegeben hat, soll nun die Natur herausrücken. Das, was ohnehin besonders, geschlechtsspezifisches Merkmal ist — nämlich Frau zu sein — wird in den Rang eines Bekenntnisses, einer bewußten Entscheidung erhoben. Nicht, daß dies völlig überflüssig wäre — sicher ist es notwendig, um die verdrängte eigene Natur überhaupt wieder einbringen zu können — nur läßt sich damit keine Befreiung begründen; weder eine individuelle, geschweige denn eine soziale.

Dies läßt sich auch anhand einiger Entwicklungstendenzen in der aktuellen Frauenbewegung belegen. Denn schon wenige Jahre, nachdem sie wie Phönizia aus der Asche der Neuen Linken entstanden ist, scheint sie viel von ihrer dynamischen Kraft verloren zu haben und ins Stocken geraten zu sein. Solange sie mit dem Kampf gegen den Abtreibungsparagraphen einen objektiven Kristallisationspunkt hatte und in ihrer politischen Opposition nicht verleugnet werden konnte, brachen virulente Identitätsprobleme zunächst einmal nicht auf — Einigkeit bestand ja zumindest in dem, was man nicht, auf gar keinen Fall wollte. Seitdem sie sich aber weitgehend auf ihre eigene Existenzweise zurückziehen mußte, die sich, soziologisch gesehen, klassen- und schichtenmäßig von der übrigen Linken nicht allzusehr unterscheidet, trat auch die Selbstdefinition in ihrer Problematik wieder stärker zutage. Der kleinste gemeinsame Nenner — Frau zu sein —, der doch die große Offenbarung darstellen sollte, stellte sich zunehmend als Trugschluß heraus. Dies wurde vor allem deutlich, als ein Teil der Feministinnen von anderen Frauen forderte, ihre Kontakte zu Männern vollständig einzustellen. Anfangs hatte nur die Forderung existiert, sich ohne Männer zu treffen und zu diskutieren, nun aber sollte auch der letzte gemeinsame Bereich getilgt und jeder Berührungspunkt aufgegeben werden. In der Konsequenz hieß das vor allem, daß aus heterosexuellen Frauen Lesbierinnen werden sollten. Die „natürliche" Identität, Frau zu sein, sollte mit dem entsprechenden Sexualverhalten eine unverrückbare Stabilität bekommen. In dieser „Verdoppelung" der weiblichen

Existenz, die eine fugendichte Identität abgeben soll, muß nun die Natur endgültig zum Kunstgriff geraten. Das macht auch die verschwiegene Wahrheit im mythenträchtigen Rückgriff auf eine vorgestellte erste Natur aus. Die „künstliche" Entscheidung zur „natürlichen" Identität eliminiert gerade jene Bestimmungsmomente, die an ihrer gesellschaftlichen Produktion von Bedeutung, weil veränderbar sind. Die ideologische Figur verschafft sich einen Ersatz in der körperlichen und bringt sich damit unfreiwillig auf ihren Begriff. Der Kult um die neue Weiblichkeit, das wird hier deutlich, ist nicht zuletzt ein Archaismus.

Der Vorgang, der in vielen Frauengruppen und -zentren zu erbitterten Konflikten geführt hat, ist durchaus mit einer Auseinandersetzungsphase im vorschnellen Alterungsprozeß der Neuen Linken vergleichbar, von deren Dogmatismus sie sich gerade trennen wollten. Je purer eine Frau vermeintlich feministisch wird und sich dies auch jenseits allen Zweifels durch ihr Lesbischsein verbürgt, desto mehr nimmt sie Züge an, die gerade für den „Atomspaltungsprozeß" der ML-Gruppen charakteristisch waren. Der naturalistische Trennungsstrich mutet insofern wie das vorläufige Ergebnis eines Liniengefechts unter Stalinisten an, wo einer dem anderen den Revisionismusvorwurf macht und sich selber stattdessen immer im Besitz der „reinen" proletarischen Position ausgeben muß. Während man früher an den Wänden der Universität die Parole lesen konnte „Organisiert Euch nach den Prinzipien des Marxismus-Leninismus!", so findet man heute dort die Aufforderung „Frauen werdet lesbisch!". Ganz so, als könnte das ebenso ein dezisionistischer Akt sein, wie man sich vor einigen Jahren noch zum „Proletarier" erklärte — als sei dies jeweils eine Sache des Willens, der reinen persönlichen Entscheidung und als wäre „lesbisch" bzw. „proletarisch" schon ein revolutionärer Wert an sich. Dieser innere Zwang, sich auf eine immer puristischer werdende Position zurückziehen zu müssen, die sich letztlich nur noch als Naturding ihrer Absicht versichern kann, drückt selbstverständlich genau das Gegenteil der eigentlichen Zielsetzung aus: eine eklatante Identitätsschwäche. Deshalb ist auch zu sagen, daß eine Frau wohl erst dann wirklich lesbisch sein könnte, wenn sie es aufgrund eines äußeren oder inneren Zwanges nicht mehr unbedingt sein müßte; das gleiche gilt natürlich auch für Schwule und alle Perversen, insbesondere die Heterosexuellen.

Der Versuch, gerade die körperliche Konstitution der Frau, die bislang — nicht weniger ideologisch — als Ausdruck einer spezifischen weiblichen Schwäche angesehen wurde, nun umgekehrt zum Garanten feministischer Stärke und damit der Befreiung der Frau machen zu wollen, muß scheitern, weil er bloß reaktiv bleibt. Im Kern ist er noch von den Wundmalen gekennzeichnet, die für die sexuellen Verhaltensweisen der bürgerlichen Gesellschaft typisch sind, nämlich eine Norm durch die andere zu ersetzen und damit wieder neuen Druck und Zwang auszuüben. Das Problem, das sich dahinter verbirgt, ist in der Geschichte keineswegs unbekannt; es hat beispielsweise alle Versuche, die bürgerliche Revolution mit „der" Natur begründen zu wollen, wie ein Schatten verfolgt. Schon Rousseau, der theoretische Wegbereiter der französichen Revolution, hatte vor zwei Jahrhunderten mit seiner Forderung, zur natürlichen Empfindung zurückzukehren, die These verfochten, daß der Mensch von Natur aus gut und nur infolge der zivilisatorischen und gesellschaftlichen Einflüsse korrumpiert worden sei. Dem könne nur entgegengewirkt werden, wenn man zum natürlichen Zustand der Wilden zurückfindet und fern von den Einrichtungen der Gesellschaft seine eigene Anschauung entwickelt. (Ins Feministische übersetzt würde das bedeuten, daß man zum matriarchalen Urzustand zurückzukehren hat, um in der Absonderung vom patriarchalistischen System die natürliche Bestimmung als Frau wiederfinden zu können.) In dieser Tradition stehen aber nicht nur Romantik und Naturalismus, die im 19. Jahrhundert antirationalistische und antitechnische Affekte gegen den Vernunftbegriff der Aufklärung freisetzen, sondern auch Darwinismus, Rassismus, der biologisch begründete Imperialismus und letztlich auch der Faschismus. An der Streubreite der Begründungsmöglichkeiten ist unschwer zu erkennen, was die eigentliche Problematik am politisch interpretierten Naturbegriff ausmacht. Es ist mit ihm ähnlich, wie mit der Einstellung vieler Christen zur Bibel; man kann nach Belieben das herauslesen, was man zuvor hineingelegt hat.

Was in diesem Exkurs über die Frauenbewegung auf exemplarische Weise verdeutlicht werden sollte, stellt in konzentrierter Form einen der neuralgischsten Punkte dar, der die Alternativbewegung — und sicher nicht nur sie — in ihrer Gesamtproblematik betrifft. Denn solange die gesellschaftliche und historische Dimension am Land, an den Nahrungsmitteln, dem Körper, der Sexualität, der Psyche usw. unterschlagen wird, solange kann das Resultat nur in Fatalismus oder Voluntarismus bestehen, nicht aber in einer veränderten Aneignung von Natur und damit einer neuen Gesellschaftlichkeit. Marx hat nicht ohne Grund oft genug betont, daß es keine Natur „an sich" gibt, sondern daß diese immer schon eine gesellschaftlich jeweils bestimmte ist, die andererseits aber auch nicht auf ihre sozialen oder historischen Momente zu reduzieren ist. Wenn letzteres in jüngster Zeit immer mehr zu tun versucht wurde, dann durch das Kapital selber. Natur wurde wieder zum Problem durch die Forcierung der Warenproduktion. Es entspricht der inneren Logik einer Produktionsweise, die aus immanenten Gründen zur fortwährenden Expansion gezwungen ist, daß sie irgendwann in Grenzbereiche vorstoßen muß, in der die komplexen Regelkreise des ökologischen Systems ernsthaft gefährdet werden.

Dies scheint sich gegenwärtig in zweierlei Hinsicht abzuspielen: Einmal als absehbare Erschöpfung der Rohstoffressourcen zur Energiegewinnung und zum anderen als Überschreitung bestimmter anthropologischer Spielräume zur psychischen Verarbeitung von Erfahrung. Beide Problemzonen sind in der Alternativbewegung in gewisser Weise repräsentiert; in der Form der ökologischen und in der Form der psychologischen Gruppen. Beide können aber nicht aus sich selber heraus in ihrer Problematik und Komplexität begriffen werden. Daß gerade noch der Anschein der Selbständigkeit bzw. Naturhaftigkeit ein spezifisches Merkmal der entfalteten Warenproduktion ist, hat ebenfalls Marx ansatzweise im Fetischkapitel des „Kapitals" entwickelt und dargestellt. Gerade angesichts der naturalistischen Tendenzen in der Alternativbewegung und insbesondere im Feminismus läßt sich deshalb sagen: Der Fetischismus der Natur ist in Wirklichkeit ein unbegriffener Fetischismus der Ware — das ist das Geheimnis aller modernen Mythologie.

Die sechste These lautet: Obwohl die scene ein Getto ist, so ist sie dennoch keine Insel. Im Gegenteil: Viele der Krisensymptome treten hier noch exponierter in Erscheinung als in der Gesamtgesellschaft. Indem die Alternativbewegung die vielfältigen Deformationen des kapitalistischen Systems nicht einfach hinnimmt, jedoch sich auch kaum dagegen wehrt, sondern eher ihnen zu entgehen versucht, demonstriert sie gleichzeitig wie gering die Möglichkeiten einer solchen Flucht sind. Es ist wie bei dem Wettrennen zwischen dem Hasen und dem Igel: In der gesuchten Natur steht immer schon die Ware und ruft „Ik bün allhier." So ist der Versuch, die Identitätskrise der Neuen Linken quasi „auf natürlichem Wege" lösen zu wollen, schon im Keim zum Scheitern verurteilt. Das muß trotz und auch wegen der objektiven Problematisierung von innerer und äußerer Natur durch das kapitalistische System betont werden. Ethnizismus, Regionalismus, Nationalitäts- und Geschlechtszugehörigkeiten sind keine Kategorien der Befreiung, wenngleich sie deren Momente nicht nur darstellen können, sondern auch müssen.

Politische Identitätskrise als „Lernaufforderung"

In der Studentenrevolte wurde ein politisches Prinzip praktiziert, für das es keine überlieferte Begriffsmöglichkeit gab. Im Gegensatz zum traditionellen sozialistischen Politikverständnis wurde durch die subjektiven Bedürfnisse der Individuen hindurch ein Politisierungsprozeß entfaltet, in dem weder von einem selber, noch von anderen abstrahiert werden könnte. Politik als permanente Revolution im Sinne der Praktizierung eines radikal anderen Lebens — das war das historisch neue Prinzip und daraus bezog die Rebellion von ʻ68 eine Ausstrahlung, die sie im objektiven Sinne zu einer subversiven Kraft werden ließ. Mit der Moral als Motor der Bewegung hatte man sich fast wie im Blindflug Bereiche angeeignet, die in der revolutionären Politik — außer von einigen anarchistischen Gruppierungen wie z.B. der spanischen CNT — bislang immer links liegen gelassen wurden. Angefangen von der sozialen Keimzelle Kommune als Alternative zum kleinbürgerlichen Familienverband, der auch im Staatssozialismus unangetastet geblieben war, über die Gruppenformen in Universität und Schule bis hin zur kollektiven exemplarischen Aktion auf der Straße wurde in allen Lebensbereichen ein antiautoritäres Prinzip praktiziert: Sensibilität, Öffentlichkeit, Spontaneität, Kollektivität, Basisdemokratie und moralische Integrität — das waren die Schlagworte, die nicht

55

nur ein anderes Lebensgefühl, sondern auch eine spezifische Radikalität ausdrückten, die die Geschichte augenscheinlich noch nicht gekannt hatte. Keine politischen Programme und Protestresolutionen, sondern die studentischen Aktionsformen selber, als Ausdruck des Wunsches nach einem radikal anderen Leben, ergriffen auch die Schüler, die Lehrlinge, Teile der Randgruppen und ließen aus der Studenten- eine Jugendbewegung werden. Für einen kurzen Augenblick der vollständigen Legitimationsschwäche des herrschenden Systems obsiegte das antiautoritäre Prinzip auf der ganzen Linie. Mit Situationswitz, Ironie, Naivität, moralischer Integrität und den ohnehin besseren Argumenten, kurzum mit einem unglaublichen Optimismus ausgestattet, schien man in dieser politischen Offensive schier unschlagbar zu sein. Doch bekanntlich trog der Schein.

Die situative Stärke war auch zugleich die perspektivische Schwäche der antiautoritären Bewegung. Denn in dem Moment, als das System selber mit der sozialliberalen Koalition eine reformistische Antwort auf die ungestillten Bedürfnisse breiter Bevölkerungsschichten zu geben versuchte, indem sie den Protest auffing, große soziale Versprechungen machte und die divergierenden Interessen zu kanalisieren begann, da versagte die nahezu im Unterbewußtsein forcierte Politik der Studenten kläglich. Fast genauso schlagartig, wie die Euphorie durch die überraschenden Mobilisierungserfolge entstanden war, schlug sie nun in Ratlosigkeit und Katzenjammer um. In dem Moment, als die Sozialdemokratie der Revolte das Wasser abgegraben hatte und sich die Revoltierenden — ohne ausreichende soziale Resonanz — wieder auf sich selbst gestellt sahen, entdeckten sie auch die Brüchigkeit ihres eigenen Identitätsentwurfs. Hinter den abgebrochenen Mauern der Vergangenheit — Elternhaus, Schule, Universität, Karriere, politisches System — schob sich plötzlich ein schier undurchdringlicher Wust von Problemen ins Bewußtsein: die studentische Existenzweise, die soziale Gebrochenheit, die mangelnde Berufsperspektive, die Resistenzfähigkeit der alten psychischen Strukturen, die Bedrohung durch den Staat. Es gab keine historische Erfahrung in dieser Situation, keine soziale Stabilität, keinen institutionellen oder politischen Rückhalt — das spürte man in der Bundesrepublik extremer als in jedem anderen Land, bis auf die USA vielleicht. In Frankreich und Italien hatte es immerhin eine Tradition des Widerstands und Organisationen der Arbeiterbewegung gegeben, die eine historische Kontinuität verkörperten, an der sich, wenn auch nicht anknüpfen, so doch zumindest orientieren ließ. Hier jedoch gab es nichts. Fast schien es so, als hätte eine Bewegung aus dem historischen Nichts heraus zum Sprung angesetzt, sich umgeschaut, die eigene Schwäche gesehen und wäre prompt wieder in sich zusammengefallen. Aus Angst vor diesem Sturz ins Bodenlose versuchte man fast instinktiv nach etwas zu greifen, was politisch Halt zu geben versprach. Das hatte noch vor dem Ende der antiautoritären Bewegung damit begonnen, daß man sich selbst zu kopieren versuchte. Nach dem Scheitern der Springer-Kampagne, der Kritischen Universitäten und vor allem der Antinotstandsbewegung, als sich der politisch brisante Gehalt der Demonstrationen schon längst verflüchtigt hatte, begann man Aktionen um der Aktionen willen zu machen. Man lieferte sich Schlachten mit der Staatsgewalt, um noch zu retten, was zu retten war: das reine Formprinzip der direkten Aktion. Bildlich gesprochen drehte die Bewegung regelrecht durch: ihre Taten hakten nicht mehr ein, ihre Gruppen griffen nicht mehr auf und ihre Parolen gingen ins Leere. So konnte es kaum verwundern, daß der Teil, der nicht vom Reformismus der SPD oder dem Parteikommunismus der DKP — dem alten Zangengriff, dem man ja gerade entgehen wollte — geschluckt wurde, beim erstbesten Anlaß — Septemberstreiks — in die große historische Kiste der Arbeiterbewegung griff und sich daraus das passende Kostüm überstreifte: Mit den Klamotten der Geschichte inszenierte man nun selber eine Klamotte.

Was schon in den zwanziger Jahren angesichts des bevorstehenden Faschismus kläglich gescheitert war, sollte nun plötzlich der Garant für die politische Massenwirksamkeit sein. Nach der kurzen Phase des Aktionismus folgten nun lange Jahre des Traditionalismus. Die verschiedenen Identitätshülsen wurden regelrecht „ausgemendelt": Hier Leninismus, dort Maoismus; hier Stalinismus, dort Trotzkismus; hier Anarchismus, dort Castroismus. Eine falsche Rolle gab der anderen die Hand, die eine löste die andere ab und es gab nicht wenige , die im Wechsel der Rollen über die ganze historische Bühne marschiert sind. Und selbst heute — zehn Jahre danach — weigern sich einige immer noch beharrlich, die falschen Kleider dorthin zu bringen, wo sie hingehören: ins Museum. Überall war man zu Hause, ob in China oder Albanien, ob in Kuba oder der Sowjetunion; nur hier — zwischen Hamburg und München, Köln und Berlin — da war kaum noch jemand anzutreffen.

Die antiautoritäre Bewegung hatte, ohne es zu wissen, ein Exempel statuiert: Authentische Politik zu machen — Bedürfnisse, die das System selber weckte, aber nicht befriedigen konnte, waren als materialistisches Ferment des Kampfes zum tragenden Moment einer politischen Bewegung geworden. Jedoch in dem Augenblick, als sich der gesellschaftspolitische Kontext veränderte und ihre Offensive ins Stocken geriet, griff sie ohnmächtig auf ein verschlissenes Prinzip zurück: Die instrumentelle Politik. Dabei verlor sie gerade das, was sie unbewußt errungen hatte, ihre Authentizität und damit den Funken, der eine solche Revolte entzünden konnte. Beim krampfhaften Festklammern an den Attrappen aus der Geschichte der Arbeiterbewegung übersah sie dann auch geflissentlich all die unverdauten Probleme, die noch in ihr steckten und die auch die offiziellen Organisationen nicht wahrhaben wollen: Die Herrschaftsförmigkeit und latente Unterdrückungsgewalt, die das stalinistische Trauma offenbart hatte.

Ohne Übertreibung kann man sagen, daß der Kommunismus spätestens in den Moskauer Prozessen seine moralische Integrität und damit auch seine historische Kontinuität verloren hat. Zwar hatte seine Geschichte immer schon Risse und Sprünge aufgezeigt (Kronstadt, Machno-Bewegung) und ihre Spuren liessen sich bis auf die Auseinandersetzung zwischen Marx und Bakunin in der 1. Internationalen zurückführen, jedoch nie zuvor war sie offen konterrevolutionär geworden und hatte ihre eigenen Ideale verraten. Mit der Liquidation einer ganzen Generation von Revolutionären jedoch — den Bolschewiki der ersten Stunde — hat Stalin ein Verbrechen begangen, das Hitler beispielsweise gar nicht begehen konnte. Er hat nicht nur Menschen umbringen lassen, sondern auch die Verkörperung von Hoffnungen und indem er das tat, hat er dem historischen Optimismus der Unterdrückten und Beleidigten die Spitze abgebrochen. Zuvor konnten soziale Bewegungen vernichtende Niederlagen einstecken, ohne deshalb zerbrechen zu müssen, nun aber war die moralische Integrität und damit auch die soziale und historische Identität verlorengegangen: Proletariat, Klassenkampf, Internationalismus, Revolution und kommunistische Gesellschaft hatten fortan einen Beiklang, der nicht mit dem absichtlich inszenierten Antikommunismus des Westens allein zu entschuldigen war.

Dieser traumatische Bruch, die entzweigegangene Identität des proletarischen Klassenkampfes ist bislang im wesentlichen immer noch unverarbeitet. Die mit der Bezeichnung ,Stalinismus' verknüpften Assoziationen — Industrialisierung, Autoritarismus, Despotie, Unterdrückung und Gewaltherrschaft — werden bei fast jeder revolutionären Bewegung, die sich auf das Erbe des Marxismus beruft, wieder neu aktiviert, ohne aber daß sie dabei jemals offen diskutiert werden könnten. Es gibt zwar einen Sikkerprozeß dieser politischen Identitätsproblematik in der Literatur, der von den Moskauer Prozessen bis in die Zeit des Kalten Krieges führt, aus der Politik jedoch blieb dieser manifeste Problemgehalt fast vollständig ausgespart. Und wohl nicht ganz zufällig beginnt man sich heute nach Solschenizyns „Archipel Gulag" in einer zweiten Rezeptionsphase wieder jene biographischen Zeugnisse anzueignen, die mit einer langen Kette von Namen verknüpft ist, die von Arthur Koestler über George Orwell, Gustav Regler, Ignazio Silone, Victor Serge, Manès Sperber und Leopold Trepper bis hin zu Jan Valtin reicht. Ihr individuelles Schicksal war exemplarisch für eine ganze Generation von Kämpfern, die in ihrer Identität aufgerieben wurde, weil sie nicht nur von einer, sondern gleich zwei existenzbedrohenden Machtsystemen in die Zange genommen wurde. Gegen den Faschismus und für den Kommunismus kämpfend, mußten sie plötzlich die Entdeckung machen, daß sich unter Stalin ihre gesellschaftshistorische Alternative als eine Macht entpuppte, die der von ihnen bekämpften in Unheil und Greueltaten kaum etwas nachstand. Diese in die Literatur verbannte Identitätsproblematik, deren zentrale Bedeutung für dieses Jahrhundert kaum zu verleugnen ist, wurde politisch nur scheinbar verarbeitet. Chruschtschows Kritik am „Personenkult" des Stalinismus auf dem XX. Parteitag der KPdSU war historisch zwar nicht unbedeutend, jedoch hat sie das wirkliche Problem durch eine Personalisierung eher verdeckt als behandelt, geschweige denn bewältigt. Die parteioffiziellen Tabus scheinen seitdem noch stärker geworden zu sein, weil man die dazugehörigen Auslegungen flexibel und anpassungsfähig machen konnte. In Wirklichkeit aber hat sich die kommunistische Bewegung nie von dem Schock des Stalinismus erholen können. Im Staatssozialismus ist der Schrecken nur institutionell gebannt und tritt dann wieder umstandslos als offene Gewaltherrschaft zutage, wenn sich — wie im Prager Frühling — eine vermeintliche Bedrohung des existierenden Machtsystems auftut.

Diese seit Jahrzehnten anhaltende Identitätskrise nun ist für viele Aktivisten aus der Studentenbewegung in dem Augenblick wieder reaktiviert worden, als sich das Scheitern der eigenen Organisationsversuche in kommunistischen Parteien und sozialistischen Zirkeln offenbarte. Hinter der Identitätskrise der Neuen Linken, die man mit einer traditionellen Politik zu lösen versucht hatte, obwohl deren Geschichte schon längst zerbrochen war, trat plötzlich die Identitätskrise der „Alten" Linken zum Vorschein. Mit jeder neuen Nachricht über die Unterdrückung von Revolutionären in sozialistischen Ländern schwand auch die Hoffnung auf eine eigene revolutionäre Perspektive immer mehr. Von der Sowjetunion und ihren Satellitenstaaten war man zwar nicht mehr zu desillusionieren — dafür war die Präsenz der DDR zu unmittelbar —, dafür aber desto mehr von den Ländern, die sich als Hoffnung auf einen dritten Weg herausgeschält hatten: China, Vietnam und Kuba. Es begann mit den Meldungen über die Verfolgung von kubanischen Homosexuellen und der Inhaftierung des oppositionellen Lyrikers Padilla. Dann folgten verschiedene Nachrichten über die veränderte Außen- und dann auch die gewandelte Innenpolitik Chinas: Zuerst war es nur eine Delegation auf der 2000-Jahrfeier der persischen Diktatur, dann die sofortige Anerkennung des Pinochet-Terrorregimes in Chile und schließlich nach dem Nixon-Besuch die lange Reihe von Empfängen für Reaktionäre aus aller Welt, Strauß nicht ausgenommen. Absoluter Tiefpunkt jedoch war ein persönlicher Empfang Nixons durch Mao Tse-Tung, nachdem dieser aufgrund der Watergate-Affäre schon längst aus dem Weissen Haus geflogen war — ein Gunstbeweis, der nun auch durch keine außenpolitische Notwendigkeit mehr zu rechtfertigen war; von der Enttäuschung über die Entwicklung Vietnams nach der Befreiung von Saigon und dem Entsetzen über die Greueltaten der Roten Khmer in Kambodscha ganz zu schweigen. Damit waren im Laufe nur weniger Jahre all die Identifikationspunkte der Dritten Welt, die auslösende Motive für die Studentenrevolte der Ersten Welt dargestellt hatten, zunichte gemacht worden. Fidel Castro und Mao Tse-Tung, der Vietcong und die Roten Garden – der charismatische Klang dieser Namen, die Symbolkraft ihrer Ideen waren dahin. Ein Mythos schien zum zweiten Mal entzaubert zu werden. Die Depression ging tiefer als in all den Jahren zuvor. Mit einem Mal schien es nichts Revolutionäres mehr zu geben, womit man sich auf diesem Erdenball noch ungebrochen identifizieren konnte. Man fühlte sich um ein Stück seiner eigenen Identität, seiner Hoffnungen und Wünsche betrogen. Der Traum von der internationalen Befreiung war ausgeträumt, die alten drohenden Schatten des Kommunismus wieder zurückgekehrt.

Man muß diese psychische Dimension, den plötzlich aufsteigenden und rapide wieder absinkenden Identifikationsprozeß, im Auge haben, um einiges an der inneren Dynamik der unabhängigen Linken in diesem Lande verstehen zu können; um die tiefe Resignation begreifen zu können, die eine Generation befallen hat, die das System aus den Angeln heben wollte. Vielleicht wäre es noch möglich gewesen, die Fehlschläge und Niederlagen zu verdauen, die man mit seiner eigenen Interventionspolitik in Stadtteil und Betrieb erlitten hatte, vielleicht auch noch die Zersplitterung und Konkurrenz in den eigenen Reihen. Was jedoch nicht mehr zu verdauen war, das war der Verlust von Hoffnung, den der Vietcong z.B. vor einem Jahrzehnt noch verkörpert hatte. Die verlorengegangene politische Integrität war durch nichts mehr zu ersetzen. Es gab vorerst keine Möglichkeit der Revolution mehr. Man wollte nicht selber schuldig werden. Daher nahmen viele Abschied von der revolutionären Politik und – gingen zum Teil in die Alternativbewegung. Um dort im kleinen zu versuchen, was scheinbar im großen nicht möglich war.

Jedoch auch für diejenigen, die weiter Politik „machen", ist die Rede von der „Identitätskrise" der Neuen Linken schon fast sprichwörtlich geworden. Überhaupt scheint dieser Ausdruck eine Art Zauberformel geworden zu sein, die das Deprimierende und Hoffnungslose am gegenwärtigen gesellschaftlichen Klima ausdrücken soll. Ob Trotzkist oder Maoist, ob Leninist oder Anarchist, ob Verfechter einer sozialistischen Partei alten oder neuen Typs — alle Gruppen sind mehr oder weniger auf sich selber zurückgeworfen. Die politische Paralyse ist nahezu umfassend, sie geht quer durch alle Fraktionen der unabhängigen Linken. Der Terminus ,Krise' hat natürlich auch eine Vielzahl von anderen Bedeutungen, die in ihrer Tragweite nicht zu unterschätzen sind. Die Krise ist polymorph geworden. Die Krise als Naturzustand des kapitalistischen Systems scheint alles zu verschlingen, zu zerbrechen und verändert wieder auszuspucken: Staat und Ökonomie, Sozial- und Charakterformen, Ideologien und Bedürfnisse — nichts bleibt verschont. Dies alles muß mitbedacht werden, wenn man die politischen Existenznöte der Linken nicht im luftleeren Raum diskutieren will.

Der politische Gebrauch des Ausdrucks ,Krise' zeigt an, wenn er überhaupt sinnvoll sein soll, daß es auch „heilende" Momente geben muß, die zwar eine grundlegende Veränderung unbedingt erforderlich machen, zugleich aber auch überhaupt möglich erscheinen lassen. Die Frage wäre nun, worin, wenn diese Definition noch zutreffen sollte, diese kathartischen „heilenden" Momente in der Identitätskrise der Neuen Linken bestehen könnten. Kann man aus dieser Krise überhaupt noch lernen, die entzweigegangene alte politische Identität als „Lernaufforderung" (Vester) zu einer neuen begreifen?

In der unabhängigen Linken dieses Landes gibt es gegenwärtig zwei wesentliche Diskussionsstränge, sich mit der eben skizzierten politischen Identitätskrise, die, wie wir gesehen haben, zugleich auch Ausdruck eines ganzen Bündels anderer Krisenphänomene ist, auseinanderzusetzen. Der Einfachheit halber kann man sie nach zwei Leitbegriffen unterscheiden, die sich im Laufe der Zeit herauskristallisiert haben und um deren Pole sich die Kontroversen zentrieren: Zum einen gibt es ein weit verbreitetes, wenngleich auch nur schwer zu vereinheitlichendes Bedürfnis, die politische Identität über die Formbestimmung sozialistischer Politik wiederzugewinnen. Hierzu zählen neben allen Versuchen, eine sozialistische Partei zu gründen, auch der Trotzkismus und die Orientierungen am Eurokommunismus. Es sind im wesentlichen Versuche, die für das Selbstverständnis der Neuen Linken als genuin zu bezeichnen sind. Ihre Absicht ist es, wie schon vor zehn Jahren, der Scheinalternative von Sozialdemokratie und Staatssozialismus zu entgehen; daher auch das Interesse eine Partei neuen Typs zu gründen. Diesen Diskussionsstrang kann man als die Organisationsvariante bezeichnen. Zum anderen gibt es eine Vielzahl unterschiedlichster Versuche, die verlorengegangene politische Identität nicht direkt wiederzuerlangen, sondern über den Umweg der Problemgehalte selber. Es sind partikulare Bewegungen verschiedenster Art, die sich allesamt dadurch auszeichnen, daß sie keine allgemeine, sondern nur eine problembezogene Politik machen, ausgehend von konkreten gesellschaftlichen Defiziten. Hierzu können die Frauenbewegung, die verschiedenen ökologischen Gruppen, viele Bürgerinitiativen und eine Vielzahl heterogener Emanzipationsgruppen gezählt werden — also im Grunde genommen das, was bisher pauschalisierend als Alternativbewegung bezeichnet wurde. Eine genaue Charakterisierung ist nahezu unmöglich, weil sich die meisten Partikulargruppen den üblichen Kategorialisierungen entziehen. Zumindest läßt sich aber sagen, daß sie im herkömmlichen politischen Spektrum von der äußersten Linken bis ins bürgerlich-reformistische, zum Teil sogar konservative Lager hineinreichen. Diesen zweiten Diskussionsstrang kann man als die Autonomievariante bezeichnen.

Wenn man nun diese beiden Diskussionstendenzen, die natürlich nur analytisch klar zu trennen sind und in Wirklichkeit oftmals vermischt auftreten, miteinander konfrontiert, dann erkennt man, daß es sich hierbei im Grunde wieder um die Kontroverse handelt, die am Scheitelpunkt der Studentenrevolte zwar auf der Tagesordnung stand, jedoch nicht in ihrer wirklichen Bedeutung begriffen wurde. Es ist die Frage nach dem Unterschied zwischen einer authentischen und einer instrumentellen Politik mit allen Folgeproblemen, die sich daraus ergeben.

Nun ist in diesen Thesen einem Beispiel für authentische Politik nachgegangen und versucht worden, hinter der Simplizität mancher Tätigkeiten die Komplexität und Vertracktheit ihrer wirklichen Problemstellungen aufzuzeigen. Am Beispiel der frankfurter scene sollte die Problematik der Alternativbewegung und am Beispiel der Alternativbewegung wiederum die Problematik von authentischer Politik demonstriert werden.

Die darin formulierte Kritik ist aber nicht ausreichend, wenn man der falschen Unmittelbarkeit dieser Ansätze nicht auch noch in der Analyse aufsitzen und sie damit bloß reproduzieren will. Deshalb sei hier noch eine einschränkende Bemerkung Enzensbergers zur Rolle der Ideologiekritik zitiert, die ein nicht zu kaschierendes Problem der in diesen Thesen formulierten Kritik klarmacht. Denn eine solche theoretische Operation ist „nur dann sinnvoll, wenn sie sich ihrer eigenen Begrenzungen bewußt bleibt. Sie ist, auf sich allein gestellt, keineswegs in der Lage, ihren Gegenstand zu erledigen; denn sie ist immer nur die Interpretation einer Interpretation realer Verhältnisse und kann deshalb diese nicht aus den Angeln heben. Der Gestus des ‚Entlarvens‘, der ihr eigen ist, kann zur selbstgenügsamen Pflichtübung werden, wenn der Blick an die Larve fixiert bleibt, statt sich auf das Entlarvte zu richten." [6] Genau das Gegenteil davon aber soll hier zum Abschluß noch kurz getan werden.

Das dem kapitalistischen System als notwendiges inhärente Expansionsprinzip überschreitet Schritt für Schritt Grenzen und Barrieren und greift auf Gebiete über, die bislang noch nicht unter dem Primat seiner Verwertungslogik standen. Diese „Übergriffe" auf noch nicht unter das Kapitalinteresse subsumierte Bereiche, die zugleich auch alte, bereits ausgesaugte Zonen wieder zurücklassen, geschehen auf den unterschiedlichsten Feldern, in den verschiedensten Bereichen. Völlig heterogene und von ihrer inneren Struktur her disparate „Gegenstände" werden aus ihren alten Zusammenhängen ausgebrochen und nach Kriterien der Tauschwertlogik, des Profitinteresses und des Akkumulationsprinzips neu organisiert. Im Laufe dieser Umstrukturierung, dieser Umwälzung von außen, treten Brüche auf, an denen sich rebellierende Subjekte herauskristallisieren und in deren Zusammenhang sich also revolutionäre Situationen konstituieren können. Ergeben sich solche Prozesse, dann sind diese im gesamtgesellschaftlichen Sinne allerdings zunächst einmal nur als partikular anzusehen und besitzen auf die Zentren bloß peripher bezogene Konflikte keine Kraft zur Synthese und damit zur Materialisierung ihrer systemtranszendierenden

6 Hans Magnus Enzensberger, Zur Kritik der politischen Ökonomie, in: Kursbuch 33, Berlin 1973, Seite 22

Vorstöße. Als Beispiel dafür können, ohne daß dies hier im einzelnen ausgeführt werden kann, sowohl die Studentenbewegung, der Feminismus, als auch die portugiesische Revolution gelten; aber auch die Vielzahl anderer, zum Teil völlig voneinander divergierender Partikulargruppen vor allem aus dem ökologischen und dem psychologischen Bereich. Wenn man deren jeweilige Eigendynamik betrachtet, dann wird klar, daß die hierarchisch-horizontalen Vorstellungen des traditionellen Revolutionsverständnisses, das eindimensional von einer ökonomischen Basis ausgeht, ebensowenig wie der Gedanke eines linearen, sich kontinuierlich zuspitzenden revolutionären Prozesses — aller Erfahrungen nach — in den monopolkapitalistischen Ländern kaum noch aufrecht zu erhalten sind. Die Doppelstruktur von Partialisierung einerseits und Konkretisierung der Rebellion andererseits würde, wenn sich eine solche Einschätzung als richtig erweisen sollte, ganz wesentliche, neue Interpretationsmodelle erfordern, um revolutionäre Situationen begreifen und strategische Rückschlüsse daraus ziehen zu können. In einer solchen Problemrichtung gibt es allerdings gegenwärtig in der bundesrepublikanischen Linken kaum sichtbare theoretische Ansätze, vielleicht bis auf die Ausnahme von den Arbeiten Peter Brückners, die in ihrer diskursorischen Weise den neuralgischen Punkten noch am nächsten kommen dürften.

Die Alternativbewegung, hier als Verallgemeinerung solch partikularer Rebellionsversuche begriffen, drückt in ihren Ansätzen, wenn auch hilflos und in meist gefährlichen ideologischen Kurzschlüssen, die unterschiedlichsten Versuche aus, ein neues Strukturierungsprinzip sozialer Befreiung im kollektiven Experiment zu testen. Die wesentlichsten Momente dieses Erprobungsprozesses, der sich nur auf einem äußerst schmalen Grat zwischen Rückfall in einen verhängnisvollen Obskurantismus und einem Ausrutscher in die neueste Warenkultur bewegt, liegen auf folgenden Ebenen:

— Politisierungsprozesse entfalten sich durch die Dialektik der Bedürfnisproduktion hindurch, daher erscheint vieles an ihnen zunächst einmal unpolitisch;

— im Zentrum der sich verändernden Individuen steht ihr eigener Lebenszusammenhang, kein bloß kategorial definierter Raum von politischen und geschichtlichen Prozessen, dadurch werden Zeit- und Raumerfahrung neu aufgeteilt;

— die Geographie des revolutionären Plans ist keineswegs mehr auf die Außenwelt beschränkt, sondern in die psychischen Bereiche der Innenwelt übergegangen; dieser Umschlag ist jedoch keine einfache Erweiterung der Außenwelt, sondern läßt diese selbst auch wieder in einem anderen Licht erscheinen.

Allein aus diesen drei Beispielen ergeben sich eine Fülle weitreichender Probleme, die in ihrer Tragweite zum Teil noch gar nicht abgesehen werden können und bisher auch kaum als politische aufgegriffen und andiskutiert worden sind. Eine der zentralen Schwierigkeiten aus diesem Zusammenhang scheint dabei das der politischen Synthese der heterogenen Partikularbewegungen zu sein, ohne daß diese dabei ihre Antriebsmomente automatisch verlieren müßten. Die Frage ist, wie weit ein solcher Prozeß der Selbstaufklärung und der Zusammenführung überhaupt organisierbar ist. Außerdem läßt sich von einer anderen, sich immer wieder neu stellenden Schwierigkeit unmöglich absehen. Es ist die generelle, zum Teil bis ins Unermeßliche gestiegene Ambivalenz von Befreiung und Anpassung, die diesen Umstrukturierungsprozeß von vorn bis hinten durchzieht. Diese Doppeldeutigkeit wird man jedoch kaum durch eine bloße Analyse abschütteln können; dazu muß man sich schon selber in die Problemzonen — jedoch nicht unbedingt in die Alternativbewegung — hineinbegeben.

Denn wer glaubt, sich dieser Gesamtproblematik entziehen zu können, dürfte seine Veränderungsmöglichkeiten schon von vornherein verspielt haben. Mit dem Abwehrkampf gegen den Irrationalismus allein hat jedenfalls schon einmal eine Linke historisch versagt, weil sie die virulenten Widersprüche, die darin zum Ausdruck kamen, einfach nicht wahrhaben wollte und meinte, sich auf eine pure aufklärerische Position des Marxismus zurückziehen zu können. Nicht noch einmal darf es ein solches Zurück geben, wie es Lukacs in seinem Lamento über die „Zerstörung der Vernunft" formuliert hat; denn dahinter verbirgt sich nichts anderes als ein verkappter, realitätsuntüchtiger Idealismus. Jedoch, die unabhängige Linke wird auch dann von vornherein versagen müssen, wenn sie glaubt, wie es in letzter Zeit immer mehr „in Mode" kam, ihre Probleme auf dem französischen Umweg diskutieren zu können. Dieses intellektuelle „Stille Post"-Spiel — die germanophilen Franzosen lesen Heidegger, Jünger u.a. völlig ignorant als bloße Philosophen, Foucault, Glucksmann u.a. glauben damit ihre Marxismuskritik artikulieren zu können und die francophile westdeutsche Linke meint, nun auf diesem Umweg endlich in den Besitz des „Steins des Weisen" gelangt zu sein — wird bestenfalls einige Buchkonjunkturen mehr produzieren. Theoretische Exkursionen solcher Art, die keine Erfahrungen zu transportieren vermögen, sind auf jeden Fall untauglich, die praktischen Probleme in der Identitätskrise der Neuen Linken zu bewältigen. Der neue Sokratismus, der sich in ihnen breit macht, ist der einfache Rückschritt von der Politik in die reine Philosophie. Nur anhand von Erfahrungen und deren theoretischer Überarbeitung im Hinblick auf eine neue Praxis kann gelernt werden, Wirklichkeit zu begreifen und selbsttätig zu verändern.

Der gegenwärtige Zustand der unabhängigen Linken ist problematisch genug. Während die einen glauben, dem „Neuen Irrationalismus" und seiner vermeintlichen Verkörperung, dem „Neuen Sozialisationstyp" nur ideologiekritisch begegnen zu können, und damit den wirklichen Problemen sehr fern bleiben, gehen die anderen so offensiv in die Probleme hinein, daß sie ihnen im wahrsten Sinne des Wortes über den Kopf wachsen.

Peter Brückner
THESEN ZUR DISKUSSION DER „ALTERNATIVEN"

Vorbemerkung

Das Wort „alternativ . . ." hat in der Linken einen doppelten
Bezug: anders (leben) als der status quo der nachbürgerlichen
Gesellschaft es den Individuen vorgibt, anders (kämpfen) als die
überlieferte revolutionäre oder reformerische Politik; „anders"
nach *Form und Inhalt.* Ich werde eine genauere Definition nicht
versuchen. Der Wunsch nach einer Definition quittiert, soweit
ich verstehe, auch weniger einen empfundenen Mangel an In-
formation über unseren Gegenstand, sondern eher ein *Zuviel*
an Kenntnis und Erfahrung. Es ist die Heterogenität der Alternativen und die Vielfalt an Ursprüngen und Auslösern des alternativen Protests, der viele zu Definitionsfragen nötigt. Manchmal ist die Frage nach einer vorgängigen Definition auch pole-
misch gemeint: Heterogenität, ‚Interklassismus', Mannigfaltigkeit von Zielen erinnern die marxistische Orthodoxie an die alte
Klage von der *chaotischen Mannigfaltigkeit* (der Klassen- oder
Volkskämpfe, der Revolten). *Einheit* im klassisch-marxistischen
Sinn ist, was den „Alternativen" wesensmäßig fehlt. Einheit —
der Organisation, der Ideologie, der Linie, der Klasse, und
Alternative — der Lebens- oder Kampfformen, der Ideen und
Ziele, schließen sich wechselseitig aus. Sogar die Formel: Partei
oder Alternativen, würde die letzteren schon zu sehr vereinheit-
lichen.
In den heute umlaufenden Diskussionen (und Gerüchten) dominieren solche Vereinheitlichungen nicht. Alternativen werden
sehr unterschiedlich verortet; nicht nur ihrer Verschiedenartig-
keit wegen, sondern auch wegen der unterschiedlichen politi-

68

schen Herkunft der Diskutierenden:

- als praktische Kritik am Schibboleth der Arbeiterbewegung, der Partei (leninistischen, sozialdemokratischen oder „neuen" Typs),
- als produktive Antwort auf Dogmatisierungen in der Abschwungphase der Protestbewegung,
- als wichtiger Bestandteil von Basis-Demokratisierungen,
- als Ort der Artikulation und Entstehung neuer, umwälzender Bedürfnisse („Antizipation"),
- als soziales und evtl. ökonomisches Milieu für die Herausbildung einer emanzipatorischen Gegen-Identität[1],
- als Chance, zu einer Identität von „Leben und Widerstand" zu finden, und
- als materielle, soziale und psychische Selbsthilfe-Organisation.

Dem entspricht freilich eine Negativ-Liste; häufig gelten Alternativen als

- schwankende, in stationärem Wechsel befangene Vielfalt von kleinen und kleinsten Gruppierungen,
- als Träger von einander objektiv blockierenden Interessen,
- als Institute der Selbstausbeutung und einer fast frühkapitalistischen Konkurrenz,
- als Produkte der Selbstzerstörung bürgerlicher Technokultur,
- als Organisationsform des Eskapismus und der Entpolitisierung.

Der Antikernkraft-Bewegung, soweit sie als „Alternative" angesehen wird, gelten solche Vorwürfe nur selten; man kann ihr vorhalten, daß die Frage der Atomwirtschaft zu ausschließlich unter Zentrierung auf die *stoffliche* Seite der Kernenergie gesehen, die *formelle* Seite (d.h. die der Kapitalbewegungen) vernachlässigt wird.

An diese Diskussionsstrukturen im einzelnen anzuknüpfen, erschien mir nicht möglich. Einschätzungen der Alternativen, soweit sie sich auf Erfahrungen mit ihnen beziehen, wäre nur in Form historiografisch exakter *Monografien* bestimmter Typen von Alternativen auf übergeordnete Bezugsrahmen hin zu ent-

---

1 auch im Sinne einer alternativen Sozialisation der Kinder (Wohnkollektive, Kinderläden, freie Schulen).

falten. Diese Monografien fehlen, und mir fehlt der monografische Zugang.

Die Thesen, die ich über die Alternativen vorlege, sollen nur zeigen, wie man — nach meiner Erfahrung — *außerhalb von Alternativen* sinnvoll *über sie* diskutieren könnte. Längs dieser Thesen sollte sich, sie weiter denkend, ein Bezugsrahmen für die Diskussion herstellen lassen. Ich wollte mich ursprünglich darauf beschränken, Dimensionen und Aspekte eines solchen Bezugsrahmens zu *benennen*. Doch daß bei diesem Versuch Alternativen auch *diskutiert* werden mußten, ließ sich sozusagen nicht vermeiden.

Die Heterogenität von Alternativen spiegelt sich auch darin wider, daß meine Thesen zu ihrer Diskussion (wie, unter welchen Gesichtspunkten, soll sie zweckmäßig geführt werden?) in sich inkonsistent geblieben sind, die Standpunkte wechseln.

1. Industrie, Technologie — Emanzipation?

Im Marxismus gelten die *Produktivkräfte* als ein immer revolutionierendes Element der Entwicklung; mit ihnen geht die „Gattung", geht die Menschheit nach vorn: *Emanzipation von der Naturschranke*. Wohlgefällig las der alte Engels im Hafen von Guernsey die Schiffsnamen „Energy" und „Industry", und trank guten Rotwein.

Die „Hauptproduktivkraft", homo sapiens, steigert im Prozeß der Produktion ihre physischen und geistigen Fähigkeiten. Die Industrialisierung war Entwicklungsbedingung auch für die revolutionäre Klasse, die Arbeiter. *Ihre* soziale Revolution, so die Orthodoxie, wird (und „muß" notwendig) die Fesseln des auf das Privateigentum an Produktionsmitteln gegründeten Produktionsverhältnisses sprengen, und so den (Grund-)Widerspruch in der Produktionsweise: zwischen Produktivkräften und Produktionsverhältnis, ein Movens des historischen Prozesses, lösen. Entbunden wird in der sozialen Revolution nicht nur das Proletariat, sondern das gesamte Ensemble produktiver Kräfte — also auch die Produktivkraft Wissenschaft („Wissenschaftlich-technische Revolution", WTR), die Technologie, die Organisation der Arbeit (organisiert dann nach dem Modell der entwickeltesten Maschine, der kybernetischen); alle ent-fesselt, unter der Herrschaft der Arbeiterklasse in den Dienst des gesellschaftli-

70

chen Reichtums aller gestellt, weiter entfaltet auch die unterworfenen *Naturkräfte*: „Energy" und ‚Industry" als die vom Menschen, im Interesse der arbeitenden und abhängigen Klassen, beherrschten Demiurgen des gattungsgemäßen Fortschritts.

Beim gegenwärtigen Stand der entwickelten Produktivkräfte liegt für den Marxismus das stationäre Moment, das Geschichte abschaffen will, in der Warenproduktion.

Ökologische Alternativen, auch Fraktionen der „Antikernkraft-Bewegung", beziehen sich in der Theoriebildung wie in ihrem praxisleitenden Interesse auf eine völlig veränderte Lage und Analyse der technischen Zivilisation und ihres *posthistoire*. Der „Widerspruch", freilich kein zeugend-vorantreibender, wird *in* der Entfaltung vieler Produktivkräfte angetroffen: sie schlagen um in Kräfte der Destruktion (und machen damit nicht nur den Voraussetzungen der marxistischen Orthodoxie, sondern auch der bürgerlichen Gesellschaft ein Ende[2]). Gerade die entfesselten Produktivkräfte des 20. Jahrhunderts — Wissenschaft, Technologie, Organisation, „Naturkräfte" — erzeugen im wesentlichen stationäre, d.h. den historischen Wandel blockierende Zustände und Tendenzen. An der Industrialisierung, für die Orthodoxie auch Entwicklungsbedingung der *Klasse*, kehrt sich ein destruktives Moment hervor, das, wie die „äußere", auch die „innere" Natur, die des Menschen gefährdet: so wie die natürlichen Ressourcen — Ausbeutung, Raubbau, Erschöpfung, auch die Innerlichkeit und soziale Beziehung der Individuen — Entfremdung, psycho-physische Belastung. In der Gefährdung des Biogefüges, d.h. der Natur als *einer* Quelle des Gattungsreichtums, und der physischen wie psychischen Reproduktion von homo sapiens, — Umweltverschmutzung, -vergiftung, atomare Zerstörung (als Krieg oder als größter anzunehmender Unfall) — drückt sich der Umstand aus, daß uns die Kontrolle über „Kräfte" (Wissenschaft, Technologie) entglitten ist.

Auf diese meta-ökonomischen Krisen des Kapitals antworten Protestpotentiale, die im klassischen Sinne, am wenigsten im

2 Die bürgerliche Gesellschaft „lebt" vom Zusammenhang Subjekt (Subjektivität)/Produktion.

traditionell „klassen-analytischen" Sinn, nicht recht als *politische* zu begreifen sind. Bezeichnend ihre „System-Transzendenz": angesichts des Bedeutungswandels, den Industrialisierung und Produktivkraft geschichtlich durchlaufen, kann der reale Sozialismus keine Alternative mehr sein. Der Sozialismus setzt, wo er Staaten bildet (oder bilden will), auf die WTR, auf Wachstum, auf Rationalität der Industrie, deren Kraft zureicht, rückständige agrarstrukturierte Regionen zu verschlingen.

In der Phase der „Öko-Alternativen" kann Geschichte kaum mehr als eine von Klassenkämpfen begriffen werden. Von einigen Fraktionen der ökologischen Alternative abgesehen, deren Hang zur soft technology, gesunder Ernährungsweise und Abwanderung vom städtischen Areal Elemente des Eskapismus enthält, bleibt der Alternative jedoch ein Raum des „Politischen" erhalten. Denn gefährdet wird vom Stand der Destruktivkräfte auch die historische Tendenz zur *Demokratisierung*: der Staat wird zur politischen Gestalt der Atomtechnologie („Atomfaschismus", R.Jungk). Die geforderte Umstrukturierung menschlichen Wirtschaftens stößt daher auf ein sich wandelndes politisches System als (Haupt-)Hindernis. Umgekehrt reagieren Staaten, für deren Tätigkeit die Ideologie der *Sicherheit* und des „security risk" längst über der normativen Kraft von Verfassungen rangiert, auf ökologische Alternativen häufig wie auf Demokratisierungs-*Revolten*, also unterdrückend und kriminalisierend. Die politische Seite der Öko-Alternativen organisiert sich daher unter Zentrierung auf das Herrschaftssystem, oft unter Vernachlässigung *ökonomischer* Interessen, d.h. der Interessen von Kapitaleignern und ihrer Institute.

Dagegen bleiben überlieferte imperialismus-kritische Thesen, und damit die Gewichtung des Profit-Interesses, im Bezugsrahmen der Öko-Alternativen dort erhalten, wo die Gefährdung der Überlebenschance von Bevölkerungen außerhalb der „Metropolen" in ihrem Zusammenhang mit der Industrialisierung erkannt wird. Die Dekulturation in den sog. unterentwickelten Gebieten der Erde, die Zerstörung ihrer autochthonen Ökonomie, schlägt überdies im „Spätkapitalismus" in die Metropolen zurück: Es entstehen im Zuge profitgesteuerter Wirtschafts-Expansion und Staats-Intervention neue „unterentwickelte

Gebiete" in Ländern mit „blühender Volkswirtschaft"[3].
Überpointiert: die Öko-Alternativen beziehen sich auf *Gesamt-bevölkerungen*. Die Bedrohung des Bio-Gefüges trifft „alle", jedenfalls die arbeitenden und abhängigen Schichten, die unmittelbarer betroffen sind oder sich den Konsequenzen der ökologischen Krise weniger entziehen können als die nichtarbeitenden Besitzer. Ein sich artikulierender „Gegner" ist jedoch nicht nur der Staat (oder die Besitzbourgeoisie). Arbeitenden Nichtbesitzern kann die Industrialisierung europäischen Typs, wie sie seit zwei Jahrhunderten auch exportiert wird, als Entwicklungsbedingung erscheinen; ein Vertrauen, das von der Politik der Gewerkschaften meist genährt wird („Sicherung der Arbeitsplätze").

2. Veränderungen im Arbeits-, im „Fabrikkampf"

Zu jenem überlieferten Typ von Arbeitskampf (oft „Lohn-kampf"), wie er sich unter dem pädagogisch-politischen Einfluß von Arbeiterparteien und seiner meist gewerkschaftlich angeleiteten Organisation entwickelt hat, treten seit zwei oder drei Jahrzehnten veränderte Kampfformen in Gegensatz, die als *autonom* oder *alternativ* bezeichnet werden, oder als „Prozesse der Selbstkonstituierung von Klassenbewußtsein".
Der dezentrale und autonome Charakter dieser vor allem in Italien und Frankreich zu beobachtenden Kampfform trat in kräftigen Widerspruch zu den Zentralisierungs-Tendenzen der Arbeiterparteien (und z.T. der Gewerkschaften). Die Kampfziele überschreiten oft den sog. revindikativen Horizont: *in der Tendenz* drängen sie auf einen politischen Lohn (mehr Geld, weniger Arbeit), auf Abschaffung zentraler Aspekte der Arbeit (z.B. der hochgetriebenen technischen und sozialen Arbeitsteilung und ihrer Folgen). Die handliche Unterscheidung in „ökonomische" Kampfziele hier, „politische" dort, wird in diesen alternativen Streiks falsifiziert.
In der Bundesrepublik wird leichter als in anderen europäischen

---

3 Eine Quelle struktureller Gewalt. So scheinen sich Differenzen in der durchschnittlichen Lebenserwartung, der Erwartung leibseelischer „Gesundheit" u.ä. in modernen Industrienationen wieder zu vergrößern. Klasse, Branche, Region, Wohnverhältnisse und die Entwicklung des Gesundheitswesens sind auf diese schiefen Verteilungen von Einfluß.

Ländern ein gleichfalls „alternatives" Bedürfnis beobachtet, das freilich — auf den ersten Blick — nicht-subversiver Natur ist: das Bedürfnis nach *Ruhe*, nach einem *stationären Zustand*, d.h. nach der Herstellung einer Lebenssituation, in der sich möglichst wenig ändert und die *eigene* Lage konstant, d.h. auch: überschaubar, einschätzbar bleibt. Während sich in den eingangs erwähnten autonomen, dezentralen Fabrikkämpfen eine Klassenerinnerung an frühere, wirksame Formen des Widerstands gegen bürgerliche Herrschaft erneuert, drückt das Bedürfnis nach stationären Zuständen gleichfalls einen klassen-spezifischen „alternativen Widerstand" aus: der Widerstand gegen die revolutionäre, ständig vieles umwälzende, zerstörend/erneuernde Gewalt der kapitalistischen Produktionsweise. *Diesem* alternativen Widerstand im Bedürfnis nach Nichtveränderung erscheinen wohl auch die *sozialistischen* Alternativen, von der Politik der KP's ganz zu schweigen, als Form der (bürgerlich-)industrialistischen Umwälzung.

Es ist leicht zu sagen, diese zweite Widerstandsform schlage dem Bestehenden, damit bürgerlicher Herrschaft, zu Buche. Ja; aber darin könnte die Erfahrung oder Ahnung mitschwingen, daß auch *Veränderungen* („Reform und Revolution") austauschbaren Herrschaftsträgern zugute kommen.

Auch in der Bundesrepublik hat sich ein Wandel im Fabrikkampf vollzogen, der, wenngleich schwach, an autonome, dezentrale Streiks usw. erinnert, wie sie beispielsweise die Situation in Norditalien seit langem prägen. Dieser „Wandel" vollzieht sich sehr zögernd und mit im ganzen verminderter Radikalität. Er scheint vorauszusetzen, was in der Bundesrepublik fehlt: einen hohen politischen Durchdringungsgrad der arbeitenden und abhängigen Klassen, wie er in Ländern mit starken Kommunistischen Parteien (Italien, Frankreich) anzutreffen ist. Erst wenn die revolutionär sich präsentierenden Arbeiterparteien beginnen, an der Regelung und Verwaltung der *allgemeinen* Angelegenheiten (des Staats, der Wirtschaft, des Bildungswesens . . .) teilzunehmen, oder auf einer solchen Teilnahme zu bestehen, artikulieren sich in politisierten Bevölkerungen *spezifische* Interessen ihrer Klasse — dies wäre „Autonomie"[4].

4 In der BRD bezeichnet dagegen Autonomie eher ein Organisationsprinzip, Selbstorganisation.

3. „Widerspruch" und Protest

In der Marx-Überlieferung sprach das Proletariat nur das Geheimnis seines eigenen Daseins aus, wenn es die Umwälzung der bestehenden Verhältnisse fordert. In ihm und mit ihm produzierte, orthodox betrachtet, das Kapital seinen eigenen Totengräber — in den Rang des historischen Subjekts gesetzt durch den Prozeß der *Vergesellschaftung* der Arbeit noch in der bürgerlichen Produktionsweise; revolutionär durch seinen Ausschluß vom gesellschaftlich erzeugten Reichtum (an „Gattungskräften"). [5] Es ist ein Produkt auch der eben skizzierten „Naturschranken"-Problematik, daß solche tragenden und theoriefähigen Elemente des Marxismus in der Theorie und im Handlungsinteresse der Alternativen hinfällig geworden sind.

Der „Grundwiderspruch" im Verhältnis von Lohnarbeit und Kapital erscheint nur als *eine* Quelle der lebendigen Negation: im Fabrik-, im Arbeitskampf. Andere Quellen der lebendigen oder „zeugenden" Negation werden in den Alternativen zumindest als *funktionell autonome* anerkannt: auch wenn sich die Struktur, auf die eine Negation, auf die ein Protest (oder -potential) sich intern bezieht, historisch dem Wertgesetz, der Akkumulation verdanken mag[6].

„Autonome" Quelle von Protest-Potentialen ist die Tendenz des bürgerlichen Staats zur *soziokulturellen Homogenisierung* der Massenbevölkerung (in aller Regel verknüpft mit der *Zentralisierung*). In den „kulturrevolutionären" Alternativen [7] bezieht sich der Protest oder die Revolte auf jene kulturelle Verelendung des Menschen, die sich seiner in den vergangenen Jahrzehnten in den „Kulturnationen" bemächtigt hat — geschichtlich mit der Universalisierung der Warenform, mit der Abstraktifizierung menschlicher Arbeit, mit Aneignungsstrategien des Kapitals (also mit dem „Besitz von Bewußtsein") verknüpft[8]. Was da verelendet, was machtkonform verändert wird, ist

5 Nach Abschnitt 1 wäre der „Totengräber" die metaökonomische Krise, vgl. dort.

6 Einige verstehen die Destruktivität von „Produktivkräften" so.

7 Zu den „regionalistischen" vgl. weiter unten.

8 Vgl. auch „Politisch-Psychologische Anmerkungen zur ‘Roten Armee Fraktion' ", Sozialist. Jb. 5, S. 93 ff., Wagenbach Berlin 1975

menschliche „Natur": Bedürfnisse, Triebe, Träume des Menschen, seine Sinnlichkeit, seine (Phantasie-)Produktion. In der Gestalt, die zwischenmenschliche Beziehungen *und* die Beziehung zu Objekten (also zur gegenständlichen Welt) heute in den Industrienationen annehmen, folglich auch im „Innenbau" der Individuen (H.M. Enzensberger), kündigt sich etwas teils Barbarisches, Zerstörendes, teils Zerstörtes an. Das Leiden an den Konformitätszwängen im bürgerlichen Nationalstaat kann sich als ein Zugleich von Anpassung *und* Aggression darstellen (H. Marcuse). An dieser „kulturellen Verelendung" haben auch klassische Organisationstypen der Arbeiterbewegung teil (Unterdrückung von Spontaneität zugunsten einer Disziplin, die aus der Organisation der Fabrikarbeit und des Militärs entspringt).

Der kulturrevolutionäre Protest drängt zur radikalen Revolte gegen die zerstörerische *Integration* des Menschen in den Staat/ die „Kultur" (in Produktion, Konsum, Bildung/Ausbildung, Familie, Versorgung [9]). Diese Alternativen formulieren streitbare Thesen nach Veränderung von Verkehrsform und Bewußtsein, nach „neuen Bedürfnissen", nach *neuer Sensibilität*. Auch das Bedürfnis nach „Versinnlichung" einer abstrakt gewordenen (Waren-)Welt will sich entfalten. In einigen Fraktionen oder „Flügeln" dieser Emanzipations-Bewegungen wird auf den Umstand geantwortet, daß der Zusammenhang von *Theorie und Erfahrung* — auch in den Theoriebildungen der „Linken" — zerrissen ist: bis zur Theorie- und Intellektuellenfeindlichkeit[10].

Der *Regionalismus*, der auf den Zentralisierungsdruck der Nationalstaaten in einer Phase antwortet, in der parlamentarisch verfaßte Staaten an die Grenzen ihrer Wirksamkeit stoßen[11], ist vielfach anderer Genese. Die sog. ursprüngliche Akkumulation des Kapitals setzt sich ja durchaus heute noch fort: in der Auspowerung agrar-strukturierter Südregionen (Italien, Frankreich, verwandte Phänomene in Spanien und Portugal) zugun-

9 im Sinne von Versorgung durch Gesundheitswesen, Altersfürsorge, Kindergärten, Wohlfahrts-Einrichtungen.

10 Theorie ist das „was in Büchern steht", damit abstrakt; konkret, praktisch dagegen, was den einzelnen alltäglich zustößt. „Was sind Intellektuelle? Leute, die uns langweilen."

11 Vgl. die Sicherheits-Ideologie moderner Staaten, S. 72

sten der hochindustrialisierten Regionen und des Zentrums —
bezogen auf Wertsubstanz und auf Menschen[12].

Eine weitere Quelle von Revolten (oder von Protest-Potentialen)
wird in Alternativen sichtbar, die sich gegen jene fatale institutionelle Umklammerung des menschlichen Daseins in einer —
hierarchisch gegliederten — Gesellschaft wenden, die ihre „unerträglichen Zustände" in *Gettos* einsargt. Betroffen von dieser
Gettoisierung waren und sind noch Personen, die den Arbeits-
zwängen der Gesellschaft nicht (oder nicht mehr) integrierbar
sind: das reicht von den Heil- und Pflegeanstalten der gegenwärtigen Psychatrie über Heime für Fürsorgezöglinge und Ob-
dachlose bis zum „modernen Strafvollzug".

In relative und manchmal absolute Gettos werden rassische,
ethnische und religiöse Minderheiten ausgesondert. Auch die
Lage der Frauen in paternalistischen Kulturen trägt deutlich
Züge der Getto-Existenz. (E. Bloch sprach vom „halbkolonialen
Status" der Frau). Protest-Potentiale markieren hier den Tatbestand, daß sich die bürgerliche Gesellschaft als „ganze" über
die fortwährende *Ausgrenzung* von Teilbevölkerungen konsti-
tuiert hat.

Eine andere Quelle von Protest-Potentialen mit alternativer
Forderungsstruktur entspringt im *Reproduktionssektor*: im
Stadtteil (Sanierungen; Wohnen/Mieten; Verkehr).

Jugend- und Sozialarbeit: Interveniert wird z.T. im Kontext
von Stadtzerstörung und inhumanem Wohnen, z.T. im Kontext
von *Getto*-Problemen (proletarische/subproletarische Jugendliche, Frauen).

In Stadtteil und Stadt schneiden sich vielfach Revolten/Alter-
nativen unterschiedlichen Ausgangspunkts (Drogenhilfe, Anti-
psychiatrie, alternative Gesundheitsfürsorge, Buchladenkollekti-
ve, ökologisch orientierte Läden, Fremdarbeiter-Hilfe).

Stadtteile können durch Bauten oder durch Bauzerstörungen
(Bodenspekulation) zu „unterentwickelten Regionen" werden.
Genetisch sind Krisen im Reproduktionsbereich entweder über
den Profit oder über staatliche Investitionen vermittelt. Es ist
manchmal unentscheidbar, ob Staat und Verwaltung (bzw. die

12 Unter Fortführung auch eines akkumulations- und zentralisierungs-
fördernden Steuerwesens.

Gemeinden) den Bürgern die Befriedigung von „gewachsenen"
Bedürfnissen nicht mehr sichern können, was alternative Kritik
auslösen kann, oder ob sich die *Bedürfnisse* wandeln, eine andere Quelle von Protest.

4. Alternativen als Kritik des Partei-Konzepts

Ein Springquell für das Entstehen alternativer Gruppierungen
in der BRD nach 1969 war, und ist noch, die Präsenz von (Stu-
denten-) *Parteien und Zirkeln* auf dem Campus, im Stadtteil, in
Massen-Initiativen (wie die Antikernkraft-Bewegung oder der
Protest gegen den § 218 StGB); eine Präsenz, die zugleich die
theoretisch geleistete Kritik an den Parteien der Arbeiterbewegung aktualisiert. Erfahrungen mit bzw. Auffassungen von
„realem Sozialismus" (DDR, UdSSR usw.) werden ständig ein-
bezogen.

Die Kritik der Alternativen entzündete sich primär nicht an
den *Inhalten* kommunistischer Politik, sondern an *Formen* des
„Kampfs" und der Organisation. Es waren zunächst drei Erscheinungsformen der Zirkel- oder Parteienpolitik, an denen
sich 1969/70 (und bis heute) *Alternativen* gebildet haben: Die
Ablösung kollektiver, nach Kommunikation drängender, „offener" Aktions- und Diskussionsformen durch weitgehend isolie-
rende, auf Abgrenzung, Schließung bedachte und massenferne
ideologische Kämpfe um die „Massenlinie"[13], wobei die studentische Protestbewegung als Paradigma einer positiv besetzten
Gegenöffentlichkeit galt; der Wechsel in der handlungs- und dis-
kussionsleitenden Idee: nach 1966 *Emanzipation*, nach 1969
Organisation; die Verschiebung in den sozialen Regulativen po-
litisierter Gruppierungen auf autoritative, hierarchische – z.T.
in ihrer schäbigsten Form.

Parteien und Zirkel entfalteten Beziehungen zwischen Organi-
sationstyp, Innerlichkeit und Sozialstruktur, die optimale Bedingungen für *Konkurrenz*, für *Verdrängung der Subjektivität*,
für *Abgrenzung* zu stiften schienen. Sie verwarfen das Individuum gerade dort, wo es sich als ein von den bestehenden Verhältnissen beschädigtes weiß und zeigt.

13 „Masse" wäre hier primär die studentische, z.T. auch die „Masse der
Jugendlichen".

Die „Partei" wollte anscheinend, und hier floß zeitig alternative Kritik an den großen KP's anderer Länder (oder früherer Jahrzehnte) ein, die organisierte Disziplin der Fabrik mitsamt der Disziplinierung in vielen Formen zwischenmenschlichen Verkehrs *in den eigenen Reihen und für „das Volk"* retten, während solche Verhaltensnormen „draußen", im Alltag, längst auf verschiedene Weise abgetragen, erodiert worden sind. Die Abnahme von Arbeitsethos, von (präreflexiver) Bindung an Gesetze und Rollen, die Lockerung von „Ich"-Strukturen in den Individuen kann als ein Produkt der Selbstzerstörung kapitalistischer Kultur begriffen werden; ehe die KP aber eine weitere Schwächung der bürgerlichen und industriellen Normenkataloge zuließ, schien sie lieber die bestehenden Verhältnisse zu stützen. („Erst muß Ordnung sein, ehe Revolution sein kann".) Die Selbstzerstörung bürgerlicher Tradition *positiv* zu wenden, setzte voraus, in der nun geschichtlich möglich werdenden direkten Artikulation und Vertretung *eigener* Bedürfnisse (und Leiden!) „alternativ" den einzig wirklich radikalen Gegensatz gegenüber Macht und Herrschaft zu erkennen.

Artikulation und Vertretung eigener Bedürfnisse erscheinen als Maß des *Widerstands* gegen die soziale Integration in den industrialisierten Staaten [14]. Dieser Widerstand muß freilich seine psychische Organisierung finden: in der Form einer — nur kollektiv zu entwickelnden — *Gegenidentität* des einzelnen. Dazu bedarf es also eines alternativen *Gegenmilieus*. Anders ließe sich die neue Identitätsfindung nicht kollektiv verankern. Nach Auffassung der KP's und der studentischen Parteien und Zirkel sollten sich dagegen Bewußtsein, Innerlichkeit und Lage der Studenten und Intellektuellen in der Organisierung als Arbeiterpartei und im Bekenntnis zur Arbeiterklasse befestigen. „Gegenidentität" erschien ihnen daher als Abweichung, als Dissidenz — sowohl vom Bürgertum als von der sozialistischen bzw. kommunistischen Organisation.

So organisiert sich der psychische Widerstand jedes einzelnen in der Alternative — gegen die soziale Gewalt, mit der die Anpassung des revoltierenden einzelnen an den status quo erzwungen werden soll — zugleich als Widerstand gegen Organisation

14 und nicht nur der kapitalistischen

und Aktion der „Partei".

In den Anfängen alternativer Bewegungen bedeutete − und für viele von ihnen gilt das noch heute uneingeschränkt − „Autonomie" (= Selbsttätigkeit), Enthierarchisierung (oder/und „Kontrolle von unten"), Orientierung an der eigenen Lebenssituation („Dezentralität") und der Bruch mit Formen bürgerlichen Milieus (Leben in Wohngemeinschaften z.B.) eine von den Parteien und Zirkeln weder kontrollierte noch inhaltlich definierbare Unruhe der auf Solidarisierung und Veränderung drängenden Emanzipation, bedeutete *Radikalität*.

Seitdem Alternativen der (universitären) Linken mit *Bürger-Initiativen* kooperieren oder in single-point-Bewegungen wie die Antikernkraft-Bewegung eingehen, seitdem die Bindung an die *ökologische Krise* für einige Gruppierungen und einzelne inhaltlich dominant geworden ist, entwickeln sich allerdings innerhalb der Alternativen Ideen parlamentarischer Vertretung, vor allem auf dem Niveau der kommunalen Organe (aber auch der Landespolitik). Der Gedanke an *parteiartige Organisation* hat sich von der Kritik am „leninistischen Typ von Partei" gelöst, und nähert sich wohl da und dort populistischen Tendenzen (wie in den Parteien von M. Glistrup, Dänemark, oder bei den früheren Poujadisten Frankreichs).[15]

5. Bruch versus Kontinuität. Zeitperspektive

Protestbewegungen nach 1966 stießen, gerade weil sie sich selbst als „sozialistische", allgemeiner: als „linke", verstanden, in den überlieferten Formen sozialistischer Politik auf eine Auffassung von *Geschichte und Organisation*, in derem Geltungsbereich die kritische Unruhe der Protestbewegungen, ihr „Uns langt's . . ." von vorneherein abgewiesen, ja als „konterrevolutionär" verurteilt war.

Ich kann mich hier sehr kurz fassen. In den Organisationen der Arbeiterbewegung und in einigen „Marxismen" wurde, wen es nach einer Umwälzung bestehender Verhältnisse verlangte, auf die *Zentralfrage*, die nach den „Gesetzmäßigkeiten des historischen Ablaufs", verwiesen. Die wissenschaftliche Erforschung

15 Wie sich die „Grünen Listen" mehrheitlich entwickeln werden, ist m. E. schwer einzuschätzen.

objektiver Bedingungen oder Umstände, die unbezweifelte „historische Tendenzen" an der Durchsetzung hindern oder sie befördern, schien die rebellische Unruhe auf einen (zusätzlichen) „subjektiven Faktor" zu reduzieren. Auch in den K-Gruppen, im MSB Spartakus, bei einigen Juso's war die Idee der *Etappen* (einer historischen Entwicklung, die „gesetzmäßig" zu uns hinführt) mehr oder weniger deutlich anwesend. Im *realen Sozialismus* zumal erschien die Idee der Revolution als Teil einer historischen Quasi-Mechanik.

Politik, die sich im Kontext einer gesetzmäßig verlaufenden, „organisierten" Geschichte verstand, auf Organisation, Disziplin und Kontinuität ähnlich bezogen wie bürgerliche Politik, verwies die leidenden wie die rebellischen Individuen *auf morgen*; die aber wollten nicht warten:

> „Czechowski, statt der Oden auf den Karpfen gib uns
> den Karpfen, gleich! Die Stimme bricht mir."[16]

Gegen die Gestalt des aktiven Wartens in sozialistischer Realpolitik (und in marxistischen Theorien): markiert durch die Instrumentalisierung bestimmter Formen bürgerlichen Verkehrs für die „Partei" — Disziplin, Fleiß, Ordnung, Wissenschaft, Hierarchie —, bestand die umlaufende rebellische Unruhe in den Protestbewegungen auf einem *Bruch* mit dem Normengerüst des bürgerlichen Alltags, auf *Umwälzung* der Weise, in der Individuen ihre Erfahrungen organisierten, auf *Verwerfung* entfremdeter Leistung. Ihre Idee der „Umwälzung von Alltäglichkeit und Subjekt" hatte eine ganz andere Zeitperspektive als die Politik der Parteien: Die Achse, um die sich dieses veränderte Paradigma von Umwälzung drehte, war zunächst die Zeitstruktur des „Sofort . . .", des „Do-it-now". Aufbrechen, umbrechen, fallen lassen, weggehen, Sprung — so etwa stellte diese Zeitperspektive sich dar.

In vielen Alternativen war diese Zeitstruktur längere Zeit hindurch dominant (und ist es da und dort noch heute). Ihr stark eschatologisches Moment hat sich allerdings in der Regel verändert, ist realistischer geworden. Die Formel von der *Einheit von Leben und Widerstand*, die m.E. die Grundhaltung vieler

16 Rainer Kirsch, zit. nach Quartheft 73 (Tintenfisch 8) Wagenbach Berlin 1975

81

Alternativen einprägsam zusammenfaßt, antwortet natürlich keineswegs nur kritisch auf Formen des linken „bewaffneten Widerstands", in denen der Knast oder der Tod Leben wie Widerstand vernichten. Die Alternativen versuchen, sich den erwerbswirtschaftlichen Zwängen des Kapitalismus, der Parzellierung, der Entfremdung, der „kulturellen Despotie" des Kapitals und dem Zugriff von Herrschaft („Disziplinierung") in *alternativen Lebensformen* zu widersetzen, die immer ihre langfristige oder wenigstens mittelfristige Perspektive haben. Alternative materielle Reproduktion (im Dienstleistungs- oder Produktionskollektiv), Gegenöffentlichkeit (unterstützt von Stadt- oder Stadtteil-Zeitungen), Widerstand und (befriedigteres) Leben begründen eine „Gegenkultur" (oder Subkultur), die *weder* die Auffassung vom gesetzmäßigen Gang der Geschichte — und damit die Relevanz „objektiver Bedingungen", *noch* die Idee des „Sofort…", der Umwälzung im vollständigen *Bruch* —und damit die der Präponderanz des „subjektiven Faktors", fetischisiert.

Die Umwälzung bestehender Verhältnisse erscheint als partiell antizipierbar. Die Idee der Revolution einigt sich mit der fast „natürlichen" Geduld des Lebens, das, indem es *heute schon* sich angemessener ausdrücken will, aktives Warten aushält. Angesichts solcher beherrschender Konzepte wie *Alltäglichkeit* („Lebenszusammenhang"), der veränderten Organisierung individueller Erfahrungen und der Zentrierung auf lokale (subregionale) Knotenpunkte des unerträglichen Alltags verliert der Streit über das Verhältnis der „objektiven Bedingungen" zum „subjektiven Faktor" an Bedeutung und Sinn[17].
Notwendig schwindet damit aus dem Horizont alternativer Politik als Einheit von Leben und Widerstand ein Kern der marxistischen Organisationspraxis: das Bestehen auf Einheit in der Organisation und Ideologie. Auch die „gesetzmäßige" Verknüpfung von Revolution und Klassensubjekt lockert sich oder schwindet.

---

17 Zumal der sog. subjektive Faktor in vielen alternativen Köpfen längst als objektiver Träger der kapitalistischen Reproduktion verstanden wurde; daher die Versuche zur alternativen Erziehung und Familienstruktur.

6. Alternativen als Selbsthilfe

In den Anfängen der Arbeiterbewegung hat sich Solidarität *alternativ* zu den Vergesellschaftungs- und Organisationsprozessen der Kapitalisierung gestaltet: in der Anlehnung an vorindustrielle Gesellungs- und Kommunikationsformen, mit Einrichtungen wechselseitiger Hilfe sowohl auf lokaler als auf überrregionaler Ebene. Ähnlich können manche „Alternativen" der Linken heute als Einrichtungen der *Selbsthilfe* begriffen werden: nicht nur die Wirtschaftsbetriebe (Buchladen- und andere Dienstleistungskollektive, Läden, Landkommunen) und Roten Hilfen (Versorgung im Knast, Unterstützung der Anwälte) oder neuerdings Arbeitslosengruppen (bzw. Rotarbeits-Programme), sondern auch die weniger institutionalisierten, schwerer faßbaren Alternativen, in denen „Selbsthilfe" in der Produktion (subkulturell) veränderter *Normensysteme* geleistet wird.

Es ist die Frage, ob nicht auch die subsidiäre Übernahme von Aufgaben der öffentlichen Hand — Kinderläden, Jugendzentren, workshops für „Kreativität" — als *Hilfe und Selbsthilfe* ihre alternativen Aspekte hat.

Es wäre, im Blick auf den Lebens- und Überlebensprozeß der Linken, jedenfalls kurzsichtig, alternative Projekte und Gruppen ausschließlich daran zu bemessen, ob da wirklich das Bestehende transzendiert, dissoziiert, „gesprengt" wird.

7. Thesen zur Kritik I: Koexistenz-Problem

In hochindustrialisierten bürgerlichen Gesellschaften scheinen Regionen verringerter *infrastruktureller Kontrolle* zu entstehen — in ländlichen Regionen (durch das Auflassen von Bauernhöfen, Wegzug der jungen Generation) und an den „Rändern" (einer Verstädterungs-Zone, eines Lands), in denen die Kraft zur Erschließung nachläßt. In manchen Städten stehen am Stadtrand Fabriken leer. Durch Wanderungsbewegungen der Bevölkerung verringern sich lokale Besiedlungsdichten. Die Verkehrsdichte — Eisenbahn, Einrichtungen des öffentlichen Nah- und Umlandverkehrs — nimmt ab. Da zugleich die Aufnahmefähigkeit des Marktes für Arbeitskräfte schrumpft, entstehen, was ich, gewiß übertrieben, *Löcher im Vergesellschaftungsprozeß* nennen möchte.[18]

Falls sich Alternativen entsprechend geografisch verteilen würden, wofür es Anzeichen auch in europäischen Ländern, nicht nur in den USA, ja durchaus gibt, nutzen sie die Chance, die nachlassende infrastrukturelle Kontrollen ihnen bieten, koexistieren aber mit den bestehenden Verhältnissen. (Dies *kann* auch für subsidiäre Unternehmen gelten, wie Kinderläden usw., vgl. These 5). Eine *Massen*-Bewegung, die solche desintegrierten und „emigrierten" Alternativen unter Erhalt des alternativen Ziels re-integrieren, *verstädtern* könnte, ist nicht in Sicht.

Antikritisch wäre zu beachten, daß aber die Abwendung von Normensystemen des status quo oder der Bruch mit ihnen, daß Selbsttätigkeit, ja: schon die Unterstützung von Teil-Öffentlichkeiten, in denen sich „Bürger-Initiativen" bilden, den auf Konsens und Loyalität dringend angewiesenen Staat offensichtlich beunruhigen. *Er* ist es, der manchmal die „Machtfrage" zu stellen scheint. (Und nicht nur bei der Antikernkraft-Bewegung, für die die hier geäußerten Bedenken nur im Blick auf „Flügel" oder Fraktionen dieser Bewegung gelten.) Es kann ein merkwürdig zyklisches Verhältnis zwischen staatlicher Gewalt und Alternativen beobachtet werden: Wo Reaktionen des Staatsapparats alternative Projekte (bzw. Gruppen) stören, manchmal zerstören, produzieren *einige* der davon Betroffenen Gewalt (gegen den Staat). Diese Gewaltförmigkeit alternativer Individuen und ihre Folgen bestärken wiederum Individuen, alternative Projekte zu entwickeln, usw.

Thesen zur Kritik II: Nachproduktion von Herrschaft

Mit dem Schwinden von „Theorie", d.h. dem einstmals verbreiteten Bedürfnis nach verallgemeinernder, gleichwohl realitätshaltiger Interpretation, und mit dem Riß, der innerhalb der Linken zwischen marxistischer Theoriebildung einerseits, den alltäglichen Erfahrungen vieler (studentischer) Linker andererseits eintrat, wuchs die Bedeutung, die die *Zugehörigkeit zu einer Gruppe bzw. Gruppen-Identität* für die einzelnen gewann. *„Zugehörigkeit" wird zur Bedingung des Verstehens* — bis in den Bereich kognitiver Prozesse. Dies *muß* — in einigen altern-

---

18 Sie können natürlich auch n o c h bestehen (z.B. in den USA) oder aus verschiedenen Gründen vor Jahrzehnten entstanden sein.

tiven Ansätzen, wie z.B. in Fraktionen der Frauenbewegung —
zu einer Form der Abgrenzung und (Gruppen-)Identität führen,
die erneut den Integrationsdruck auf Subjekte erhöht, die ja in
keiner denkbaren Gruppierung jemals ganz aufgehen. Nicht-in-
tegrierte Aspekte von Subjektivität werden verdrängt; es bildet
sich ein rigides Klima in den Gruppierungen aus, das aus der
emanzipatorisch begründeten Alternative einen Ort der Nach-
und Neuproduktion von Herrschaft macht.

In anderen alternativen Gruppierungen galt das Herstellen von
unmittelbar sinnlich erfahrbaren, emotional gesättigten Beziehungen untereinander als eine *Voraussetzung* für die Produktion alternativer Erfahrungen (und, wo Interesse an ihm bestand,
für den Theoriebildungsprozeß). Vielfach trat damit an die Stelle
einer ursprünglichen Tendenz zur „Politisierung des Privaten"
eine Tendenz zur Intimisierung von Öffentlichkeit (zu beobachten vor allem an der Universität). Die ad hoc geforderte
„Nähe" der Individuen zueinander war begleitet von einem
Sonderfall von Herrschaft, der weitgehend unreflektiert blieb:
der Herrschaft von Zuständen über das Subjekt. Die Chance,
sich von der eigenen Zuständlichkeit zu emanzipieren, ist an Prozesse der Vergegenständlichung, an *Arbeit*, an (Sach-)*Interesse*
an gesellschaftlichen Austausch gebunden. Dieses Festkleben
an der eigenen Zuständlichkeit (ans Zumutesein im Sinne von
Frustration, Isolierung, Entfremdung) wurde — und wird noch
— vielfach als „Orientierung an den eigenen Bedürfnissen" miß-
verstanden.

Beides: das „Zugehörigkeits"-Theorem und das Fixiertsein an
eigene Zuständlichkeiten, haben manchmal eine wichtige Entdeckung der Alternativen wertlos gemacht. Sie hatten gelernt
und erfahren, daß es unterdrückend und stationär sein kann,
für andere sprechen (handeln) zu wollen, gar als *Kader*; Politik
war jetzt „Politik in der 1. Person"; später schwand jedoch für
einige Alternativen auch die Bewußtseinslage jeder Verpflich-
tung für andere, d.h. jene Solidarität mit dem Schwachen, die
den Verzicht auf *eigene* Interessenorientiertheit, Einschränkung
eigener Ansprüche, zu akzeptieren gelernt hat. Daß es auch einen Verzicht gibt, der befriedigt, wurde nicht mehr erlernt.
Nicht anders als die Bürokratisierung der Arbeiterparteien
schlägt auch dieser Egoismus bestehender Herrschaft zu Buch.

Thomas Schmid
STÄMME UND STAMMTISCH
oder
Bescheidener Vorschlag, die alternativen Institutionen wieder
abzuschaffen

Heute ist es ach so leicht, das, was ‚Alternativbewegung' genannt
wird, zerstörend zu kritisieren: gar zu schein-naiv geht es zu, gar
zu groß ist die Blindheit, gar zu unverfroren werden Öde und
Normalität als Reichtum und Anderssein ausgegeben. – Die Alternativen und die Praxis der Verweigerung sind schon alt und
haben viele Wurzeln. Neu ist, daß sie von Teilen der Linken entdeckt wurden, daß eine Linke, deren Praxis zunehmend ins
Leere stieß, sich hierauf orientierte und sich eine entsprechende
Theorie schuf. Dabei erklärten wir – wie so häufig schon – was
es schon gab und was wir uns aneigneten, für neu und für unsere Erfindung: was irgendwelche „Spinner" und Abseitsstehende
schon lange taten, wurde nun mit revolutionärem Impuls versehen. Heute, wo mancher linke Wirt sich vom normalen nur dadurch unterscheidet, daß er sich ‚alternativ' nennt, mag die frühere Euphorie peinlich anmuten und es naheliegen, das ganze
Unternehmen auf einen recht immanenten und harmlosen Nenner zu bringen: einige Linke sind in's Showbusiness eingestiegen,
sind Händler, Krämer, Handwerker, Wirte, Verleger und ähnliches geworden, und: der einzige Unterschied liegt darin, daß sie
schlechtere Krämer, Handwerker, Verleger, Therapeuten sind
als die normalen. Häme und Bosheit einer solchen Kritik sind
nur zu berechtigt.
Doch ist da eine Falle: diese Kritik – zumeist in Form der kritischen Kritik vorgetragen – kann schnell wieder die alten, ver-
faulten Werte der Revolution in ihr Recht einsetzen; kann sich
gänzlich ignorant gegenüber der fundamentalen Ratlosigkeit verhalten, aus der heraus Linke Interesse an der ‚Alternativbewe-

gung' gewannen. Der Krämergeist, der Verlust an Welthaltigkeit, an politischem Interesse und politischer Wut und die entsetzliche Öde der 22jährigen Greise sind leicht zu kritisieren — doch Impuls und Erfahrung, die die vertraute linksradikale Politik erschütterten, gingen tiefer und sind heute unvermindert aktuell. Darum ein Rekurs auf jene Erschütterung.

Es geht um die Erfahrung, daß die überlieferten und naheliegenden Vorstellungen revolutionärer Umwälzung nicht mehr brauchbar sind; eine Erfahrung, die nicht — wie in traditionellen Analysen behauptet wird — die voraussehbare, historisch bedeutungslose Kapitulation einer „frustrationsungewohnten, kleinbürgerlichen Generation aus der Studentenbewegung" ausdrückt, sondern weit tiefer reicht. Ich meine hier nicht die Erfahrung der traditionellen Organisationen und Parteien: da ist es überdeutlich, daß sie keinen Hund mehr hinter dem Ofen vorlocken, daß sie historisch und sozial völlig daneben sind, daß sie allenfalls — ohne es zu begreifen — als Motor der Entwicklung von Kapital und Kontrolle funktionieren. Ich meine vielmehr jene theoretischen und praktischen Anstrengungen, die mit dem Schlagwort ‚operaistisch' benannt werden. Dies waren die einzigen Ansätze, die — in den Metropolen — nicht bei den verstaubten Geplänkeln im Hinterland stehenblieben, sondern zur aktuellen Front des Klassenkampfes vorstießen: wo der Gegner anzutreffen und wo er verwundbar war. Es war seit langem der erste Ansatz, der den Schleier der Neutralität, mit dem sich die Klassenentwicklung so erfolgreich umgibt, beiseiteschob und die einzelnen Schritte dieser Entwicklung — fabrikliche Technologie, Techniken der Überwachung und sozialen Kontrolle, Städteplanung . . . bis hin zur Bewußtseinsindustrie — als Kriegshandlungen sichtbar machte: als unmittelbare Antworten auf Erfolge proletarischer Kämpfe und als Versuch, durch die ständige Neuzusammensetzung der proletarischen Schichten diese Erfolge in ihr Gegenteil zu verkehren, d. h. Klassenherrschaft aufrechtzuerhalten. Diese Einsichten erforderten eine entlegalisierte, nicht auf Organisationserfolge abzielende Politik: eine Politik, die wachsam die Verschiebung des Kampfterrains verfolgt und darauf geschmeidig und zugleich hart antwortet. Ansätze (wenn auch von uns überschätzt) solcher linksradikaler Politik gab es auch in der BRD seit Anfang der siebziger Jahre. Warum sind sie zusammengebrochen?

Wie in jeglicher revolutionärer Theorie gibt es auch in der ‚operaistischen' ein Loch, einen entscheidenden Mangel: sie ist bestenfalls eine Theorie der *Zerstörung* von Klassenherrschaft. Sie taugt zum Zersetzen, Angreifen, Untergraben, Erschüttern, sie taugt zum Klassenclinch, der letztlich nur endlos gedacht werden kann und dabei seltsam qualitätslos erscheint. Sicher gibt es die sog. ‚Utopien' vom Reich der Freiheit, von der freien Assoziation und dergleichen. Doch während der Klassenkrieg, seine vielfältigen Parteien, die Interessen, Wünsche, die darin vorkommen, der Haß, die Begeisterung, die Liebe, die Wut und die Verzweiflung vorstellbar, benennbar, lebendig und mit genauen Umrissen und Farben versehen sind — zeichnen sich sämtliche Vorstellungen vom Reich der Freiheit durch Qualitätslosigkeit, Farblosigkeit, Blässe, durch eine frömmelnde Heuchelei aus. Es werden da triste Bilder der Öde entworfen, die allenfalls abschreckend wirken. Nun ist dieser Mangel der revolutionären Theorie — Ausnahmen gibt es sicher, Schönes und gar Vorstellbares bei Marx und anderen: es wurde aber in der revolutionären Bewegung kein Geschichtsstrom daraus — keineswegs zufällig, ist kein Mangel, der ohne weiteres behoben werden könnte. Denn ausgesprochen oder nicht, revolutionäre Theorie hat seit eh und je auf die Bataillone gesetzt, die sie als die gesellschaftlich stärksten vorgefunden hat, sie hat mit den Wölfen des technischen Fortschritts geheult, sie hat das Irrsinnsrad der permanenten Umwälzung, Erneuerung und Zerrüttung — von dem sie fälschlicherweise behauptet, sie hätte es erfunden oder unter Kontrolle — stets eifrig mitgedreht. So ist sie *auch* die konsequente Fortsetzung der kapitalistischen Techniken und Ideologien. Revolution heißt schließlich Umwälzung, Revolution ist fortschrittlich, nicht erhaltend und konservativ (zwar heißt *R*evolution auch *Zurück*wälzen und in den Schriften blitzt auch, ganz wie von ferne, etwas vom Urzustand, vom Urkommunismus auf: aber Urzustand und Ende sind zwei extrem auseinanderliegende Pole, die Geschichte dazwischen vermag nichts hinüberzuretten, sie ist bloß Geschichte der Zerstörung). Revolution erfordert einen Menschen, der akzeptiert, daß die endliche Ruhe nur das — unabsehbare — Ergebnis dauernder, angestrengter Unruhe sein kann; sie fordert einen Menschen, der bereit ist, sich seine Grundlagen selber zu entziehen. Darum ist es nur die halbe Wahrheit, zu sagen, die revolutionären ‚Utopien' vom Reiche der Freiheit seien ungenau und öde, seien daher noch mit Leben zu füllen. Es geht tiefer: sie propagieren einen Zustand, der nichts weniger als erstrebenswert ist. Ihr zentraler Wunsch, die Befreiung, bezieht sein scheinbares Recht aus der Tatsache, daß es Fesselung und Niederhaltung gibt — doch das darf nicht darüber hinwegtäuschen, daß er letztlich von fundamentaler Leere ist, daß er nur ex negativo Sinn bekommt und mit keinem neuen Sinn füllbar ist. Es ist immer Befreiung von . . ., Abwerfen von Fesseln, Freisetzung — ohne einen Schimmer von Idee, welches andere Formen von Leben sein könnten. Befreiung: das ist immer Lösung von alten Bindungen, Abhacken von Wurzeln — Wurzellosigkeit als Ziel. Die revolutionäre Theorie durchforstet die Geschichte der Menschheit mit dem Flammenschwert der Besserwisserei, entdeckt — vom Stamm über die Familie bis zur Liebe — nur elenden Müll, mit dem gründlich aufgeräumt werden muß. Geschichte ist Geschichte von Klassenkämpfen und Unterdrückung — die revolutionäre Lehre aber verhält sich ignorant gegenüber einer anderen Seite dieses Prozesses: daß Geschichte auch Geschichte von *Leben* ist: von gelungenem, wohl auch lebenswertem Leben, von erkämpftem, gestaltetem, gefülltem Leben — und nicht nur Not, Mühsal, Elend, nicht nur negative Geschichte; daß die Geschichte nicht nur Müll, sondern auch einen Schatz beherbergt; daß vielfältige Formen von Zusammenleben, von Organisierung von Gesellschaft und Alltag, daß Regeln, Bräuche und Rituale entwickelt wurden, die ihr Recht und ihren tiefen Sinn hatten, weil sie die Begrenzung und Endlichkeit des Menschen sahen und sorgsam mit ihr umgingen. (Begrenzung, Endlichkeit: solche Worte sind schwer zu gebrauchen, gar zu sehr erinnern sie an Puritanismus, schwäbische Facharbeiter-Ideologie und ontologisierendes Geraune. Den Sinn, den sie haben könnten, stelle ich mir ein wenig anders vor — ein überklares, aktuelles Beispiel soll es verdeutlichen: der Kampf gegen die Kernenergie gibt sich frank und frei und unumwunden als Kampf für das Leben, als Kampf zur Abschaffung einer mörderischen Technologie. Doch bleibt dieser Kampf naiv und letztlich verantwortungslos, wenn die große und blumenreiche Rede vom Leben sich nicht auch damit konfrontiert, daß die

Situation auch eine verzweifelte ist: daß es den tödlichen technologischen Wahnsinn gibt, daß er sich dauerhaft vergegenständlicht hat und daß Leben auf lange Zukunft hin auch heißen wird: umgehen lernen mit der tödlichen Bedrohung; Tod und Gefahr weder im strategischen Entwurf noch im Tanz aus dem Leben auszugrenzen, sondern lernen, dennoch zu leben. Eine solche Haltung — die nun nicht nur angesichts der Kernenergie überlebensnotwendig ist — scheint mir radikaler als der grenzenlose und entgrenzte Optimismus.) Solche konservativen Tugenden aber sind in der revolutionären Lehre, die in aller Regel auf Entfesselung, Entgrenzung, Sorglosigkeit und Unendlichkeit zielt (scheinbar um qualitative Einsichten bereichert taucht diese Unverantwortlichkeit heute wieder in der Theorie von der „Wunschmaschine" auf, deren Melodie nichts als das langebekannte Irrsinnshämmern ist), nicht vorgesehen und verdammt.

Sicher geht es nach wie vor darum, den notwendigen Prozeß der Zerstörung mit einem anderen in Einklang zu bringen: mit dem Prozeß der Entwicklung von tragfähigen Lebensformen, die nicht nach dem Götzenbild der Freisetzung geformt sind, sondern Lebensweisen der Bindung und Endlichkeit sind — Lebensweisen, für die wir von Herrn Marx nichts, von wilden Stämmen aber — wenn auch sehr vermittelt und behutsam — einiges lernen können. Dies beides — Zerstörung einerseits, Ordnung des Lebens andererseits — in Einklang bringen: so berechtigt der Wunsch ist, unschuldig ist er nicht mehr. Auszugehen ist heute erst einmal vom tiefen Bruch zwischen beidem, der durch keine leichte Manipulation und erst recht nicht durch guten Willen zu überwinden sein wird. Heute gilt: die rückwärts- und vorwärtsgewandte Reise zu brauchbaren, die Endlichkeit des Menschen berücksichtigenden Formen von Leben braucht einen Raum, den ihr die revolutionäre Lehre nicht gewährt; diese Reise braucht kein Getöse, sondern Ruhe. Daher trennt sie sich ab, schert aus, ist Bruch und — scheinbar nur — bedenken- und verantwortungslos. — Nicht an die Krämer und Wirte, sondern daran denke ich, wenn es um ‚Alternativen' zur alten Politik geht. Alternative oder Getto: diese Frage kommt einen langen Moment zu früh, mit Messerschärfe will sie eine Klarheit, die noch nicht zu haben ist. Denn natürlich bedeutet Ausscheren auch Getto, natürlich ist der Versuch, sich dem herrschenden Geschichtsstrom — auch in seiner revolutionären Uminterpretation — querzustellen, erst einmal ein gettohaftes Unternehmen. Doch besagt das nicht allzuviel, denn das Getto muß keineswegs als Insel, als Ort, als scene, als Gesellschaft innerhalb der Gesellschaft gedacht werden. Auch der trostlose Großstadtwolf, der — was wollend? — mit ätzender Schärfe das Horden-Treiben einer alternden und klappernden linksradikalen Szenerie beschreibt: auch er sitzt tief im Getto und es gäbe nicht viel Sinn, ihm das vorzuwerfen. Die Frage nach Präzision und Entschiedenheit ist in der Tat zu stellen — doch denen, die ausscheren, immer wieder einzig die Frage nach den fehlenden Bataillonen zu stellen, ist billig und geht an den Fragen auf's Leben, die weiß Gott ihren Grund haben, ganz vorbei.

Alternativen Versuchen wird vorgeworfen, daß sie elitär, schmarotzerhaft sind, daß sie schwer oder gar nicht nachvollziehbar sind, daß sie kein Beispiel für andere abgeben und das oft genug auch nicht wollen — kurz: daß sie asozial sind. Doch so kommt man nicht weit: denn der Ausgangspunkt für das asoziale Ausscheren war ja gerade die Erfahrung, daß die landläufige, angebotene Sozialität so leer und die revolutionäre keinen Deut besser ist. Es hat gute Gründe, aus dem kalten Strom der Sozialität (oder auch Kollektivität) auszusteigen. Der politische und Lebenszusammenhang, der aus der Bewegung Ende der 60er Jahre hervorgegangen ist, hat kaum etwas ständiger beschworen als Kollektivität und Gemeinsamkeit — weithin aber wurde daraus, je länger es dauerte, ein bloßer Ausspruch und praktisch eine leere Form: ein allgemeiner Besitz der scene, immer und überall präsent, daher nie und nirgends präsent. Mit anderen Worten: eine Art von Einsamkeit. Gerade der verzweifelte und angesichts der vorerst möglichen Alternativen naheliegende Versuch, den wärmenden Zusammenhalt hinüberzuretten, raubte diesem die Kraft, ließ ihn zu einem ausgeleierten Gebilde werden, das aus seinem Innern heraus weder reformiert noch revolutioniert werden kann. Das Asoziale etlicher alternativer Versuche ist daher auch ihre Stärke: das Überwinden einer Schranke — die Stallwärme verlassen, sich Neuem auszusetzen und eine tiefere Reise beginnen. Der Landfreak, der sich um den Rest der Welt nicht schert, aber sorgfältig mit dem Land umgeht, das er bewohnt; einer, der die Verstümmelung und die Kräfte seines Körpers erforscht; einer, der dem Wahnsinn auf den Grund geht . . .: da wird keine Erfahrung dabei sein, auf die verzichtet werden könnte. Auch und weil sie nicht kommunizierbar und kollektivierbar ist, auf's erste.

Wenn jedoch — spätestens seit Tunix — die Verweigerung gegenüber der straight society sowie gegenüber der alten, bösen und aggressiven Politik in den Mittelpunkt eines bestimmten öffentlichen Interesses rückt und von den großen Medien zwar mit einer gewissen Beunruhigung, doch auch unübersehbar mit Wohlwollen und Erleichterung aufgegriffen wird (,,Wie bunt, wie nett, wie rührend, wie positiv, wie aufbauend, wie harmlos sind sie doch! Beruhigend, daß sie meist das Lied der Liebe und des kleinen Horizontes singen und nicht mehr das garstige Lied des Angriffs, des Krieges und der großen Welt.") — wenn diese Riesen-scene heute ,,stark" genug ist, boomartig in den Medien aufzutauchen, dann geht es meist gerade nicht um jene Erfahrungen der Tiefe. Dann ist meist jener alte, kraftlos gewordene Zusammenhang gemeint, der sich ein neues, bunteres Gewand übergestülpt hat und sich zweite Gesellschaft in der ersten Gesellschaft, Terrain der Befreiung im Terrain der Unterdrückung oder ähnlich nennt (nicht aber merkt, daß der freiwillige Gang ins Getto der Gang in die Niederlage ist, daß der Reichtum des Gettos immer auch das Mal der Not trägt; nicht aber merkt, daß der Aufbau einer zweiten, alternativen Gesellschaft innerhalb der ersten ziemlich notwendig die Normalität und Leere der ersten wiederholen wird — nur um einiges verrückter: diesmal ist es eine Normalität, die sich Abweichung heißt). Es ist ein vor allem lärmender und dröhnender Haufen, dem es zwar fernliegt, die alte Politik fortzusetzen, der aber vor dem Verlassen der wärmenden Zusammenhänge zurückschreckt; der die alte Form der ungenauen Zusammenrottung beibehalten will und daher achtlos mit neuen Erfahrungen umgeht. Neue Erfahrungen sind, vorerst, nicht konsumierbar — im konsumeristischen Umgang mit ihnen, im wahllosen Aneignen und Nebeneinanderstellen aber wird aus dem Reichtum wieder Armut.

Am deutlichsten sichtbar wird dieser Prozeß in der alternativen Ökonomie. Alternative Institutionen, in Nischen der Gesellschaft angesiedelt, sind vorstellbar, wenn sie auf benennbare Interessen bezogen sind: vom Cafe über die Holzwerkstatt bis zum therapeutischen Zentrum. Eine absurde Verkehrung aber wird es, wenn die konkreten Ziele und Interessen in den Hintergrund treten, wenn die Projekte am Leben erhalten werden, weil es sie nun einmal gibt und *ein* eingestelltes Projekt uns wieder schwächer macht, mehr noch: wenn wir unsere Stärke am funktionierenden Zusammenhang und Ineinandergreifen unserer Projekte messen, dann in der Tat den Versuch machen, eine zweite Gesellschaft in der ersten zu errichten, und eine eigene Ökonomie anstreben, die zwar — in engen Grenzen — funktionieren mag, die sich aber gänzlich den herrschenden Strukturen einpaßt, einen Zwang zur Positivität erzeugt und den Hang zur Zerstörung sanft austreibt. Linke Kneipen und ähnliches mögen ihren Sinn haben, man sollte sie aber wirklich nicht ‚alternativ' nennen. Und man sollte aufmerksam gegenüber einem verrückten Prozeß sein: daß die linke scene in dem Moment, wo sie sich ‚alternativ' ausweitet, plötzlich Krämer- und Händlerseelen anzieht und heranzüchtet; daß — unter dem hehren Vorzeichen, die alte, entfremdete Politik nicht mehr machen zu wollen — auf einmal die verdrängte Normalität fröhliche Urständ feiert: auch wir — die scheinbaren outcasts — sind in der Lage, einen Betrieb am Laufen und bei Kasse zu halten. Man könnte es vergessen, wäre es nicht so ver-rückt: da wird Klein-Chikago gemacht, der Normalität so ähnlich wie die Mafia der ITT, da werden Wahnsinn und Überschreitung so erbarmungslos geschröpft wie Käsehändler und Spielhallenbesitzer in der 7th Avenue — aber die konsente Sprachregelung, die sich in die Köpfe eingräbt, ist: das Ganze sei ‚alternativ', sei Verweigerung gegenüber der ‚herrschenden Plastik- und Gewaltscheiße'.

Die alten revolutionären Sicherheiten waren vor Jahren zerbrochen. Es war nicht gut, daß daraus recht schnell eine neue, nun sich unsicher gebende Sicherheit entstand: das sprunghafte Florieren der ‚Alternativen'. Denn was sich da entwickelte, war die Ökonomisierung einer scene; Zusammenhänge, die einmal um des Kampfes und des Lebens willen wichtig waren, wurden nun um ihrer selbst willen wichtig, traten vergegenständlicht und ökonomisiert neben den einzelnen und forderten von ihm Geld, Rücksicht und grenzenlose Geduld. Die ‚Alternativen' wurden zum zwar nicht goldenen, aber doch sympathisch schlampigen Käfig: die Tür nach draußen war zugeschlagen, dem

Haß, der Wut und dem Interesse wurde sanft die Gurgel zuge-
drückt — man merkt noch, daß einem die Welt verloren ging,
aber man ist stille. Wer beschmutzt schon das eigene Nest, wer
zieht schon die eigenen Erfolge in den Dreck?

Das Verrückte an der Normalität des Flügels der ‚Alternativen‘,
der sich zur kulturindustriellen Maschine gemausert hat, ist, daß
sie sich Abweichung nennt und doch in aller Regel mit tatsächlicher Abweichung keinen Deut besser umgehen kann, als jed-
weder sonst. Ein Beispiel ist das grausige Kokettieren mit dem
Wahnsinn, das in Mode gekommen ist: wo der Wahnsinn, der
immer auch ein großes Leiden ist, zu einer Feder wird, mit der
man sich an linken und alternativen Stammtischen schmückt,
da ist der Zugang zu den konkreten und genauen Spuren des
Wahnsinns, die jeder trägt, blockiert; da ist der Zugang zum
Wahnsinn anderer, zum offenen Wahnsinn blockiert; da haben
sich die Deppen auf die Irren draufgesetzt. Dem leichtfertigen
Größenwahn der antipsychiatrischen Mode entspricht die Unfähigkeit im Umgang mit konkretem Wahnsinn. Diese Unfähigkeit ist niemandem vorzuwerfen, niemandem ist vorzuwerfen,
daß er irgendwann nichts anderes mehr kann, als den Freund
in die geschlossene Abteilung der Psychiatrie zu fahren. Man
sollte sich aber das unverantwortliche Geschwätz sparen. Nor-
mierende Normalität ist ein Quell des Wahnsinns — daher erschreckt es, wenn aus einer linken Kneipe einer rausfliegt nur
weil er kurze Haare hat.

Ich möchte den bescheidenen Vorschlag machen, die alternativen Institutionen wieder abzuschaffen und die Reise noch einmal von vorne zu beginnen: mit weniger Gepäck, weniger im
Arbeitshaus des Gettos zirkulierendem, mehr angeeignetem
Geld, mehr der Zugluft und wohl auch der Kälte ausgesetzt. Etwas Besseres als Verkalkung und schleichenden Tod werden wir
wohl überall finden.

Bernd Leineweber, Karl-Ludwig Schibel
„DIE ALTERNATIVBEWEGUNG"
Ein Beitrag zu ihrer gesellschaftlichen Bedeutung und
politischen Tragweite, ihren Möglichkeiten
und Grenzen

Die Vorgeschichte

Als zu Beginn der siebziger Jahre sich bei uns die Vorstellung
verdichtete, zu mehreren aufs Land zu ziehen, stellte sich uns
unsere Entscheidung etwa so dar: wir hören auf, in Institutionen, in unserem Fall Schule und Universität, zu arbeiten und linke Politik zu machen, und gehen aus der Stadt raus. Nicht, weil
wir die Arbeit in den Institutionen für eine falsche existentielle
und politische Perspektive halten und die urbanen Zentren für
unwichtig oder eh' dem Untergang geweiht, sondern weil wir etwas anderes machen wollen: in einer kleinen, überschaubaren
Gruppe gemeinsam unseren Alltag organisieren, uns aus Markt-
zusammenhängen möglichst raushalten und soweit wie möglich
unsere Lebensmittel selbst produzieren; auf der Basis eines gemeinsamen Arbeits- und Lebenszusammenhangs an jenen Vorstellungen von Befreiung und Emanzipation arbeiten, die in den
Jahren davor in der neuen Linken bei den programmatischen
Versuchen, neue Menschen zu werden, oft Chaos produziert hatten und von denen jetzt, da wir in unsere linken Berufskarrieren
einzutauchen begannen, so verflucht wenig übrig zu bleiben
schien.

Die Bewegung, so meinten wir, kann schon eine Weile auf uns
verzichten, wenigstens solange, bis für uns klar geworden ist, ob
wir da einer sehr privaten Spinnerei verfallen sind oder ob das
Projekt trägt; ob andere, vergleichbare Projekte entstehen, Ko-
operationszusammenhänge mit Gruppen in der Stadt; ob wir,
Kopfarbeiter, die aufs Land ziehen, Erfahrungen machen, die
über die Biographien der Beteiligten hinaus von Interesse sind.

So ähnlich dachten wir vor vier oder fünf Jahren, und wir wunderten uns über den erbitterten Widerstand gegen unsere Absichten und die massive Verurteilung in den politischen und Wohnzusammenhängen, in denen wir steckten. „Haut doch ab und baut euch eure kleine, heile Welt auf," war da noch freundlich, ließ noch erkennen, daß die Betreffenden sich gefreut hätten, wenn wir dageblieben wären.

Heute, nach zahllosen Durchsuchungen, Überwachungen, Berufsverboten, Entlassungen, Nichteinstellungen, Existenzvernichtungen durch die öffentliche Gewalt, stellt sich uns die Situation anders dar. Was wir mit unserem Leben auf dem Hof wollen, hat sich nicht sehr verändert. Wir sehen etwas klarer, was davon geht und was nicht, und darüber, was unsere Vorstellungen sind und welche Erfahrungen wir damit machen, wollen wir hier erzählen. Naiv waren wir in der Annahme, daß es nur *unsere* Entscheidung war, aus unseren beruflichen Karrieren auszusteigen, um etwas anderes zu machen. Nachträglich wird klar, daß so privat unsere Entscheidung nicht war. Heute ist überhaupt nicht mehr interessant, ob wir in den Institutionen weiterarbeiten wollten, wir hätten es nämlich gar nicht gekonnt. Wir teilen die Situation einer großen und wachsenden Gruppe, die auf absehbare Zeit kaum eine Chance hat, mit ihrer akademischen Qualifikation halbwegs adäquate Arbeit in den Institutionen zu finden. Hinzu kommen jene, die vielleicht eine Chance haben, es aber schlicht im Kopf nicht aushalten.

Gut, und was dann? Die traditionelle Antwort ist: jobben. Irgendeine möglichst gut bezahlte Arbeit suchen, die kurzfristig zu haben ist und bei nächster Gelegenheit wieder hingeschmissen werden kann. Leute in Taxis und Sachen in Transportern rumfahren, Telephonistin im Interconti, Garderobiere im Pacific Hotel, Tüten einpacken im PX — niemand fragt, was solche Arbeit soll, was sie für die, die sie machen, bedeutet, geschweige denn, ob da irgendwelche politischen Perspektiven eingehen. Denn über sie definiert sich niemand, es ist schließlich nur ein Job und eigentlich bin ich Soziologe, Germanistin und Linksradikale(r). Das läßt sich sicher ein paar Jahre stabilisieren.

Angesichts der Entstehung einer großen Gruppe von Kopfarbeitern, Angestellten, Lehrlingen, die keine angemessene Arbeit bekommen oder sie nicht wollen und die das Rumjobben satt haben, war unsere Entscheidung und die anderer, in kleinen Gruppen gemeinsam den Arbeits- und Lebenszusammenhang zu organisieren, weder so zufällig noch so folgenlos, wie es vor ein paar Jahren schien. Und seitdem dann „Erdgarten”, „Bio Depot”, „Distel”, „Rapunzel” und andere die Lebensmittel feilbieten und „Basis”, „Karl Marx” und „Roter Stern” die linke Literatur, die unter anderem beim „Druckladen” und bei „Fantasia” produziert worden ist, und nicht zuletzt seitdem sich drei Dutzend Gruppen in unserer Gegend angesiedelt haben und weiß Pieper wieviele an der holländischen Grenze, im Odenwald, der Lüneburger Heide und wo sonst noch — seitdem gibt es die „Alternativbewegung”, und wir finden uns unverhofft und mehr aufgrund der Bemühungen von Stern und ARD als unserer eigenen an der Front wieder. Und wo das Baby nun schon mal einen Namen hat (wer hat ihm den nur gegeben?), muß es abgeleitet, erklärt, begründet und natürlich auch kritisiert werden. Das finden wir ganz richtig. Bloß können wir's nicht. Wir wissen noch nicht viel Allgemeines über das, was wir machen. Wir können unseren Kritikern schon erzählen, was an ihren Kritiken falsch oder langweilig ist (und das tun wir auch zum Schluß dieses Artikels), aber wenn wir über das, was wir machen, selbst erzählen sollen, so sind es bis jetzt noch Geschichten, Protokolle alltäglicher Begebenheiten und Interpretationen von Situationen.

Ach, erzähl' doch kane G'schichten!
Dös san doch Schtories!

I Arbeit

Wie jeder Materialist zusammen mit unseren Eltern vermuten würde, ist für uns ein zentrales Problem die Arbeit. Was wir machen und wie es uns dabei geht, wer was macht und ob wir davon leben können.

Bevor wir hierher kamen, war alles vergleichsweise klar. Wir wollten, daß auf dem Hof jeder möglichst selbstbestimmt und lustvoll arbeiten kann, so um die sechs Stunden am Tag. Auch wie wir die Arbeit würden organisieren müssen, um das zu erreichen, war uns klar. Insbesondere hatten wir im Sinn, Hand- und Kopfarbeit zu verbinden.

Nach den letzten zweieinhalb oder drei Jahrzehnten als Schüler, Student, bestallter Kopfarbeiter hatten wir am eigenen Kopf hinreichend erfahren, daß nur mit ihm zu arbeiten mit der Zeit üble Deformationen verursacht. Deshalb stand uns vor Augen, den Lebensunterhalt der Gruppe durch beides, Kopf- und Handarbeit, zu sichern. Wobei wir mit der Handarbeit auf dem Land, im Garten und im Stall vor allem Selbstversorgung betreiben wollten, mit der Arbeit am Schreibtisch Geld verdienen. Denn das mit unseren Händen zu tun haben wir nicht gelernt und würde deshalb sehr mühsam. Zum anderen beabsichtigten wir, unsere intellektuellen Fähigkeiten im Kontext einer fortlaufenden Selbstverständigung zu gebrauchen über das, was wir machen, was wir persönlich und politisch damit verbinden.

Außerhalb der institutionellen Zusammenhänge von Schule und Universität und ohne den Druck, die nächste Karrierehürde schaffen zu müssen oder rauszufliegen, erwarteten wir weniger krampfige und gezwungene Formen intellektueller Arbeit. Wir hatten da keine genauen Vorstellungen. Unsere Hoffnung war, daß die Reflexionen über Prozesse, bei denen wir selbst Akteure sind und die wir innerhalb bestimmter Grenzen selbst strukturieren, andere sein würden als die, die wir bisher fast ausschließlich angestellt hatten: über gesellschaftliche Zusammenhänge nachzudenken und Theorie zu machen, die uns in erster Linie aus der Literatur vertraut war. Wobei wir weder vorhatten, das eine durch das andere zu ersetzen, noch da eine Wertung vorzunehmen, etwa so, daß nur die Schwielen an den Händen das Recht geben, über Handarbeit zu denken und zu reden.

Aber unsere Basis, die Arbeit, die uns allen gemeinsam wäre und in der wir vor allem kollektiv Erfahrungen machen würden, würde die Arbeit auf dem Land und mit den Tieren sein und die Instandsetzung und der Ausbau der Gebäude. Die würden wir gemeinsam organisieren und egalitär und in rotierender Arbeitsteilung durchführen. Keine Arbeit sollte als wertvoller gelten als eine andere und sie sollte von jedem Mitglied der Gruppe gemacht werden. Unseren Lebensunterhalt würden wir dadurch, vor allem in den ersten Jahren, nur zu einem Teil sichern, aber über das gemeinsame Arbeiten würde sich wesentlich der soziale Zusammenhang in der Gruppe herstellen. Anders als bei den Wohngemeinschaften in der Stadt, in denen sich der Zusammenhang vor allem über Reden herstellt, und wo die, die schneller und besser reden und den massiven moralischen Druck ausüben können, leicht die Oberhand gewinnen. Wir meinten, daß in einem gemeinsamen Arbeitszusammenhang, vor allem in einem, wo alle für die anfallenden Arbeiten gleich schlecht qualifiziert sind, die Gefahr geringer sein würde, daß Reden sich verselbständigt, intellektuelle Kompetenz und die Fähigkeit, psychischen Druck auszuüben, zu den beherrschenden Determinanten des Gruppenprozesses werden würden.

Kopf- und Handarbeit zu verbinden begriffen wir als wichtigstes Moment, um die Zerstückelung und Hierarchisierung von Arbeit aufzuheben. Das zweite, wichtige Moment sahen wir in der Aufhebung der geschlechtsspezifischen Arbeitsteilung. Wir gingen davon aus, daß ein Bauernhof gute Voraussetzungen bietet, sie abzuschaffen, weil es sich um einen sehr überschaubaren Zusammenhang handelt, innerhalb dessen die wichtigste Arbeit die Produktion und Verarbeitung von Lebensmitteln und anderer Güter des täglichen Bedarfs sein würde, wo also Arbeiten im Haushalt, traditionell weibliche Tätigkeiten, einen breiten und in unserem Selbstverständnis zentralen Raum einnehmen würden.

Soweit so gut und für niemanden in unserer Bezugsgruppe als wünschenswerte Vorstellungen kontrovers. Seitdem wir aufs Land gezogen sind, ist uns zu diesem Zusammenhang auch noch nicht viel Neues eingefallen. Neu sind für uns die Erfahrungen, die wir bei dem Versuch gemacht haben, mit diesen korrekten Einsichten praktisch umzugehen.

Schaffen und Arbeiten

Als ich hierher kam, war ich es gewohnt, meine Arbeit — die eines wissenschaftlichen Assistenten — selbst zu planen, einzuteilen und zu terminieren. Plötzlich war das nicht mehr so — die Arbeit auf dem Hof war nicht nur anders, sondern es gab eine Reihe von Leuten, die alle an etwas herumwerkelten, mal beim Hausbau, mal im Garten, dann wieder gar nicht, mal hier, mal dort, und ein Dutzend Projekte laufen gleichzeitig, zwar abgesprochen, aber ohne persönliche Verantwortlichkeit und ohne genauen Zeitfaktor, wann was gemacht wird und wann es fertig sein soll: das Unkraut, das gejätet werden muß, der Kompost, der aufgesetzt werden muß, Heumachen, Schafescheren, Zimmerrenovieren, Dachdecken, Erdbeereneinmachen, Autoreparieren usw., usw. Mir schwirrte der Kopf. Hilflos stand ich in dem Chaos, packte wild entschlossen hier mit an, machte da mit, aber nichts schien richtig voranzugehen, und ich wurde immer saurer. Ich trieb mich und andere zur Mehrarbeit an und versuchte, dem Spruch „des werd scho" klare Verbindlichkeiten entgegenzusetzen.

Der Widerstand, mit dem die anderen diesem Vorstoß begegneten, steigerte nur meinen Ärger. Ich begann, Kompensation in eigener Arbeit, die mit dem Hof nichts zu tun hat, zu suchen. Zugleich konnte ich aber nicht übersehen, daß die anderen auch arbeiteten, und zwar reichlich und im allgemeinen mit Spaß und Gelassenheit. Und dann wurde — welch ein Wunder — ein halbes Jahr, nachdem ich auf dem Hof war, und nach anderthalb Jahren insgesamt doch das Bad fertig, das eigentlich eine der ersten Sachen sein sollte, die man herrichtet. Daran hatten alle von uns und viele Besucher, sicher an die 20 bis 30 Leute, zu irgendeiner Zeit irgendetwas mal gemacht. Auf der anderen Seite hätten Handwerker das Bad in 14 Tagen gut geschafft. So aber sehe ich, wenn ich vom Klo aus meinen Blick schweifen lasse: die Dusche hat der Hermann montiert, dort hat Iris gestrichen, die Heizsonne hat der Conrad angebracht usw.

Dem Bad erging es so wie vielen Projekten auf dem Hof. Wirklich voran geht nur dann etwas, wenn jemand sich richtig drum kümmert und andere anstiftet mitzumachen. Der allgemeine Plan wird von zwei Extremen her verwirklicht: der absoluten Notwendigkeit — z.B. Holz hacken, wenn es zur Neige geht und es sehr kalt ist — und der persönlichen Prioritätensetzung eines oder mehrerer Gruppenmitglieder. Das Bad lag irgendwo zwischen diesen Extremen: jeder wollte es haben, aber keinen drängte es so, daß es hintereinander fertig gemacht wurde. Das Arbeitsergebnis hängt ab von einem komplizierten Arbeitsprozeß, dessen Organisation ebenfalls, wenngleich eine andere Art von Arbeit ist: alle in der Gruppe müssen lernen, Motivation zur Arbeit bei sich und anderen so zu schaffen, daß jeder Verantwortung übernimmt, ohne sich von den anderen verantwortlich gemacht zu fühlen. Wenn das gelingt, ist — anders als im kapitalistischen Verwertungsprozeß — der Arbeitsprozeß nicht weniger wichtig als das Resultat. Und die Gruppe wird gute Voraussetzungen für ein friedliches Zusammenleben haben. Wenn sich allerdings Motive nur auf der Basis persönlicher Prioritäten finden und allgemein als notwendig anerkannte, aber ungeliebte Arbeiten — wie das Dach reparieren, den Dachboden und Teile der Elektrik erneuern und und —, dann . . . wie lange geht es dann ohne sanktionsfähige oder gar autoritäre Regeln der Arbeitsorganisation, die die meisten gut funktionierenden Kommuneexperimente in Vergangenheit und Gegenwart haben?

Die Sache mit der Qualifikation und der lust- und unlustvollen Arbeit

Wir beheizen alle Räume des Hofs, dieser Tage zwölf, mit Holz/Kohleöfen unterschiedlichster Form und Größe. Einer ist gekachelt, ein anderer aus Guß, ein dritter ein kleiner Kanonenofen, in der Küche steht mittendrin ein großer Herd, lauter gute Stücke, die wir teils bei Leuten in der Umgebung, teils bei Freunden in der Stadt fanden. Die Öfen zusammenzusuchen war ziemlich viel Arbeit und das Ergebnis einer länger diskutierten Entscheidung, die Räume auf dem Hof nicht mittels Strom oder Öl warmzuhalten, sondern in erster Linie durch Holz und in zweiter durch Kohle.

Holz wächst bei uns auf dem Grundstück in einer kleinen Eschenschonung. Da sich seit Jahren niemand um sie gekümmert hat, kann und muß dort viel Holz ausgeputzt werden. Außerdem ist in der Nachbarschaft Abfallholz leicht erhältlich, das bei Abrissen und Umbauten anfällt, meist fürs Abholen. Sprich: zu Brennholz zu kommen ist für uns eine Frage, das Holz zu holen, sei's auf dem eigenen Grund oder aus der Nachbarschaft, es kleinzusägen und zu hacken und zum Trocknen aufzuschichten.

Damit können wir eines unserer Basisbedürfnisse befriedigen, ohne uns auf Geld- oder Marktbeziehungen einlassen zu müssen. In diesem Bereich sind wir nicht gezwungen, unsere Arbeitskraft für Lohn zu verkaufen, mit dem wir uns wiederum Waren kaufen, sondern produzieren selbst Güter unterhalb dieses Verwertungszusammenhangs. Dabei handelt es sich dann auch noch um sehr deftige Handarbeiten, von denen jeder schreibtischmüde Kopfarbeiter träumt, wie Sägen und Hacken.

Und das stimmt auch, Holzhacken macht wirklich Spaß. Bis zu einem Punkt. Und wenn's dann zur Last wird, gehen die Über-

legungen weiter, wie das nun mit der Substitution von Marktbeziehungen durch selbstbestimmte Arbeiten ist.

Wenn ich über den Arbeitszusammenhang zwar selbst verfügen
kann, die Arbeit aber anfängt, mich anzukotzen, dann wird recht
unklar, warum ich denn zwar selbstbestimmt, aber entschieden
lustlos Holz hacken soll, anstatt meine intellektuelle Qualifikation auf den Markt zu tragen und mir dort, etwa mit einer Übersetzung oder durch Interviews, die ich für ein Meinungsfor-
schungsinstitut mache, Geld zu verdienen, mit dem ich mir dann
Kohlen kaufe. Leichter tu' ich mich bei der zweiten Möglichkeit
ganz bestimmt, und zwar aus einem doppelten Grund. Zum einen arbeite ich als Kopfarbeiter viel „effizienter". Von dem
Lohn für eine Stunde Übersetzung gibt es einen guten Zentner
Kohlen, genug, um ein Zimmer eine Woche zu wärmen. Mit dem
Holz, das ein fixer Arbeiter in einer Stunde sammelt, hackt und
aufschichtet, läßt sich im günstigsten Fall ein Zimmer zwei Tage warm halten. Der andere Grund ist, daß es mir, wenn ich zu
beiden Arbeiten keine Lust habe, viel leichter fällt, mich an den
Schreibtisch zu quälen als an den Hackklotz. Denn ich hab' ja
nicht nur gelernt, am Schreibtisch zu arbeiten, sondern vor allem, auch dann zu arbeiten, wenn es keinen Spaß macht.

Handarbeiten unter Mühe und Unlust durchzuziehen stand in unserer bisherigen Biographie nicht an oder doch nur ganz vereinzelt. Das wollen wir nicht in schlechter Abstraktheit dahingehend verändern, daß wir jetzt jeden Dreck selbst machen. Den halben Kilometer Gräben für unsere Kanalisationsrohre haben wir von einer Firma mit dem Bagger graben lassen, und der brauchte einen halben Tag, wo wir uns mit Spitzhacke und Schaufel zwei Wochen abgerackert hätten. Und sollten wir bei einem ähnlichen Projekt in die Verlegenheit geraten, solche Arbeiten selbst machen zu müssen, weil wir die technologisch ausgerüstete Arbeitskraft auf dem Markt nicht kaufen können, dann haben wir irgendwo einen Fehler gemacht.

Die Handarbeiten, die wir machen, sind für uns vor allem auch lustvoll und befriedigend, weil wir sie mit bestimmten Vorstellungen, Konzepten, Ansprüchen angehen. Und soweit wie jene und die Körperkraft tragen, wollen wir die praktische Selbstorganisation unserer Lebensbedingungen vorantreiben. Ab da kommen dogmatische Vorstellungen von der Möglichkeit völliger Selbstversorgung rein, und auf der Ebene physischer Anstrengungen wird's zur Schinderei.

Wie das mit der lustvollen und unlustvollen Arbeit nicht nur eine Frage individueller Präferenzen ist, sondern auch die Frage eines kollektiven Prozesses der Selbstveränderung

Ein Schweinezüchter aus der Nachbarschaft brachte uns im letzten Herbst ein Ferkel, das er uns schenken wollte, weil es eine verkrüppelte Vorderhaxe hatte. Zu dem Zeitpunkt hatten wir Enten, Hühner, Schafe, einen Hund und eine Katze als Tiere auf dem Hof. Keines der Tiere wurde gefüttert und versorgt, damit es Fleisch ansetzt, das wir dann verzehren. Und die Vorstellung, daß das das einzige Ziel der Schweinehaltung ist, hatte uns bis dahin davon abgehalten, die Aufzucht eines Schweins in Erwägung zu ziehen.

Unsere Befürchtungen waren richtig. Als wir Max, das Schwein, dann auf dem Hof hatten, versorgte es nur Olaf regelmäßig und entwickelte Ansätze eines freundlichen Verhältnisses zu ihm. Für alle anderen war das Abkochen der Kartoffeln, das Ausmisten des Stalls und alle anderen Arbeiten, die mit der Mast des

103

Tiers in Zusammenhang standen, eine höchst ungeliebte Arbeit, vor der jeder sich zu drücken versuchte. Es fiel auch wirklich schwer, in dem Schwein etwas anderes zu sehen als einen Fleischhaufen, der möglichst schnell auf sein optimales Gewicht gebracht werden sollte, um dann fachkundig in gefriertruhen- und pfannengerechte Portionen zerlegt zu werden. Sicherlich wird jede Tierhaltung von einem solchen ausbeuterischen und instrumentellen Verhältnis bestimmt. Von unseren Schafen wollen wir Milch und Wolle, von den Hühnern Eier. Deswegen halten wir sie, die selbst Ergebnis teilweise jahrhundertelanger Zucht auf diese Produkte hin sind, und wenn das eine oder andere Exemplar unter der erwarteten Leistung bleibt, trifft es auch bei uns Beil oder Bolzen.

Das hindert uns nicht, etwa unseren Schafen Namen zu geben und ein affektives Verhältnis zu ihnen zu entwickeln. Warum dann also nicht zu unserem Schwein? An diesem Punkt wurden wir etwas mißtrauisch gegenüber unserem Verhältnis zu den Viechern, gegenüber unseren Versuchen, Momente eines befriedeten Verhältnisses zur Natur erahnen zu wollen.

Unser Schwein bekam dann schließlich auch einen Namen, und mit der Zeit mochten wir es ganz gerne, ohne daß uns aber diese Zuneigung sehr in die Quere kam, als es Zeit war, Max zu schlachten und für die Gefriertruhe herzurichten. Dieser Tage nun und in dem Maße, wie der Fleischberg in der Gefriertruhe abnimmt, intensiviert sich die Diskussion um die Fleischmast wieder.

Drei Lösungen sind denkbar, von denen jede bestimmte Konsequenzen in unserer Arbeitsorganisation und in unseren Eßgewohnheiten nach sich zieht — und mehr ist mit Selbstveränderung erstmal gar nicht gemeint. Die erste Möglichkeit ist, wir mästen wieder ein Ferkel und versuchen im Laufe der Mast klarzubekommen, warum wir mit dieser Arbeit solche Schwierigkeiten haben, was uns hindert, ein liebevolles Verhältnis zu dem Tier zu bekommen. Daß wir es schlachten und aufessen werden, muß dazu kein Widerspruch sein, denn wir töten und verzehren das Tier ja nicht aus Haß, sondern wir nehmen es in uns hinein, um uns zu ernähren, um leben zu können. Aber das ist ein schwieriges Bild, und wenn wir es in unserer Beziehung zu dem Masttier nicht verwirklichen können, ist die andere Möglichkeit, Vegetarier zu werden. Und die dritte Möglichkeit ist schließlich, weiter Fleisch zu essen und es wie bisher beim Metzger zu kaufen.

Die ersten beiden Möglichkeiten entsprechen unserem Ziel, die Verfügungsgewalt über die Basisbereiche unseres Lebenszusammenhangs zu erweitern. Die erste, indem wir die zur Befriedigung eines wichtigen Bedürfnisses notwendigen Produkte selbst erzeugen, sie uns weitgehend durch eigene Arbeit und nicht über Marktbeziehungen beschaffen. Die kollektive Entscheidung wäre, unsere Eßgewohnheiten nicht zu verändern und unsere täglichen Arbeiten um Tätigkeiten wie Kartoffelanbau, Futter bereiten, Stall misten und Schlachten zu erweitern.

Auch die zweite Möglichkeit, nämlich unsere Konsumgewohnheiten zu ändern und kein Fleisch mehr zu essen, vermindert unsere Abhängigkeit vom Markt. Tatsächlich ist es auch so, daß viele Landkommunen kein Fleisch verzehren. Nicht immer aus prinzipiellen Gründen, sondern auch um die Haushaltskasse zu entlasten. Auf der Ebene der Arbeitsorganisation heißt das: Ausweitung und Intensivierung der Gartenarbeit, der Milchtier- und Hühnerhaltung — alles Arbeiten, die in aller Regel als liebevollerer Umgang mit der Natur erfahren werden als Tiermast.

Das Problem ist, daß das Essen von Fleisch für viele von uns ein — ob nun falsches oder richtiges, auf jeden Fall sehr reales — Bedürfnis ist, das sich nicht ohne ein gerütteltes Maß an Selbstverleugnung unterdrücken läßt.

Wenn es weder gelingt, ein freundliches Verhältnis zur Tiermast herzustellen, noch auf Fleisch als Nahrungsmittel zu verzichten, ohne sich in der einen oder anderen Form Gewalt anzutun, bleibt als dritte Möglichkeit, den Markt in Anspruch zu nehmen und Fleisch und Wurst beim Metzger zu kaufen. Lieber die eigene Arbeitskraft in ihrer herkömmlich qualifizierten Form auf den Markt tragen und für den Lohn diese spezifischen Güter der Bedürfnisbefriedigung erwerben. In diesem Fall wird die Frage „Fleischversorgung und -verzehr" aus dem Komplex von Arbeiten, Handlungen, Bedürfnissen, Gewohnheiten herausgenommen, die in der Gruppe mit einiger Regelmäßigkeit thematisiert werden und mit denen sie versucht umzugehen und zu experimentieren, und zu ähnlich empfindlichen Fragen in die Schublade „gegenwärtig nicht bearbeitbar" geschoben.

Keine der drei Möglichkeiten, die Verwendung der eigenen Arbeitskraft und die Befriedigung der eigenen Bedürfnisse zu organisieren, ist „richtiger" als die beiden anderen. In diesem Kontext gibt es keine korrekte Linie. Genausowenig ist aber die jeweilige Entscheidung beliebig. Vielmehr ergibt sie sich aus dem Arbeits- und Diskussionsprozeß der Gruppe und hat selbst für beide wieder Konsequenzen.

„ . . . das müssen wir nochmal diskutieren"

In der Landkommune hat man viel Zeit miteinander, Zeit zu arbeiten, Zeit zu reden, zu feiern: sich gründlich kennenzulernen. Zeit ist unser stärkstes „Kapital". Die Bauern haben wenig Zeit, weil sie allein arbeiten. Dafür haben sie Maschinen, die wir nicht haben. Wir dagegen sind viele und gleichen die fehlenden Maschinen zum Teil durch Handarbeit aus.

Und die Zeit zu reden, miteinander, übereinander, über das, was wir hier machen und was wir damit wollen? Diese Zeit ist keine Programmzeit wie der Arbeitstag. Auch bei uns ist diese Zeit „Freizeit". Kommunikation über persönliche Fragen ist zufällig und geschieht in der ganzen Gruppe nicht sehr häufig. Verschenkte Zeit? Einerseits ja. Wir wollen in der Gruppe leben, nicht nur um gut aufgehoben zu sein, sondern auch um uns zu sozialisieren. Das bedeutet auch Arbeit, Anstrengung, Auseinandersetzung, die permanente Drohung des Konflikts. Andererseits haben wir gemerkt, daß Kommunikation nicht das einzige Mittel ist, wodurch wir lernen, miteinander zu leben, sondern daß sehr viel von dem, was sie unseren (aus vielen Wohngemeinschaftserfahrungen mitgebrachten) Erwartungen gemäß leisten sollte, woanders passiert, nämlich in der Arbeit.

Die Arbeit bei uns schafft nicht einfach nur den materiellen Unterbau für die Gruppe und damit das Stück Sozialisation, um das es uns mit der Kommune geht. Sondern sie hat auch kommunikative Funktion. In ihr werden unmittelbar Emotionen untergebracht: wer mit wem wann was macht, ist nicht nur eine Frage der Zweckmäßigkeit in der Arbeitsorganisation, sondern auch Ausdruck der Beziehung, die zwischen den Betreffenden gerade läuft. Meistens brechen auch in der Arbeitssituation Konflikte auf, die ganz woanders herkommen und letzten Endes auch nur dort gelöst werden sollten. Aber die Arbeit, selber sprachlos, erleichtert die Sprachlosigkeit und gibt Darstellungshilfen: da mir der Hudi schon lange stinkt, benutze ich die Gelegenheit, ihn mächtig anzumotzen, als ich höre, daß er es war, der das Werkzeug verlegt hat, das ich seit einer Stunde suche.

Der ,,objektive'' Rahmen (ich brauche ja das Werkzeug nicht für mich, sondern für eine Hofarbeit), den die Arbeit für die Gruppe darstellt, hat gewiß auch eine Alibifunktion. Aber das ist nicht entscheidend, denn die Alibis sind leicht zu durchschauen. Der Hudi sagt sich sofort, daß mit mir irgendwas los sein muß, denn sonst würde ich wegen dem verlegten Werkzeug nicht so viel Aufhebens machen. Und er erfährt dann auch, wenn auch vielleicht nicht gleich, was mit mir los war. Das zu sagen fällt mir nämlich dann um so leichter, je mehr der Hudi sich trotz meines Ärgers kooperativ zeigt, bzw. anerkennt, daß ich mich trotz dieses Ärgers kooperativ verhalte. Denn wir sagen uns beide: da war dieses und jenes, was mir oder ihm nicht gepaßt hat, vielleicht mögen wir uns insgesamt nicht so besonders, aber das ist so lange nicht wirklich bedrohlich, wie es sich zeigt, daß wir zusammen arbeiten können. Das Vertrauen, das wir zueinander haben, beruht nur zu einem Teil auf der Art, wie wir uns mögen. Zum anderen beruht es auf der Einstellung, die jeder dem gemeinsamen Projekt entgegenbringt. Die Konflikte, die es zwischen uns gibt oder geben mag, werden durch Zusammenarbeit nicht „gelöst", aber sie werden − „bearbeitet".

Arbeit also als gruppendynamisches Prinzip, als Therapie, als Droge? Als „Erlöser" von allen gesellschaftlichen Übeln, wie sie von der frühen Arbeiterbewegung gefeiert wurde? Na klar, von allem etwas. Vor allem aber: wir machen hier Erfahrungen mit Arbeit, die wir im sog. Berufsleben und dementsprechend auch in Wohngemeinschaften nicht machen konnten, nämlich weniger gezwungen zu sein zu reden, Probleme „auszudiskutieren", über rhetorische Selbstdarstellungen und psychologische Analysen miteinander klar zu kommen. Beziehungen spielen sich nicht so personalistisch ab, nicht nur von mir zu dir und zu ihm und zu ihr, sondern sehr stark über das gemeinsame Projekt, an dem mehr hängt als etwa an einer Wohngemeinschaft, die nur psychisch, aber nicht materiell trägt.

II Natur

Natur, das hieß für uns als Kinder und Jugendliche Sonntagnachmittagsspaziergänge und -fahrten mit den Eltern, später Fahrten mit den Pfadfindern oder anderen Jugendgruppen, übers Wochenende oder in den Ferien — immer herausgehobene Situationen, in denen wir aus grauer Städte Mauern in Wald und Feld zogen, in denen das Grün der Bäume, die auf- oder untergehende Sonne zelebriert wurden und Ergriffenheit das angemessene Gefühl war.

Das änderte sich ein bißchen durch Drogenerfahrungen und später, wenn auch vorerst nur im Kopf, durch die Ökologiediskussion. Die fing an mit den Überlegungen von Marcuse über das Verhältnis von äußerer und innerer Natur und seinem Argument, daß ein neues Verhältnis zur Natur ein zentrales Moment der „Umwertung aller Werte" ist, der Revolutionierung spätkapitalistischer Gesellschaften. Murray Bookchin entwirft in diesem Zusammenhang vergleichsweise konkrete Bilder von sozialen Organisationsformen, die überhaupt erst die gesellschaftlichen Bedingungen für ein freundliches Verhältnis zur Natur herstellen. Dezentralisiert und diversifiziert. Noch eine Konkretionsstufe weiter geht Ivan Illich, der zum Beispiel im Kontext der Diskussion über gesellschaftliche Muster des Energieverbrauchs das Modell einer „bicycle speed society" entwirft.

Für uns stellt sich die Frage erstmal anders. Wir suchten nicht nach allgemeinen, gesellschaftlichen Bestimmungsgründen eines veränderten Verhältnisses zur Natur, sondern versuchten klarzubekommen: wie organisieren wir unseren Austausch mit den uns umgebenden sieben Tagwerk so, daß wir uns soweit wie möglich davon ernähren können und dabei dem Land, den Tieren und uns selber möglichst wenig Gewalt antun?

Die Schwierigkeit steckt in dem „möglichst wenig". Offensichtlich ist, daß ein gewaltloser Umgang mit Natur undenkbar ist. Die Reproduktionsform der Sammler ist dieser Tage nicht sehr vorstellbar, schon gar nicht in unseren Breitengraden, in denen es die erste Natur, durch die man sich Nüsse, Beeren und Kräuter sammelnd bewegen kann, bekanntermaßen schon seit mehr als tausend Jahren nicht mehr gibt. Die Landschaft, in der wir uns bewegen, jeder Acker, Weg oder Bach, jeder Wald und jede Weide sind Ergebnis von Rodung, Bestellung, Regulierung, Kultivierung, Zucht, des Austausches des Menschen mit der Natur.

Wenn die Natur, mit der wir umgehen, immer schon zweite Natur ist, von Menschen oft mit großer Brutalität geformt, woher lassen sich dann Standards eines guten Verhältnisses zur Natur

herleiten? Adorno spricht von einem „mimetischen Verhältnis"
zu den Dingen und Don Juan versucht, seinen Schüler zu lehren,
keine Spuren zu hinterlassen.

Das half uns auf unseren wenigen Tagwerk nicht so recht weiter.
Denn wie gewinne ich gegenüber dem angrenzenden, elf Hektar
großen Maisfeld ein mimetisches Verhältnis oder gegenüber den
1200 Mastschweinen in den Ställen von Sepp, unserem Nachbarn? Ich kann zwar vermeiden, beim Ölwechsel im Hof Spuren
zu hinterlassen, schon allein deshalb, weil unser Brunnen aus
dem Grundwasser gespeist wird. Aber was hilft uns das, wenn
auf dem Maisacker vor unserem Hof dreimal jährlich knallgifti-
ger Kunstdünger tonnenweise gestreut wird, an dem dann, soweit er nicht abgebaut, sondern ausgewaschen und in unseren
Weiher gespült wird, jedes Jahr fast alle Fische krepieren? Es ist
weniger ein Problem, keine Spuren zu hinterlassen, sondern
eher eines, die bestehenden zu beseitigen.

Die Grenzen der Möglichkeit, auf einigen Tagwerk eine kleine,
heile Welt aufzubauen, werden da ganz schnell offenkundig.

Für handlungsrelevante Bilder eines möglichst gewaltfreien und
liebevollen Verhältnisses zur Natur geben allgemeine Theorien
einen Rahmen und weisen nicht nur Adorno und Castaneda die
Richtung. Anhaltspunkte dafür, wie ein solches Verhältnis aussehen soll, lassen sich aber nur praktisch finden, als Teil eines
sozialen Prozesses. Was ein gutes Verhältnis zur Natur ist, läßt
sich immer nur auf dem Hintergrund konkreter gesellschaftlicher Bedingungen ermitteln.

Die Leute von Oneida, einem der bekannteren kommunitären
Projekte des letzten Jahrhunderts in den USA, entwickelten als
ein wichtiges Handwerk den Bau von Tierfallen. Aufgrund ihrer
großen handwerklichen Sorgfalt genossen ihre Fallen bei den
Trappern bald einen ausgezeichneten Ruf und fanden ihren Weg
bis in die Wildnis von Alaska und Sibirien. Den Kommunarden
von Oneida erwuchsen bei dieser Arbeit nicht die geringsten
Skrupel ob der Grausamkeit des Produkts. Ein Begriff von Grausamkeit gegenüber Tieren oder Vorstellungen von der Erhaltung
von Arten waren gesellschaftlich irrelevant. Das ist auch nicht
erstaunlich, wenn man sich vergegenwärtigt, daß zu jener Zeit
ein paar Millionen Einwanderer und etwa genausoviele Ureinwohner sich einer unerschöpflich scheinenden und oft bedroh-

lichen Tierwelt gegenübersahen.

Ähnlich verschwendeten die Mitglieder von Twin Oaks, einer Landkommune in Virginia, in ihren ersten Jahren kaum einen Gedanken darauf, daß der Tabak, den sie weiter anbauten, wie er auf ihrem neuerworbenen Land schon seit Generationen angebaut worden war, zahlreiche Konsumenten allen möglichen bösartigen Krankheiten näher bringen würde. Heute würden die Leute von Twin Oaks den Vorschlag, sich durch Tabakanbau zu ernähren, entschieden zurückweisen. Nicht weil sie schlauer geworden sind — die Erkenntnis über den Zusammenhang zwischen Rauchen und Lungenkrebs gab es Ende der sechziger Jahre auch schon —, sondern weil sich das gesellschaftliche Bewußtsein geändert hat und das offensichtlich in den Selbstverständigungsprozeß der Gruppe eingegangen ist.

Die Wiedergewinnung eines möglichst gewaltfreien Verhältnisses zur Natur ist nur denk- und machbar im Kontext eines sozialen Prozesses der Verständigung über Theorien, Bilder, eigene Erfahrungen und die gemeinsame Bearbeitung von Natur — des Bodens, der Tiere und der eigenen Köpfe und Körper. Wir können uns nicht als Individuen zur Natur als solcher verhalten. Das wäre Sektiererei, lebensreformerische Dogmatik, christlich, indisch oder indianisch verbrämt.

Trotzdem waren wir von Anfang an gespannt darauf, ob sich nicht auch bei uns, Skeptikern und Verächtern der Romantik, etwas von jenem Verhältnis zur Natur zeigen würde. Abgesehen davon, daß das Landkommunenmilieu zur Reprise von vorindustriellen und sog. primitiven Religionen neigt, gehen auch wir nicht nur mit dem Bewußtsein, daß es die erste Natur nicht mehr gibt, durch die Landschaft, die daliegt, wenn wir aus der Tür treten. Gewiß vermag sie hier und jetzt nicht jene religiös mögliche Einheit der Erfahrung wiederzugeben, die dem Leben in der bürgerlichen Gesellschaft seit Jahrhunderten ausgetrieben worden ist. Aber selbst wenn uns auch hier in Niederbayern Natur nur unter der Form der Kapitalverwertung und als Anhängsel der Maschinerie gegenübertritt, so heißt das nicht, daß die ehedem mögliche religiöse Erfahrung nicht in bestimmter Weise auf der sozialen Ebene eingeholt werden könnte. Wenn nämlich die bestimmende Praxis der Gruppe Subsistenzwirtschaft ist, Einheit von Produktion und Konsumtion vor allem im primären Sektor, dann laufen da — ganz klein und momentan — Prozesse, die den gewöhnlichen Verkehr städtisch lebender und für Lohn arbeitender Individuen übersteigen. Wo wir — in wie immer kleinem Maßstab — nicht auf kapitalistische Produkte angewiesen sind, sondern uns selber versorgen, leben wir unmittelbar von der Natur. Diese Abhängigkeit von der Natur ist — ganz im Gegensatz zum Kapitel über die vorkapitalistischen Produktionsweisen in den „Grundrissen", wo die folgende Voraussetzung nicht gemacht werden konnte — bei kritischem Bewußtsein von unserer Abhängigkeit vom Kapital befreiend. Solche Naturerfahrung ist *eine* Möglichkeit antikapitalistischer Erfahrung.

Natur in diesem Sinne als Partner in der Arbeit, als Kooperant, hat unweigerlich einen Einfluß auf die Beziehungen zu den menschlichen Kooperanten. Nicht nur kontemplativ und als geduldiger Abladeplatz von Projektionen, wenn wir uns beim Spaziergang vom Streß der Wohngemeinschaft erholen. Sondern gerade wenn die Natur nicht geduldig ist, wenn's regnet und wir pflügen wollen oder wenn die Triebe draußen sind und noch mal der Winter kommt. Dann hat niemand „Schuld", wenn die Arbeit nicht weiter geht oder Schaden entsteht. Zufälligkeit der Konstellation — wie beim Wetter, so möglicherweise auch bei unseren Stimmungen. Ein bißchen Ruhe kommt über einen, etwas von der Ruhe, die die Mystik der Inder und die Magie der Indianer insgesamt nicht mehr geben können.

Bei uns ist eines der wichtigen und wiederkehrenden Themen unser Abfall. Das ist sicherlich nicht zufällig in einer Gesellschaft, die vorwiegend damit beschäftigt ist, Abfall zu produzieren oder doch Dinge, deren Bestimmung es ist, möglichst schnell diese Form anzunehmen. Klar war von Anbeginn, daß wir organischen und anorganischen Abfall trennen. Deshalb soll auch ihre Geschichte hier getrennt erzählt werden.

Der anorganische Abfall
oder Du bist, was Du wegschmeißt

Der anorganische Abfall, Flaschen, Dosen, Plastikbehälter usw., usw. wanderte anfangs in Pappkartons, die in der Küche standen. Die Pappkartons stammten von den Einkäufen im Supermarkt, und da wir nicht mehr wegzuschmeißen hatten als wir einkauften, entstand auf dieser Stufe der Abfallentsorgung eine prästa-

bilierte Harmonie. Die Pappkartons wurden draußen im Wagenschuppen aufgeschichtet und mit unserem Transporter zur Müll-
grube gefahren, von der wir wiederum dieses oder jenes Nützli-
che mitbrachten.

Dann änderten sich zwei Dinge: unser Transporter brach zusammen und landete selbst auf dem Schrottplatz; damit wurde
der Transport des Abfalls ein Problem. Und unsere Gemeinde
etablierte die allgemeine Müllabfuhr und sperrte zugleich alle
Müllplätze für den privaten Gebrauch. Keiner von uns kümmer-
te sich so recht um eine Mülltonne, die wir ab jetzt brauchten,
bis eines Tages Judith mit dem kleinen Modell, fünfzig Liter,
nebst der dafür erforderlichen Gebührenmarke, 72 Mark im
Jahr, von der Gemeinde zurückkam. Der Rest der Gruppe war
entschieden verblüfft. Angesichts der Berge von Müll, die sich
bei uns in der Vergangenheit in kürzester Zeit aufgetürmt hatten,
erschien uns dieser Pisspott von Mülltonne als völlig inadäquat.
Judith war anderer Meinung: „Wir haben nur deshalb soviel anorganischen Müll, weil wir soviel Dreck im Supermarkt kaufen.
In dem Maße, wie wir weniger Rott einkaufen und mehr von
dem, was wir täglich brauchen, selbst produzieren, fällt auch
weniger Abfall an. Die kleine Abfalltonne ist in einem gewissen
Sinne ein von außen gesetzter Zwang, diesen Zusammenhang
beim Einkauf, bei der Arbeit hier auf dem Hof und jedesmal,
wenn man etwas in den Mülleimer kippt, im Kopf zu behalten."
Inzwischen haben wir einmal einen Container bestellt, um Bau-
schutt wegzuschaffen, und einmal den Müll, dessen wir nicht
mehr Herr wurden, in zwei große Plastiksäcke verpackt, die Dave
bei einer Fahrt nach München im Kofferraum mitnahm. Ansonsten reicht unsere kleine Abfalltonne für unseren anorganischen Müll.

Der organische Abfall
Der Kompost und das ewige Leben

Mit dem organischen Abfall war das von Anfang an komplizierter, denn da ging es nicht darum, möglichst wenig möglichst einfach vom Hof zu schaffen, sondern wir hatten das Bild eines
Kreislaufs: unsere organischen Abfälle und die unserer Tiere sind
das Ausgangsprodukt für Kompost, der dazu dient, Garten, Weide und Acker zu düngen, auf denen wiederum Produkte wach-

sen, von denen sich die Menschen und Tiere auf dem Hof ernähren. Orthodoxere Landfreaks versuchen, diesen Kreislauf als geschlossenes System zu praktizieren, und beziehen sich dabei im allgemeinen auf biodynamische Vorstellungen. Das geht dann soweit, daß nur das verzehrt wird, was auf dem eigenen Grundstück gewachsen ist, also kein Reis, keine Orangen oder Bananen gegessen werden, kein Kaffee und nur Tee aus eignen Kräutern getrunken wird. Die Folgen können eine massive Borniertheit im Kopf und alle möglichen Mangelerscheinungen an ihm und an den Gliedern sein.

Uns schwebte dieses Bild eines Kreislaufs, wie gesagt, eher im Sinne einer allgemeinen Richtung vor, in die wir uns verändern wollen, denn als präziser Grundriß unserer Lebensorganisation. Zum Beispiel unsere imperialistischen Produktions- und Konsummuster im Alltag zu bekämpfen, wenn man Schumachers Definition des Imperialismus folgt: zu konsumieren, was man nicht produziert hat, und zu produzieren, was man nicht konsumiert.

Anfangs nahm sich diese Vorstellung eines Kreislaufs eher lächerlich aus. Die paar Kübel organischen Abfalls, die in der Woche bei uns anfielen, Essensreste, Schalen von Früchten, Abfälle beim Gemüseputzen und ähnliches ließen den Komposthaufen mit lähmender Langsamkeit anwachsen und umgaben alle Arbeiten, die damit im Zusammenhang standen, mit einem Hauch von Sinnlosigkeit. Pflichterfüllung im Namen einer biologischen Lebensweise, während sich unterm Wagenschuppen die Konservendosen stapelten. Das änderte sich auch noch nicht sehr im folgenden Jahr, als zwei Milchschafe dazukamen und die Gruppe größer wurde. Immer noch zu wenig Mist und zuviel Geld.

Das hinderte uns nicht an langen Debatten, ob wir auf unseren Getreideacker Kunstdünger werfen sollten oder nicht. Wobei gegen Kunstdünger sowohl sprach, daß wir ihn für Geld im Lagerhaus würden kaufen müssen, als auch, daß biologisch angebautes Getreide wahrscheinlich gesünder ist. Geld hatten wir, Kompost keinen, und so kam dann letztes Endes in unserem ersten Frühjahr doch Kunstdünger auf den Getreideacker. Und das war wohl auch richtig so.

Im letzten Jahr änderte sich das Bild: die Schafe, die Ziege, die Hühner und Enten produzieren eine ganze Menge Mist, wie das bei Kleinvieh bekanntermaßen der Fall ist, und in der Küche fällt beträchtlich mehr organischer Abfall an — beim Gemüseputzen, beim Einkochen und Saftmachen. Damit gewinnt auch die Aufbereitung unseres organischen Abfalls ganz andere Dimensionen. Als Dünger taugt er erst, nachdem er im Komposthaufen verrottet ist. Das Aufsetzen des Komposts ist nicht einfach und recht arbeitsintensiv. Aber es ist auch sehr lustvoll, mit dem Schubkarren aus den Ställen Mist und aus der Küche organische Abfälle zusammenzusammeln und daraus im Garten ordentliche und eminent sinnvolle Haufen zu machen. Gesteuerter Abbau komplexer organischer Verbindungen zu einfacheren. Verrottung, Absterben, Vergehen, aus dem neues Leben entstehen wird.

Der Umgang mit dem eigenen Abfall als einem Teil des Kreislaufs von Wachstum und Verfall, der uns am Leben erhält und von dem wir selbst Teil sind.

Noch einmal ein paar Worte zur Tierhaltung und zum Schlachten

Einem anderen Wesen das Leben zu nehmen, um sich selbst am

Leben zu erhalten, war für fast alle von uns anfangs nur schwer vorstellbar. Natürlich wußten wir, daß wir den in diesem Zusammenhang stehenden Unternehmungen, Züchtereien, Mästereien, Schlachthäusern und Metzgereien, in der Vergangenheit reichlich finanzielle Unterstützung hatten zuteil werden lassen. Aber es ging uns auch gar nicht um irgendeine moralische Konsistenz, wir hatten schlicht einen Horror davor, eines unserer Viecher umzubringen.

Bei zwei Schafen und dem Schwein hatte es der Metzger getan, und ihm dabei zuzuarbeiten war schlimm genug gewesen. Bei den Enten ging nun nichts mehr dran vorbei. Der Termin zum Entenschlachten wurde festgesetzt, verschoben, erneut festgesetzt. Klar war, daß wir alle gemeinsam Schlachten würden, unsere Angst gemeinsam angehen und alle die gleiche Schuld auf uns laden würden. Eines Tages kochte dann tatsächlich das Wasser auf dem Herd, die Enten waren morgens nicht aus dem Stall gelassen worden, der Arbeitstisch im Hof war sauber gewischt, Holzknüppel und Beil lagen bereit.

Und dann war's überhaupt nicht schlimm. Auf jeden Fall längst nicht so schlimm wie in der angstvollen Antizipation der meisten von uns. Die Vögel wanderten vom Stall zum Hackklotz, zum Rupfen, Ausnehmen, in den Gefrierbeutel. Wir waren alle viel zu beschäftigt, um uns groß Gedanken machen zu können. Wir mußten schnell und doch behutsam mit den Tieren umgehen. Sicherlich kann man Schlachten nur als aggressives Verhalten gegenüber dem Tier bezeichnen, aber es braucht nicht brutal zu sein. Das Tier muß nicht zum Objekt gemacht werden, damit man oder frau es schlachten kann. Im Umgang mit der Handvoll Tiere, von denen wir Mist, Milch, Wolle, Eier und Fleisch bekommen, bleibt möglich, was in den Hühnerbatterien und Schweinemästereien von vornherein ausgeschlossen ist, nämlich daß in die Interaktion mit ihnen subjektive Momente einfließen, wir uns jenseits des Nutzens, den sie für uns haben, an den Tieren freuen. Unsicher bleibt, ob das für die Tiere irgendeinen Unterschied bedeutet. Ob sich unser Dutzend Hühner auf dem Hof wohler fühlt als die fünfzigtausend in der Batterie zwei Ortschaften weiter, ist nicht ausgemacht. Das Argument gegen diese Form der Massentierhaltung ist dann auch nicht in erster Linie, daß die Tiere darunter leiden, sondern daß die Menschen leiden, die Tiere unter solch brutalen und das Leben entwürdigenden Bedingungen halten.

Dieser Zusammenhang setzt sich im Metzgerladen und im Supermarkt fort, ist da aber noch schwerer veränderbar. Natürlich weiß jeder ökologisch bewußte Linke, daß der Gummiadler aus der Gefriertruhe und das Hormonkotelett vom Metzger Ergebnisse eines Produktionsprozesses sind, in dem die Produzenten von ihrer Arbeit und deren Produkten nicht weniger entfremdet sind als die Arbeiter am Band bei Opel. Aber das Wissen um solche Entfremdungszusammenhänge hilft ihm wenig, denn schließlich muß er essen. Und da statt weißem braunen Zucker und statt Kaffee Kräutertees zu konsumieren ist ein recht hilfloser Versuch, mit dem Problem umzugehen. Vor allem deshalb, weil versucht wird, an der stofflichen Beschaffenheit der Produkte festzumachen, was in den sozialen und ökonomischen Bedingungen verankert ist, unter denen sie produziert und konsumiert werden.

Uns gelingt es nicht immer und unseren auf Naturkost eingeschworenen Besuchern ebensowenig, die Eier aus den Batterien von denen unserer Hühner zu unterscheiden, und es ist nicht auszuschließen, daß unser Nachbar recht hat, daß im Fleisch seiner Schweine zum Zeitpunkt des Schlachtens keine Rückstände von dem Chemiedreck mehr sind, den er ihnen während der Mast gefüttert und gespritzt hat. Von diesen mit Kunstdüngern und Pestiziden, Fischmehl, Hormonen und Antibiotika produzierten Lebensmitteln wird man satt und wahrscheinlich auch alt. Die biologisch erzeugten Produkte schmecken oft besser und sind vielleicht auch etwas gesünder. Aber das ist nicht der Punkt. Was uns kaputt macht, sind die Supermarkets und Warenhäuser, in denen wir die Plastikpackungen aus den Regalen langen, ist die Indifferenz gegenüber der Ware, sind die Arbeitszusammenhänge, in denen wir das Geld verdienen, um Waren kaufen zu können, usw., usw.

III Politik

Die Alternative ,,Autonomie oder Getto'' gilt, wenn sie überhaupt sinnvoll sein soll, eher für die sozialistische Linke als für die sog. Alternativbewegung. Kein sozialistischer Ansatz in den letzten Jahren ist in nennenswerterem Umfang über den zumeist intellektuellen Umkreis ihrer Schöpfer hinausgegangen. Es gibt und es gab auch „vor 10 Jahren" keine sozialistische Bewegung in diesem Land (vgl. unsere Analyse der Bewegung der sechziger Jahre „Die Revolution ist vorbei — wir haben gesiegt", Merve Berlin 1975). Wohl gab und gibt es gemischt politische bis unpolitische Protest- und Emanzipationsbewegungen, bei denen sich die Abwehr der Zerstörung von „humanen Formen des Zusammenlebens" (vgl. den Beitrag von Habermas in dem Bändchen „Briefe zur Verteidigung der Republik" bei Rowohlt, 1977) mit sozialrevolutionären Momenten der Neuorganisation gesellschaftlicher Beziehungen trifft. So die Studenten- und Schülerbewegung, die Frauenbewegung, die ökologische Bewegung und die „Alternativbewegung".

Diese Bewegungen, zumal die letztgenannte, mögen sich, gesellschaftlich gesehen, im „Getto" abspielen. Aber auf jeden Fall sind sie autonom in dem Sinne, daß sie unabhängig von politischen Institutionen und Organisationen und von der Rücksicht auf objektive Entwicklungstendenzen eine bestimmte erfolgskontrollierte Strategie der Befreiung oder der Erhaltung von Freiheitsräumen einschlagen. Das unterscheidet sie grundsätzlich von sozialistischen Organisationen, die die Befreiung als Resultat gesamtgesellschaftlicher Entwicklungen erwarten, bei deren Gestaltung sie derzeit so gut wie gar keine Rolle spielen können, auch wenn sie den „subjektiven Faktor" noch so hoch veranschlagen.

Was bleibt also für Sozialisten, wenn nicht ein (von einer „Bewegung" herrührendes) Konzept „autonomer" Strategien und Emanzipation, der Praxis des Sozialismus ungeachtet seiner objektiven Möglichkeit oder Unmöglichkeit? Diese Einsicht ist weder neu, noch ist sie resignativ. Am Anfang der Studentenbewegung gab es sie, damals von der Kritischen Theorie vorbereitet: daß es keine objektive, theoretisch einsehbare Entwicklung des Ganzen zum Besseren gebe, daß eine wirklich kritische Theorie gesellschaftliche Zusammenhänge begreifbar macht, aber nicht praktische Anleitungen zu ihrer Veränderung geben kann. Mit Horkheimers Worten, die damals umhergingen: daß je unmöglicher der Sozialismus erscheint, es um so größerer Anstrengungen zu seiner Verwirklichung bedarf. Unter anderem wegen (nicht trotz, wie wir damals dachten) dieser theoretischen Einstellung waren wir zu einer neuen „Praxis" in der Lage, nämlich in einer gesellschaftlichen Reformsituation spontan und erfinderisch unsere Interessen zu vertreten und politisch etwas zu machen, das bis dahin unter „sozialistischer Politik" nicht vorgesehen war. Freilich haben wir zwischendurch gedacht, die Bewegung unter den Jugendlichen, an den Hochschulen usw. würde weitergehen, in die Gesellschaft hinein und über kurz oder lang auch die Arbeiter erfassen. Aber seit geraumer Zeit ist doch klar, daß *wir* uns verändert haben, nicht die Gesellschaft, wir, Studenten, Frauen, Jugendliche usw.

Im Unterschied zu jenen Bewegungen sind sozialistische Positionen, die nach dem Krieg neu entstanden sind, weitestgehend intellektuelle Positionen geblieben. Was kennzeichnet linke Intellektuelle? Eigentlich wollen wir für andere denken, für das „Volk" oder das „Proletariat". Die Erfahrungen der Neuen Linken, wodurch sie tatsächlich zu etwas historisch Neuem geworden ist, gipfeln in der Einsicht, daß das nicht geht. Es gibt außerhalb der durch die intellektuelle Produktionsweise bestimmten gesellschaftlichen Erfahrungsweise keine im Sinne revolutionärer Theorie sich vollziehenden Politisierungsprozesse (vgl. Leineweber, Intellektuelle Arbeit und Kritische Theorie, Verlag Neue Kritik, Frankfurt 1977). Unterdrückungserfahrungen und Emanzipationswünsche von Intellektuellen nehmen im Umkreis ihrer Produktionsweise, der intellektuellen Arbeit, ihre spezifischen Formen an. Daher erklärt sich das Bedürfnis, Anschluß an andere, eventuell gesellschaftlich relevantere Erfahrungsweisen von Unterdrückung zu gewinnen, Erfahrungsweisen, die durch andere — etwa Industriearbeit oder Angestellten-, Bürotätigkeit usw. bestimmte — Produktionsweisen geprägt sind, um tiefere als bloß theoretische Einsichten in die politische Bewegungsfähigkeit der „Massen" machen zu können. Das geht nur zu einem gewissen Grad. Aber es geht, wenn mit Hilfe der Reflexion der intellektuellen Produktionsweise auf die mit ihr verbundenen spezifischen Formen gesellschaftlicher Erfahrung falsche Schlüsse im Hinblick auf die Erfahrungsweisen anderer Produzentengruppen vermieden werden. So haben wir den Sinn der Betriebsarbeit verstanden.

Betriebsarbeit ist nicht der Schritt, sich als Intellektueller aufzugeben. Sondern es zu bleiben. Um die Produktionsbedingungen der intellektuellen Arbeit (vor allem praktischen Arbeit) zu erweitern, anzureichern. Um kritischer gegenüber den eigenen Produkten zu werden. Neben der „Intervention" in materielle Produktionsbereiche, wo Fremderfahrung das Bestimmende ist, gibt es den Weg, andere Produktionsweisen in einen selbstorganisierten Lebenszusammenhang einzubeziehen. Hier bleibt Eigenerfahrung das Bestimmende. Wir leben z.B. als Intellektuelle in einer Landkommune. Wir spielen nicht Bauer, wir arbeiten auch nicht mit Bauern wie man mit den Arbeitern im Opel arbeiten kann. Sondern wir produzieren bestimmte Sachen für uns, die wir früher nicht produziert haben. Wir produzieren nicht nur Bewußtsein, sondern mit diesem Bewußtsein ein kleines Stück gesellschaftliches Sein — freilich nur für uns, nicht für andere. Wir machen — auf „utopische" Weise — das, was linke Intellektuelle immer wollen: mit Bewußtsein gesellschaftliches Sein machen, auf der Grundlage von ideeller Produktion die materielle organisieren.

Aber nur für uns. Nicht für andere. Sollen andere mit Bewußtsein das gesellschaftliche Sein im allgemeinen verändern, durch die Institutionen lang marschieren. Das ist gut so, aber keiner, der das tut, sollte sagen, er tue es, weil er für die Gesellschaft verantwortlich sei. Intellektuelle sind nicht verantwortlich für die Gesellschaft, und wenn schon, dann für die Gesellschaft, wie sie ist, nicht wie sie sein sollte. Das wäre Idealismus. Wohl aber können Intellektuelle, weil das ihr Lebenselement ist, auf der Grundlage von theoretisch ausgearbeiteten Ideen handeln. Und wenn die Ideen über die Gesellschaft, wie sie ist, hinaus auf einen besseren Zustand verweisen, dann können sie ihn auch (in Grenzen, praktisch herbeiführen. Für sich, denn es sind ihre Ideen, die auch andere, materiell oder gar nicht Produzierende, haben können, aber in anderer Form und mit anderen praktischen Konsequenzen.

Es gibt Marxisten, die, wenn sie es mit Genossen zu tun haben, die sich der „Alternativbewegung" zuwenden, nur „Rückzug", „Rückfall", „Reaktionsbildung" sehen, nur abstrakte Negation. So meint z.B. M.Schneider (Kursbuch 49), die Linke sei gegenwärtig von einer „Gefühlskultur" beherrscht, die eine ziemlich blinde Reaktion auf die ML-Phase sein soll, und W. Kraushaar taxiert (in seinem Beitrag zu diesem Band) die Spontiscene ebenso. P. Brückner konstruiert (auch in diesem Band), ebenfalls nach dem dialektischen Gesetz des „Umschlagens", einen Zusammenhang zwischen der Stagnation im tradierten Sinne vorgestellter revolutionärer Prozesse und der „Alternativbewegung".

Die Reihe ließe sich durch alle Epochen der marxistischen Literatur fortsetzen — bis hin zu Marxens Polemik gegen die „wahren Sozialisten". Was da passiert — und was über die moralische Kategorie der intellektuellen Verantwortung für die Gesellschaft hinaus durch eine politisch-ökonomische Analyse der intellektuellen Produktionsweise sich bestätigen ließe —, hat Gustav Landauer einmal so ausgedrückt: „Man hat bisher immer an die Gemeinschaft, an das Ganze appelliert, . . . an den Staat oder das Volk oder an . . . das Proletariat. Man hat sich immer an die Gemeinschaft gewandt, . . . alle haben Massenpolitik getrieben, als ob wir ein hohes und herrliches Volk hätten, dem man bloß das Rechte sagen müßte, auf daß es ihm sich zuwendete . . ."

Die praktische Beziehung auf das Ganze, die dem vom idealistischen Totalitätsdenken abstammenden Marxismus oberstes formales Kriterium der Politik ist, ist der aktuellen kritischen Theorie nicht möglich. Es sei denn, wir behalten den Marxismus in der Form bei, wie er in der Arbeiterbewegung wirksam geworden ist: als „Erbe" des bürgerlich-idealistischen Totalitätsdenkens. Aber auf der Ebene des gesellschaftlichen Ganzen führt keine positive Dialektik vom kritischen Denken zum Handeln. Was heißt dann schon „Reaktionsbildung", „Rückzug", „Stagnation", wenn Leute sich zu sich selbst, ihren Verhaltensweisen, Gewohnheiten, zu ihrem Alltag, zu ihrer Arbeit und ihrem Familienleben sozialrevolutionär (nennen wir's mal so) verhalten? Haben wir das nicht schon immer gemacht? Oder waren wir nur Sozialisten, wenn wir in der Hochschule, im Betrieb, auf der Straße „gekämpft" haben? Haben wir nicht schon immer gesagt, daß in der Organisation der Revolutionäre die sozialistische Zukunft antizipiert werden muß? Oder anders gesagt: daß der Kampf um die sozialistische Gesellschaftsordnung immer schon der Sozialismus selber ist? Hat Politik in der Öffentlichkeit nicht Folgen für das private Leben der Genossen und umgekehrt die sozialrevolutionäre Organisation des Alltagslebens der Genossen nicht auch einen öffentlichen Charakter?

Haben nicht gerade das die Spontis vorexerziert? Oder sprechen allein schon gesellschaftlich herrschende Verhaltensmuster — Konkurrenz, Autorität usw. — in der „scene" dagegen, wie W.Kraushaar zu meinen scheint? Wollen wir darüber reden, was wir erreichen können, oder lieber darüber, was wir nicht erreicht haben (oder erreichen können)? Wollen wir die soziale Revolution in *eine* Strategie pressen oder lieber entdecken, wo sie sich — vielfältig, widersprüchlich, falsch oder richtig — abspielen kann? Ist die soziale Revolution eine *soziale* Revolution oder nur eine politische? Usw., usw.

Die meisten radikalen Reformsozialisten (SB und so) und die heimatlosen Kopfrevolutionäre sehen sich von abstrakten Gegensätzen umstellt: hier die kommunistische Orthodoxie, dort die politische Subkultur, hier wirklichkeitsferner Dogmatismus und Proletariatsfetischismus, dort Kult der Innerlichkeit und soziale Romantik. Ein solches Denken läßt nur die Theorie ungeschoren. Bei praktischen Fragen ist aber die theoretische Rechthaberei am wenigsten am Platze. Was die Linke braucht, ist komplementäres Denken in praktischen Fragen, nicht das Beharren auf einer „Linie". Hat ein marxistischer Sozialist sich gegenwärtig überhaupt schon mal die Mühe gemacht, genau zu definieren, was „Alternativbewegung" überhaupt heißt? Symptomatisch scheint mir eher das Beispiel von Wolfgang Kraushaar zu sein, der über die „Alternativbewegung" reden will, sich dabei aber immer über die Frankfurter Spontiscene ausläßt. Trotz der Übereinstimmungen, die es da seit einiger Zeit gibt, sind das doch ziemlich verschiedene Paar Schuhe!

Was für die „Spontiscene" gilt, nämlich daß sie in Auseinandersetzung mit den nach der Auflösung des SDS entstandenen ML-Organisationen aller Richtungen die antiautoritäre Bewegung weiterzutreiben suchte, also in zeitlicher, räumlicher und sozialer Kontinuität zur Studentenbewegung der sechziger Jahre steht, gilt nicht oder nur ganz vermittelt für die sog. Alternativbewegung. Von ihr ist, in Anlehnung an amerikanische Vorbilder, in Deutschland seit etwa zwei bis drei Jahren die Rede. Sie betrifft Projekte, die vor allem auch von Leuten außerhalb des studentischen Milieus und der Universitätsstädte, auch auf dem Land und in Kleinstädten, oft ohne politische Absichten gemacht werden: Zeitungen, Druckereien, Werkstätten, Teestuben, Läden, Jugendzentren, Film- und Theatergruppen, Landkommunen usw. Hier handelt es sich um konkrete Projekte, während die „Spontis" zunächst eine „Szene" bilden, zu der solche Projekte auch gehören, aber nicht wesentlich. Wesentlich ist vielmehr die „scene" oder das „Milieu" selber, das eine politische Richtung, eine Organisationsform, Verkehrsform, Sprachstil, sonstige kulturelle Ausdrucksformen usw. bezeichnet, was alles, so scheint es trotz aller Vielfalt und fortwährenden Veränderungen, von bemerkenswerter Homogenität im Vergleich zu den „Alternativen" ist. Der wichtigste Unterschied für uns ist die Tatsache, daß die „Spontiscene" einen Teil der Linken bildet, während die „Alternativbewegung", darin den Bürgerinitiativen ähnlich, außerhalb der Linken entstanden ist.

Freilich gibt diese Bewegung selber zu ihrer Beurteilung wenig Material an die Hand. Sie ist von allen Bewegungen der letzten Jahre die am wenigsten literarische. Das zeigt sich schon in der sonderbaren Rede von den „Alternativen". Als ob sich die damit gemeinten Produktions-, Dienstleistungs- und Konsumkooperativen, freiberufliche Kollektive, (Stadt- und Land-) Kommunen und was es da sonst noch alles gibt jenseits des Kapitalismus bewegen würden. Das ist zwar nicht gemeint, aber der

Begriff ist eben so schwach, daß er fast nichts aussagt. Wie auch immer: es geht um soziale Experimente, die zeigen sollen — zumindest denen, die sie machen, hoffentlich aber auch anderen —, daß man auch im derzeitigen Kapitalismus — und nicht nur, als er noch „früh" und voller „Ungleichzeitigkeiten" und Kommunismus im Sinne der Kommune — und Genossenschaftsbewegung noch eine Massen bewegende Vorstellung war — „anders" leben kann, als es gesellschaftlich vorgeschrieben ist. Anders im Sinne von — wir würden sagen „sozialistisch". Es geht um unmittelbare Praxis dessen, was sich Sozialisten — fast aller Richtungen — unter einer sozialistischen Gesellschaft vorstellen. Also: selbstverwaltete Gemeinwesen ohne ökonomische und politische Arbeitsteilung und sonstige sozial wirksame Unterschiede als Basis einer freien Gesellschaft, treffend zusammengefaßt im Begriff „Kommune", dem alten europäischen Wort für die Organisation der Freiheit des gemeinen Volks. Freilich haftet dem Wort „Kommune" an, was in einer sozialistischen Gesellschaft überwunden würde: der Zwang zur Gleichheit, um effektiven Schutz gegen die umgebenden Herrschaftsverhältnisse sicher zu stellen.

Das gilt auch für uns: auch wenn wir (noch) nicht politisch bedroht sind, so sind wir es ökonomisch und sozial. Mißwirtschaft und asoziales Verhalten gehören zur Versuchsanordnung des sozialen Experiments wie die Materialschwäche der Geräte beim physikalischen Pendant. Diesen Tatbestand zum Kriterium des Politischen zu machen ist nutzlos. So manch einer lernt sich unter solchen experimentellen Bedingungen (ähnlich wie in der Analyse oder der Therapie) im Guten wie im Schlechten so kennen, wie er sich sonst nie kennen würde, weil er im Unterschied zum herrschenden Typen des Sozialisten die bürgerlichen Spielregeln nicht so genau beobachten muß. Er ist weniger und mehr zu taktischem Verhalten gezwungen. Weniger, weil er nicht subversiv sein muß, mehr, weil es für ihn keinen Lebensbereich außerhalb der „politischen Arbeit" gibt, wo er unter Genossen oder privat sich erholen kann. Denn in der Kommune (oder der Kooperative) ist er als Individuum organisiert, nicht nach dieser oder jener Funktion oder Rolle.

Die spezifische Konfliktstruktur, die sich aufgrund des umfassenden Organisationsansatzes der Kommune ergibt und diese

ständig gefährdet, wird von Marxisten gern auf den „losgelasse-
nen Emanzipationsegoismus" (Krahl) zurückgeführt, der typisch
für die politische Grundhaltung des Kleinbürgers sein soll. Wir
kennen die Polemiken von Marx gegen Stirner und von Lenin
gegen den Anarchismus. Aber ebensowenig wie wir heute nach
Art des jungen Marx die bürgerliche Revolution bei den privati-
sierten Bourgeois einklagen können, so wenig können wir auch
den Anarchismus heute nach seiner Herkunft aus Liberalismus
und Genossenschaftswesen beurteilen. In der Tat hat nicht nur
die „Alternativbewegung" einiges vom Anarchismus, sondern
die „Neue Linke" insgesamt. „Basisdemokratie" und „direkte
Aktion" zur Erkämpfung oder Vergrößerung von Freiheitsspiel-
räumen, die nicht nur bessere Bedingungen für die politische
Arbeit schaffen, sondern auch den Genossen für ihre eigene Lebensführung zugute kommen sollten, gehörten zur Grundaus-
stattung ihrer Organisation und Strategie, gleichgültig ob das
Vorbild mehr aus dem Rätekommunismus oder dem Anarchismus kam. Das war auch je nach nationaler Bewegung verschie-
den. Ist auch egal. Worauf es ankommt ist, aus den verschiedenen radikalen und sozialistischen Traditionen neue Synthesen
zu schaffen, die auf unsere Lage und unsere Bedürfnisse zuge-
schnitten sind, und nicht längst überholte Auseinandersetzungen
zwischen den Fraktionen des Sozialismus und der Arbeiterbewegung aufzuwärmen. Die Kategorie des Kleinbürgers ist genauso aktuell wie Biedermeier oder belle époque.
Marxismus und Anarchismus haben im Hinblick darauf, was wir
tun können, gleich wenig zu sagen. In einer Gesellschaft, in der
sich die Klassen auf nichtrevolutionäre Weise zersetzen, hängt
es von der gesellschaftlichen Situation sozialistisch eingestellter
Individuen und Gruppen ab, welche Praxis sie wählen. Bestes
Beispiel: habe ich einen Job und will ihn behalten, werde ich
mich eher gewerkschaftlich und parteiorganisatorisch orientieren (um nicht in irgendeinem Freizeitsozialismus zu versacken).
Wenn ich keinen Job habe und/oder auch gar keinen haben will,
werde ich vielleicht nach einer mir passenden „Alternative" zu
den gesellschaftlichen Reproduktionsformen suchen (falls mir
das bloße Arbeitslosendasein in irgendeiner „scene" nicht genügt). In jeder Praxis gibt es Elemente dieser oder jener sozialistischen Tradition, die, selbst wenn sie zugunsten einer von ih-

nen gehäuft auftreten, nicht zu *der* Strategie hochgejubelt werden dürfen, wenn wir mehr wollen, als bloß die gegenwärtige Situation für Sozialisten in diesem Land und unser eigenes Leben dazu unter eine theoretisch abgesegnete und von einer großen geschichtlichen Tradition flankierte Position zu subsumieren. Aus der Sektiererei kommt heutzutage sowieso kein Sozialist heraus, egal welcher Richtung er angehört. Ein unfehlbarer Schritt zur Autonomie wäre daher, die Mauern in unserem Getto niederzureißen.

IV Sexualität, Zweierbeziehungen, Konfliktformen, Kindererziehung und die Verlaufsdynamik emanzipatorischer Prozesse
oder:
Wovon hier alles nicht die Rede war

Mit dem Leben in einer Gruppe auf dem Land verbinden wir die Hoffnung, uns mit der kollektiven Organisation unseres Alltags auch in unserem alltäglichen Verhalten zu verändern. Auffällig ist, daß uns in diesem Zusammenhang eher Erfahrungen in den Sinn kommen, die wir bei der Arbeit und im Umgang mit der Natur gemacht haben, als Veränderung in unserem Verhältnis zu uns selbst und untereinander. Bei dem Versuch zu beschreiben, wie wir uns gute Beziehungen in der Gruppe und zu den Menschen in unserer unmittelbaren Umgebung vorstellen, kommen wir eigenartig ins Schleudern.

Auch da hatten wir in den sechziger Jahren schon einmal klarere Vorstellungen. „Lest Reich und handelt danach" war der Spruch und wir lasen ihn und Freud und Marcuse und bekamen Bilder von allseitig entwickelten, ichstarken Individuen, die ohne die Klebrigkeit des kleinfamilialen Sumpfs freie Beziehungen eingehen können, die angstfrei ihre emotionale Zuneigung und ihr libidinöses Verlangen zu verschiedenen Personen beider Geschlechter leben können.

An diesen Vorstellungen hielten wir auch noch fest, als wir anfingen, uns zu überlegen, was wir uns von einem Leben in der Gruppe auf dem Land erhofften. Wir wußten, daß die Gründe, warum das bisher mit der Selbstbefreiung nicht so recht geklappt hatte, mit der Verwirklichung eines kollektiven Lebenszusammenhangs auf einem Bauernhof nicht einfach hinfällig werden würden. Wir erwarteten aber, daß sie ihre lähmende Kraft über uns zu einem gewissen Grad verlieren würden. Wir hofften, daß Selbstwertgefühl und Akzeptierung des anderen sich leichter herstellen würden. Kompetitive Selbstdarstellung, possessive Zweierbeziehungen und die mit ihr einhergehende emotionale und erotische Verarmung, die Verlogenheit und unterdrückten Aggressionen im täglichen Umgang würden dahinwelken wie der repressive Staatsapparat im Sozialismus. Dabei war uns klar, daß die „Emanzipation kein Sonntagsspaziergang ist" (Duhm), aber die K1 und in neuerer Zeit die AAO haben Hinweise geliefert, daß Selbstveränderung im Hauruckverfahren ähnlich repressive und brutale Formen des Umgangs mit sich selbst und anderen produziert wie die, mit denen wir groß geworden sind und die uns jetzt zu schaffen machen. Wir wollten unseren Weg zwischen fortschreitender linksbürgerlicher Anpassung und den neuen Heilslehren aus Poona und dem Burgenland suchen.

Dazwischen tasten wir uns auch immer noch entlang, bloß daß im Gegensatz zu den Bildern von guten Arbeitsformen oder einem freundlichen Verhältnis zur Natur die Vorstellungen, wie ein freier und liebevoller Umgang mit sich selbst und anderen ausschauen könnte, auch bei uns merkwürdig verschwommen und unverbindlich geblieben sind. Trotz Selbsterfahrungs- und Therapiegruppen und der Betonung subjektiver Momente in der linken Politik. Noch am ehesten lassen sich Veränderungen auf der untersten Ebene alltäglicher Interaktionen festmachen: wie wir einander anschauen und anfassen, machen lassen oder zur Rede stellen. Das bleibt beträchtlich hinter den Möglichkeiten von Selbstdarstellung und Interaktion zurück, wie sie sich für uns in manchen gruppentherapeutischen Situationen hergestellt haben. Bloß eben mit dem Unterschied, daß sich diese Gruppen für ein paar Stunden oder Tage treffen und die mehr oder minder heftigen emotionalen Interaktionen zwischen den Gruppenmitgliedern weitgehend folgenlos für deren Alltag außerhalb der Gruppe bleiben.

Bei uns ist das Leben in der Gruppe der Alltag. Das macht vorsichtiger und duldsamer. Vorsichtiger, weil die beiden, die sich abends anschreien, morgens wieder an demselben Frühstückstisch sitzen werden, in den kommenden Tagen dauernd miteinander zu tun haben und klar kommen müssen. In den Wohngemeinschaften und Produktionskollektiven in der Stadt ist das anders. Wenn's da Putz gegeben hat, können sich die Beteiligten in die verschiedenen Stammkneipen und Wohngemeinschaften flüchten und dort ihr Leid klagen und ihre Wunden lecken. Duldsamer, weil ich Handlungen und Wesenszüge, die mich aggressiv machen, als Teile der ganzen Person des anderen erfahre, Formationen und Deformationen, die sich über mehrere Jahrzehnte gebildet haben und die sich nicht besserwisserisch und von außen durch einige massive Hammerschläge ins Lot bringen lassen („Du mußt doch einfach sehen, daß wenn du . . ."). Von da zur Resignation, zur Festschreibung des anderen und seiner selbst ist dann jedoch auch nur ein Schritt.

Die Schwierigkeit ist, in unserem täglichen Umgang miteinander unsere soziale Experimentierfreude auszuleben, neue Verhaltens- und Reaktionsmuster zu probieren, ohne uns dabei gegenseitig willkürlich und brutal in den Köpfen herumzupfuschen. Selbstorganisierte Wohn- und Produktionskollektive in der Stadt oder auf dem Land schaffen, so meinen wir immer noch, dafür gute Voraussetzungen. Über unsere eigenen Erfahrungen in diesem Bereich Geschichten zu erzählen, fiele uns heute noch schwer, wir müßten sie erfinden.

Jens Huhn
DIE STADTINDIANER AUF DEM KRIEGSPFAD

Seit einiger Zeit sind die italienischen Stadtindianer auf dem Kriegspfad. Anfang März 1977 verlasen sie vor dem nationalen Studentenkongreß in Rom ihre Kriegserklärung:

„Wir haben lange um das Totem unseres Hellen Wahnsinns getanzt und getanzt . . . Wir haben getanzt und gekämpft — mit vom Regen durchnäßten Gesichtern und vom Wind zerzausten Haaren. Die Zeit der grossen Regen ist vorbei . . . Die blauen Jacken (mit ihren sauberen Anzügen) haben alles zerstört, was früher einmal lebendig war. Sie haben den Atem der Natur mit Stahl und Zement erstickt. Sie haben eine Wüste des Todes geschaffen und nennen sie Fortschritt . . . Aber das Volk der Menschen hat zu sich selbst zurückgefunden, zu seiner eignen Stärke, zu seiner Lebensfreude und zu seinem Willen zu siegen und schreit heute — lauter denn je — mit Freude und Verzweiflung, mit Liebe und Haß: Krieg !!!"

Im vollen Kriegsschmuck erinnern sie ein wenig an Fußballfans oder die verkleideten Indianer der Nachkriegszeit, als es die heutigen Plastikkostüme noch nicht gab. Inzwischen sind Italiens Krieger Vorväter vieler anderer, auch deutscher, Stämme geworden, die sich ebenfalls überwiegend aus studentischem Milieu rekrutieren; die Göttinger Mescaleros haben mittlerweile eine gewisse Berühmtheit erlangt.

Die Hoffnung auf soziale Veränderung hat sich bei den Stadtindianern in ein bizarres Kostüm gehüllt. Über das Kostüm in der bürgerlichen Revolution schreibt Marx im „18. Brumaire":

„Die Tradition aller toten Geschlechter lastet wie ein Alp auf den Gehirnen der Lebenden. Und wenn sie eben damit beschäftigt scheinen, sich und die Dinge umzuwälzen . . . beschwören sie ängstlich die Geister der Vergangenheit zu ihrem Dienst herauf, entlehnen ihnen Namen, Schlachtparole, Kostüm, um in dieser altehrwürdigen Verkleidung und mit dieser erborgten Sprache die neue Weltgeschichtsszene aufzuführen. (. . .) Die Totenerweckung in jenen Revolutionen diente also dazu, die neuen Kämpfe zu verherrlichen, nicht die alten zu parodieren, die gegebene

Aufgabe in der Phantasie zu übertreiben, nicht vor ihrer Lösung in der Wirklichkeit zurückzuflüchten, den Geist der Revolution wiederzufinden, nicht ihr Gespenst umgehen zu machen."

Entgegen der Hoffnung von Marx sind Kostüm und Metapher als Ausdruck notwendiger utopischer Realitätsverleugnung und schlimmer Realitätsblindheit zugleich keine Besonderheit der Klassenkämpfe des 19. Jahrhunderts geblieben. Im Gegenteil: Totenbeschwörung hat im Faschismus auf grausige Weise alle tragikomischen Seiten abgestreift, und die Klassenkämpfe und Befreiungsbewegungen des 20. Jahrhunderts dienen heute selbst schon als Kostümfundus.

Gegenüber der Maske des chinesischen oder weimarer Kaders, etwa der K-Gruppen, weist die Verkleidung der Stadtindianer besondere Merkmale auf. Der Gebrauch des Kostüms zeigt Ohnmacht, Angst und trotziges Beharren an und signalisiert die Ablehnung der Tradition der Arbeiterbewegung. Für diese waren die indianischen Stämme und Kleingruppen innerhalb und außerhalb der Reservate nie etwas anderes als der exotische Rest einer überwundenen gesellschaftlichen Entwicklungsstufe gewesen. Die kurzfristigen Überlegungen der amerikanischen Anarchisten, den Brule Spotted Tail 1873 zum Vizepräsidentschaftskandidaten vorzuschlagen, widerlegt diese Feststellung nicht, man hatte lediglich bemerkt, daß er bei öffentlichen Auftritten „gute Figur" machte.

Bedeutet das Kostüm der Stadtindianer eine Identifikation mit den kolonialen Befreiungsbewegungen? Die Besetzung der Gefängnisinsel Alcatraz am 20.11.1969 durch die städtischen Indianer aus der kalifornischen Bay-Area, fish-ins im Staate Washington, die Besetzung von Wounded Knee am 27.2.1973 und der Marsch der gebrochenen Verträge kurze Zeit später hatten weltweit ins Bewußtsein gebracht, daß die nordamerikanischen Indianer heute in den Kampf gegen eine Art zweite Eroberung des amerikanischen Westens verstrickt sind, in der die einst marginalisierten westlichen Gebiete, wo die meisten indianischen Reservate liegen, intensiver Kapitalverwertung unterzogen werden. Für die Indianer bedeutet dies weiteren Landverlust, Raubbau an den Bodenschätzen ihrer Reservate, Einschränkung von Wasser- und Fischereirechten, touristische Erschliessung und verstärkte Ausbeutung ihrer Arbeitskraft vor allem

130

durch die Leichtindustrie.

Das Kostüm bedeutet wohl auch Identifizierung mit den Indianern als Vorreiter im ökologischen Kampf in den USA. (Hier sind allerdings leichte Zweifel angebracht, in den Verlautbarungen der Stadtindianer ist davon kaum die Rede.)

Die Identifikation der Stadtindianer mit den Indianern meint das reale Vorbild nur zu einem geringen Teil. Sie ist eher ein Rückgriff auf den Mythos vom Indianer. Seit über 300 Jahren müssen diese dazu herhalten, allen möglichen Interessen und Bedürfnissen ein Bild zu geben. Im gegenwärtigen Indianermythos sind Utopie und reaktionäre Ideologie unauflöslich verschränkt. Das Kostüm der Stadtindianer bedeutet Kritik an den bestehenden Verhältnissen auf höchst fragwürdiger Grundlage, es bezeichnet aber auch schwerwiegende Defizite marxistischer Praxis.

I. Der Mythos vom Wilden

Das Bild vom Wilden diente dem aufsteigenden Bürgertum seit Montaignes Essais aus dem Jahre 1580 dazu, sich von der erstarrten, spätfeudalen Gesellschaft abzugrenzen. Im Bild des „edlen Wilden" feierte es die eigene Gefühlskultur und die angeblich überlegene, natürliche Sittlichkeit gegenüber der höfischen Gesellschaft. Am Wilden hob der bürgerliche Aufklärer jeweils hervor, was er sich als Defizit der alten Gesellschaft oder als Moment der künftigen bürgerlichen vorstellte. So pries man an ihm die vollendete Grazie des Körpers und den Sinn für natürliche Religiosität ebenso wie den für soziale Gerechtigkeit. Glücklich war er allemal.

Schon in der französischen Revolution spielt dies Bild keine Rolle mehr. Hier warf man sich ins Kostüm der römischen Republik, um dem revolutionären Heroismus ein befeuerndes Bild zu geben. Die Selbstdisziplin der einander gegenüberstehenden Klassenfraktionen und Individuen der bürgerlichen Gesellschaft im Interesse des Ganzen, welches der Staat repräsentierte, vertrug sich schlecht mit dem Bild des nur kreatürlich sittlichen Wilden, der von einem begriffenen Gegensatz zwischen Bourgeois und Citoyen nichts wußte.

Dennoch blieben die Indianer mythologische Figuren, wenn auch gebrochen kritischen Inhalts. So benutzte J.F. Cooper sie

131

in seinen Romanen über den Untergang der indianischen Gesellschaften der Ostküste zur Trauerarbeit darüber, daß die Erfüllung der Versprechen der bürgerlichen Revolution in der bürgerlichen Gesellschaft nicht möglich ist. Das autonome Individuum, wie es der Trapper und Pfadfinder Bumpo und der Indianer Cingachgook verkörperten, mußte unausweichlich der Entwicklung der Produktivkräfte weichen. In der bürgerlichen Gesellschaft — als zweite Natur weit davon entfernt erste Natur und Gesellschaft auszusöhnen — hatten die Naturkinder keinen Platz mehr.

Vertreibung und Ermordung der amerikanischen Ureinwohner wurden im 19. Jahrhundert an der amerikanischen „frontier" als Kulturleistung gefeiert; im amerikanischen und europäischen Hinterland der Kolonialkriege begaffte man Indianer in Wildwest-shows oder Zoos als Beleg für den eigenen Sprung aus dem Tierreich. Die an die Macht gekommene Bourgeoisie hatte sich längst des überflüssigen utopischen Überschusses ihrer eigenen Revolution entledigt.

Das Bild vom wilden Wilden als dem roten Teufel bekam allmählich die Oberhand. Der Begriff von Freiheit, für den einst die Indianer gestanden hatten, wurde in den Bereich folgenloser privaten Phantasietätigkeit ausgegrenzt oder zur Freizeitbeschäftigung deformiert. Karl May hat den Indianermythos konsequent in diesem Sinn umgebildet. Bei Bloch heißt es dazu in „Erbschaft dieser Zeit":

„Ein sehnsüchtiger Spießbürger, der selbst ein Junge war, durchstieß den Muff seiner Zeit. Er kolportierte nicht die Ideale des Bürgertums (feine Leute, Salonglanz), aber auch nicht die Rittergeschichten aus dem Biedermeier. Sondern er kolportierte nochmals den Indianerroman aus der Zeit Coopers, der revolutionären Ideale (als die Wilden noch bessere Menschen waren). Der Flitter des Jahrmarkts kam hinzu, der echte Budenorient, wie er zur Kolportage gehört, damit sich die Freizügigkeit nicht in kruder Natur erschöpfe, sondern färbt und in Traumschichten spiegelt. Fast alles ist nach außen gebrachter Traum der unterdrückten Kreatur, die großes Leben haben will."

Die Indianer wurden nun Figuren des bürgerlichen Ausnahmezustands, Heroen der Kindheit oder Karnevalskostüm; in diesem Zustand durfte man sich schmücken, unartikuliert äussern, ungeordnet bewegen und ohne Maschinen die Natur zu bezwingen versuchen.

An Karl May wird aber auch deutlich, wie sich der Mythos auf dem Weg vom politischen Programm in den Bereich privater Phantasietätigkeit inhaltlich verändert. Im Nebeneinander vom edlen und wilden Wilden kommen aggressive Träume eines Deklassierten zum Vorschein, der selbst herrschen will, nicht aber die Abschaffung von Herrschaft überhaupt erträumt. Karl May teilte diesen Traum mit vielen, die hofften, in deutschen Kolonien den eigenen Abstieg verhindern zu können. Die Wandlung des Indianermythos zum Kristallisationspunkt irrationaler Erlösungshoffnungen Zukurzgekommener wird bei Karl May in den Figuren der beiden Übermenschen Old Shatterhand und Winnetou deutlich, wobei er zugleich ein Beispiel dafür gibt, wie der Kindertraum in die Politik zurückkehrt.

„Die wenigen „guten" Exemplare (der Indianer, J.H.) die vorgestellt werden, sind solche, die von Deutschen oder wenigstens vom Christentum „verbessert" wurden. Der Stamm der Navajo ist nach May nur deshalb zu den „anständigen" Indianern zu zählen, weil der Häuptling eine deutsche Frau geheiratet hat, die in der Folge erfolgreich Ordnung und Sauberkeit propagierte; ihren Sohn schickte sie auf die Forsthochschule zu Dresden. Winnetou wäre wohl kaum ein so edelmütiger Charakter geworden, hätte er nicht von den Unterweisungen seines deutschen Lehrers profitiert. Diesen germanisierten Roten stellt der Radebeuler Vielschreiber jene ursprünglich harmlosen Wilden gegenüber, die durch den Kontakt mit der amerikanischen Zivilisation verdorben wurden: schmutzig, faul, dumm und hinterlistig sind die zahlreichen Feinde Old Shatterhands." (Christian F. Feest, Das rote Amerika)

Auch bei den Faschisten sind die nicht verdorbenen Wilden Übermenschen und verwandte Herrenmenschen. Man schätzte den angeblich indianischen Hang zu aggressiver Männlichkeit, ihre „wölfische Natur". Der Kolonialkrieg wird, z.B. bei Steuben, zur brutalen Götterdämmerung. Und noch 1958 heißt es etwas feinsinniger im deutschen Vorwort zur Autobiographie des kanadischen Blood-Indianers Büffelkind Langspeer:

„Der Indianer steht dem Deutschen näher als sonst einem Europäer. Das liegt vielleicht an unserem stärkeren Hang zum Naturhaften. Neger, Eskimos, Südseevölker besitzen nicht die menschlichen Eigenschaften, um unsere Freundschaft und Hinneigung zu wecken. Der Indianer aber ist uns im Knabenalter ein Vorbild und ein Bruder; er bleibt uns später aus dem Träumen und Sehnen dieser Jahre eine unserer liebsten Erinnerungen.

Mit diesem Buch tritt ein wirklicher Indianer vor uns. Es ist kein Roman und keine romantische Erfindung, sondern eine lebendige Darstellung des vielfarbigen Indianerlebens von der Geburt im Tipi bis zum Singen des Sterbelieds und von den Tagen des freien Umherstreifens auf der endlosen Prärie bis zum letzten hoffnungslosen Kampf gegen den weißen Eindringling."

Heute tummeln sich in Film, Comic oder in der Werbung die edlen Wilden ebenso wie die grausam verschlagenen oder ein bißchen dümmlichen. Verdrängter Sadismus und Masochismus werden in Kaufwünsche umgebogen; Rassismus angenehm bestätigt.

II Vom Wilden zum Stadtindianer

Die Stadtindianer nehmen den Mythos provokant-ironisch auf: hier sind wir, die hiesigen Gefährlichen, die wilden Wilden. Dabei wird das traditionell rassistische Vorurteil gegen die Indianer allerdings reproduziert. Auch durch die Köpfe der Stadtindianer geistern die Wilden, die um ein Totem hüpfen, sozusagen auf freier Wildbahn dem Regen ausgesetzt und vermutlich unartikuliert schreiend. Die Allmachtsphantasie, die sich einst an Winnetou dem edlen festmachte, wird nun auf den endlich rehabilitierten wilden Wilden übertragen. Auch bei den Stadtindianern herrscht jetzt „der Wille zum Sieg". Und es bleibt nicht beim Rassismus gegenüber dem Vorbild. Für die Stadtindianer gibt es tatsächlich Menschen *und* Blaujacken, und so ganz ironisch meinen sie das sicher nicht.

Bei den Stadtindianern wird nun allerdings nicht nur — mehr schlecht als recht — ein altes Vorbild in ein positives Identifikationsobjekt verwandelt. Neues Material geht in ihren Mythos ein.

Der Kampf der Indianer gegen die zweite Eroberung des Westens war zugleich der Kampf um einen genuinen indianischen Antikapitalismus. Als typisch indianisch galt den Militanten der Indianerbewegung, die zunächst überwiegend städtischem Milieu entstammten, vor allem das Bewußtsein von der prinzipiellen Gleichheit aller Lebewesen, worauf die Ablehnung jeder besitzergreifenden Gewalt im Umgang mit Männern, Frauen, Kindern, Tieren und Pflanzen gründete.

„Der Unterschied zwischen Indianern und den Weißen ist, daß die ersteren glauben, sie gehören zur Erde, während die letzteren meinen, sie besitzen die Erde", so lautet ein vielzitiertes Hopi-Sprichwort.

Erst die Niederlage im Kolonialkrieg hat die zahllosen indianischen Gruppen, die sich in Produktionsweise, gesellschaftlicher Organisation und Sprache beträchtlich unterschieden, zur Ein-

134

heit der Besiegten zusammengefügt, und auch in der Reservatssituation wurden die alten Unterschiede nicht völlig eingeebnet.
Die Überlebenden der Massaker des 19. Jahrhunderts und ihre
Nachkommen wurden wiederum in neue Schichten und Klassen
aufgespalten, so daß es nicht ohne beträchtliche Abstraktion
möglich ist, genuin Indianisches zu bestimmen.

Fanon hat die psychische Notwendigkeit einer durchweg positiven Rezeption der eigenen Geschichte durch die kämpfenden
Kolonisierten nachgewiesen. Die Versuche indianischer Mili-
tanter, Identität zu finden, sind selbst nicht frei von neuen Mythen oder bloßen Negationen des rassistischen Vorurteils. Im
Amerika der nordamerikanischen Ureinwohner hat es weder
an Unterdrückung von Frauen noch an rigider Kindererziehung gefehlt. Im Südosten oder im Nordwesten gab es sehr
wohl Ansätze von Klassengesellschaft und gewaltförmige Auseinandersetzungen um Ressuorcen. Das vorkoloniale Amerika
war kein verlorenes Paradies, sondern eine Gesellschaft mäßig
entwickelter Naturbeherrschung und damit eine Gesellschaft
des Mangels und der Not.

Trotzdem geht seit Alcatraz und Wounded Knee der Traum
vom indianischen Paradies um. Begierig stürzte man sich auf
das neue indianische Selbstverständnis. Erfreulichste Erscheinung im nun entstehenden Indianerboom war noch, daß es wenigstens zu einer neuen Aufarbeitung des Kolonialkrieges kam
und die gegenwärtigen verheerenden Lebensverhältnisse der Indianer in ländlichen Reservaten und städtischen Gettos bekannt
wurden. Viele dieser aufklärerischen Versuche litten allerdings
darunter, daß sie aus einem verständlichen Respekt gegenüber
dem sich entwickelnden indianischen Selbstbewußtsein dessen
lebensnotwendige Idealisierung der eigenen Geschichte mit-
machten. Hier klingt altes Schuldgefühl und Überidentifizierung
nach, wovon besonders die betroffen waren, die in den Metropolen den kolonialen Befreiungskampf zu unterstützen versuchten.

Nach Alcatraz und Wounded Knee kam es in den USA zu einer
kleinen Einwanderungswelle in die Reservate seitens weißer
Jugendlicher aus der kalifornischen scene. Der eigene Traum
von Befreiung, Gleichheit und Brüderlichkeit sollte — hier und
jetzt — zusammen mit den Indianern erfüllt werden.

135

Gebräuche und Lebensgewohnheiten, die man für genuin indianisch hielt, wurden von manchen amerikanischen und später auch deutschen Landkommunen übernommen. Die naturwissenschaftlich nicht gerade kenntnisreichen und findigen Stadtkinder sahen den Indianern ab, wie man sich behaust, selbst bestrickt und ernährt, in der Droge ein bißchen für Ablenkung sorgt und den kleinfamilialen Habitus der neuen Situation anpaßt. Dieser Rückgriff aufs angeblich oder tatsächlich altindianisch Urgesellschaftliche half Unzulänglichkeiten und Unfähigkeiten aus dem Bewußtsein zu verdrängen und irrationalistische Begrifflichkeit zu fördern.

Mit dem — nicht ganz freiwilligen — Verzicht auf moderne Technologie wurde aufs magische Denken zurückgegriffen. Begierig werden die eigenen naturwissenschaftlichen Kenntnisdefizite mit Castanedas Pflanzensprache aufgefüllt, als ob vor allem magische Praxis, nicht entwickelte Bewässerungskultur entscheidend für die indianische Agrarproduktion gewesen wären.

Im Rausch bestätigt sich der magische Mystizismus noch. Die Symbole, die das Individuum im Rausch und Traum produziert, werden platt mit Unbewußtem selbst verwechselt, als ob die Symbolproduktion nicht gerade auch Unbewußtes vom Bewußten absperren würde. In einem klassischen Projektionsmechanismus wird die unverstandene innere Realität zu einer dem Alltagsbewußtsein und auch wissenschaftlichem Denken unzugänglichen äußeren Realität verklärt.

Auch hier hat Castaneda, aber nicht nur er, gehörigen Anteil daran, daß indianische Leidensgeschichte unerträglich verbogen und damit verhöhnt wird: Die indianische Suche nach dem Rausch mit oder ohne Droge ist durch und durch koloniales Produkt. Der Genuß von Peyote verbreitete sich unter den geschlagenen und in Reservate gepferchten Indianern und ist Ausdruck für den Wunsch nach Tröstung in einem trostlosen Zustand. Die Suche nach Visionen bei den Prärie-Indianern, deren Kultur bekanntlich schon koloniales Produkt war, ist Ausdruck für die schweren psychischen Belastungen, die die Umstellung von einer eher ärmlichen Jäger- und Sammlerkultur zu einer Gesellschaft mit sich brachte, die durch zunehmende soziale Spaltung und Tauschwertproduktion gekennzeichnet war.

Traurig ist es auch mitanzusehen, wie das, was indianische Brüderlichkeit meint, verballhornt wird. Die eigene Unfähigkeit zur Brüderlichkeit soll über die religiöse Norm erzwungen werden. Der Glaube an die Gleichheit aller Lebewesen soll die Anstrengung um Brüderlichkeit ersetzen. Doppelmoral und Autoritätsgläubigkeit dringen zur Hintertür wieder ein, wo man nicht zur Kenntnis nimmt, daß indianische Brüderlichkeit ein höchst brüchiges Produkt aus einem materiellen Zwang zu größtmöglicher Gleichheit und dem Respekt vor kindlichen Bedürfnissen war.

Viele dieser neuen Indianermythen werden von den Stadtindianern aufgegriffen, die in ihrer Kriegserklärung u.a. folgende sinnigen Forderungen erheben:

„Ein Quadratmeter Grün für jeden Menschen und jedes Tier . . . Völlige Freigabe von Marihuana, Hasch, LSD . . . Sofortige Schließung der Zoos, freie Rückkehr aller gefangenen Tiere in ihre Heimatländer."

Drogenkult und die Vorstellung von der Gleichheit aller Lebewesen sind bei den Stadtindianern sicher ernst gemeint, und die Übernahme von Elementen des neuen Indianermythos dient hier auch nicht zur ideologischen Bemäntelung ackerbaulicher Bemühungen.

Ihre Identifikation beschreibt zunächst trotzig, und nicht nur affirmativ, die eigene Gettosituation, die sich oberflächlich sicher mit der Reservatssituation der Indianer vegleichen läßt. Italienischen Jugendlichen und nordamerikanischen Indianern ist zumindest die Zugehörigkeit zu einer, in den Metropolen anwachsenden, Bevölkerungsgruppe gemeinsam, die langfristig nicht die Spur einer Chance hat, jemals eine ihren Fähigkeiten, geschweige denn ihren Bedürfnissen angemessene Arbeit zu finden. Ohne die Perspektive einer Veränderung werden diese marginalisierten Bevölkerungsteile in einer unerträglichen Mangelsituation gehalten.

Selbst für studentische italienische Jugendliche gibt es kaum eine materielle Unterstützung. Das höchste — nur ganz wenigen zugängliche — Stipendium beträgt ca. 120,— DM im Monat. Die Konkurrenz um die paar Gelegenheitsjobs, die es gibt, ist entsprechend groß. Die meisten Jugendlichen sind gezwungen zu Hause zu wohnen, weil bei der Höhe der Mieten kaum an eine eigene Wohnung — noch nicht einmal innerhalb einer

Wohngemeinschaft — zu denken ist. Durch die Abhängigkeit von der Familie wird der Jugendliche weiterhin im Zustand eines Kindes gehalten, was zur Blockierung psychosozialer Entwicklungsprozesse führt.

Wer am Stadtrand wohnt, sieht angesichts katastrophaler Verkehrsverhältnisse oft nur noch eintöniger Beton, kaum noch ein halbwegs urbanes Stadtzentrum, von irgendeiner zusammenhängender Grünfläche ganz zu schweigen. Wer Italiens unerträgliche Vorstädte kennt, versteht den Wunsch, Hochhäuser quer zu legen.

In die Rezeption des Indianermythos geht aber noch ein anderes Moment ein. Sie bezeichnet die Hoffnung auf die schnelle Lösung. Die Veränderung der eigenen Situation wird kaum mehr in der Dimension der langfristigen Veränderung der Gesamtgesellschaft begriffen. Die Forderungen des italienischen Stadtindianerprogramms sind fast ausschließlich Forderungen nach einer sofortigen freien Entfaltung einer spezifischen Jugendkultur.

„Entlohnung jugendlichen Faulseins . . . Allgemeine Herabsetzung der Preise für Kinos, Theater und alle kulturellen Initiativen auf eine von der Jugendbewegung bestimmte Summe . . . freier Gebrauch, Mißbrauch, Vertrieb und Kultivierung dieser Drogen (gemeint sind die oben bereits genannten, J.H.) mit einem Monopol der Jugendbewegung darauf. Öffentliche Fianzierung der alternativen Release-Zentren (zur Entwöhnung von Heroin) und aller selbstverwalteten kulturellen Initiativen. Die Versammlung des Volkes der Menschen schlägt vor, ab sofort auf Stadtteilebene militante Antifamilien-Wachen einzuführen, um die Jugendlichen der patriarchalischen Tyrannei zu entreißen."

Der Rückgriff auf das indianische Vorbild ihrer Phantasie drückt aus, daß die Stadtindianer nicht bereit sind, auf das künftige Reich der Freiheit, welches der Marxismus verspricht, zu warten.

Ihr Programm ist eine auf den ersten Blick höchst wunderlich erscheinende Repolitisierung der Agrargettoideologie: Nicht der Rückzug, sondern der Versuch einer Ausweitung des Gettos, in dem es sich friedlich dahinleben läßt. Gefordert wird die Verländlichung der Stadt, die Anerkennung eines Reservats für Jugendliche.

Nicht Abwesenheit rationaler politischer Strategie des Glücks im Winkel, sondern aktive Aussperrung eines Begriffs von Politik aus dem Bewußtsein gibt es bei den Stadtindianern, der ihnen nur sinnlose intellektuelle Anstrengung, Buchstabengläu-

138

bigkeit, Betriebsamkeit und Askese zu bringen und Befreiung auf den Sankt Nimmerleinstag zu vertagen scheint.

Das Auftauchen der Stadtindianer in der Bundesrepublik weist daraufhin, daß es sich dabei nicht allein um ein italienisches Problem handelt. Man kann sogar annehmen, daß mehr noch als gewisse Ähnlichkeiten mit der Situation italienischer Jugendlicher, Abneigung und Enttäuschung gegenüber den hiesigen Erscheinungsformen des Marxismus zur Verbreitung der Stadtindianer beigetragen haben. Obwohl die Identifikation mit altem und neuem Indianermythos Züge von Regreß auf Kinderträume trägt und unverstandene warenästhetische Verformung von Bedürfnissen und Rückgriff auf irrationale Erlösungshoffnungen zum Ausdruck bringt — bei hiesigen „Stämmen" sogar noch mehr als beim italienischen Vorbild — sollte man diese Kritik ernst nehmen, auch wenn sie häufig in irrationalistischer Terminologie und gefühliger Sprachwendung à la Hesse und Schlimmeren nur schwer zu identifizieren ist.

Sehnsucht nach Sinnlichkeit und Lebensfreude kommt im Kostüm der Stadtindianer wie im Lob der leichten Droge zum Vorschein. Kritisiert wird, daß die Formen repressiver Entsublimierung ebenso zum Alltag linker politischer Gruppen gehören wie die Formen protestantischer Arbeitsmoral. Bierernst, output-Fetischismus, Humorlosigkeit, hierarchische Gruppenstruktur, Konkurrenzverhalten bis hin zu Formen offener Unterdrückung von Gruppenmitgliedern und die Überbewertung verbalen Sozialkontakts sind ganz sicher nicht die unvermeidlichen Begleiterscheinungen bei der Veränderung der bestehenden Verhältnisse.

Das Leiden verkopfter Männer und verkörperter Frauen ist aber im grellen Schmuck nicht umstandslos aufzuheben, ebensowenig wie in der positiven Bewertung des Rauschs und des „körperlichen Sozialkontakts". Seit Reich und Bernfeld vor fast 50 Jahren erstmals darauf verwiesen haben, ist das Problem ungelöst. Ratlosigkeit oder Verdrängung bis hin zum rationalisierenden psychischen Analphabetismus sind hier üblich. Kritik ist wohlfeil. Bisher haben da weder der Rückzug aufs Bedürfnis, so wie es sich gerade darstellt, noch der Hinweis auf den notwendigen Zusammenhang zwischen sozialer Revolution und individueller Emanzipation geholfen. Der Rückzug auf ein von

Warenästhetik nicht unbeeinflußtes Bedürfnis hat zuweilen eher Meinigkeit und Abgrenzung als humanen Umgang gebracht, seine asketische Verleugnung für ein zentrales Leiden an dieser Gesellschaft — das psychische Elend — blind gemacht und zur Ohnmacht, Gettoisierung und Resignation der hiesigen Linken nicht wenig beigetragen.

Einen anderen Aspekt des Problems kritisieren die Stadtindianer, wenn sie sich an wildem Denken und sinnlicher Rede begeistern. Hier wird dann der Teufel marxistischer Orthodoxie endgültig mit dem Beelzebub gefühliger Unmittelbarkeit ausgetrieben. Kritisiert werden dürre Sprache und objektivistische Analysen in den politischen Verlautbarungen und universitären Veranstaltungen vieler Marxisten, in denen Alltag und Erfahrung im Interesse geschlossener Darstellung eher abgewiesen als aufgehoben werden, Sprache als soziales Herrschaftsmittel und zur Ausgrenzung oft ungebrochen eingesetzt wird.

Gegen manche sprachliche Wüste setzen die Stadtindianer dann in ihrem Manifest allerdings nicht mehr als die Bilder vom „Regen, der die Gesichter *durch*näßt — wie die „Autonomie" sinnigerweise übersetzt — oder von „den durch den Wind zerzausten Haaren". Eine seltsame Mischung aus den Vom-Sturmwind-durchwehtenwilden-Gesellen der deutschen Jugendbewegung und fortgeschrittener Zigarettenreklame.

Schlimmer noch wird es im Streit um den Göttinger Mescalero, der neuerdings als Vorreiter einer neuen Ehrlichkeit gefeiert wird, weil er in sich hineinblickend dieses und jenes abwägt, als ob in der Reproduktion der inneren Oberfläche schon Radikalität läge und es die Psychoanalyse nie gegeben hätte.

Zurecht kritisieren die Stadtindianer in ihren ökologischen Forderungen eine sich andeutende Inkonsequenz der Umweltschutzbemühungen einiger linker Gruppen. Es geht nicht allein darum Gefahren der Atomkraftwerke abzuwenden, sondern um eine radikale Umgestaltung der Natur für uns, die nicht nur die technische Aneignung von Naturkräften bedeutet. Wenn die Stadtindianer die Freilassung von Tieren fordern, dann beziehen sie sich ohne es genau zu wissen auf eine lange Tradition ästhetischen Naturgenusses. Sie plädieren für eine Natur, die man nicht nur bearbeitet, sondern ansieht, schmeckt und auf der Haut fühlt und die nur Natur für uns werden kann, wenn man sie soweit wie möglich als Natur ohne uns beläßt.

Die Sorge der Stadtindianer ist allzu berechtigt. Schon Robert Musil schrieb in den 20er Jahren:

„Noch ist der Ozon des Waldes da, noch seine sanfte grüne Masse, seine Kühle, seine Stille, seine Tiefe und Einsamkeit. Es sind unausgenutzte Nebenprodukte der Forsttechnik und so herrlich überflüssig wie es der Mensch auf Urlaub ist, wenn er nichts ist als er selbst." (Nachlaß zu Lebzeiten)

Mit romantischer Schwärmerei für Wildheit ist das Problem allerdings ebensowenig zu lösen wie mit dem naiven Wunsch nach unvermittelter Rückkehr ins Paradies. Zootiere sind keine Lassies. Haustiere sind keine imperialistisch unterdrückten Wildlinge. Sinnlichkeit ist kein bloßer Ausdruck von Körperfunktionen.

III. Mit dem Marxismus auf Kriegsfuß

Sicher, die Stadtindianer benennen altbekannte Defizite linker Politik, ihre Kritik muß aber bei aller ungewollten und gewollten Komik ernst genommen werden. Hier hat nicht nur die erzwungene Abkapselung von sozialer Realität im Jugendlichenghetto stattgefunden, hier wird die Diskussion mit der alten und neueren marxistischen Linken abgebrochen. Auffällig an dieser Kritik ist nämlich, daß sie eher im eigenen Handeln und in der Formulierung stadtindianischen Selbstverständnisses zum Ausdruck kommt als daß sie sich unmittelbar mit ihrem Adressaten befaßt. Von der Diskussion mit anderen Linken — wenn man sie überhaupt je versucht hat — hat man offenbar die Nase voll.

Zugleich damit erfolgt aber auch der Ausstieg aus einer langen kritischen Tradition des Marxismus, in der Namen wie Luxemburg, Reich, Korsch oder Bloch, sowie schließlich Teile der Protestbewegung zumindest für den Anspruch nach antiimperialistischer und antifaschistischer Sensibilität, Abneigung gegen autoritären Dogmatismus und unbestechliche intellektuelle Radikalität stehen. Dieser Ausstieg kommt nicht von ungefähr. In der Bundesrepublik ist der Marxismus zu einem nicht unbeträchtlichen Teil auch und gerade dort, wo er sich als besonders undogmatisch geriert, zur unerträglichen Durchblicker-Besserwisser-Theorie heruntergekommen.

Man sollte sicher nicht die erheblichen sozialen Umschichtungen unter den Studenten der Universitäten übersehen. Wenn ihr auch nicht gerade massenhaft Kinder aus dem klassischen handarbeitenden Proletariat zuströmen, so doch aus einer Schicht von Lohnabhängigen, die nicht gerade der traditionellen bürgerlichen Intelligenz angehören. Die universitäre Linke befindet sich in allerbester marxistischer Gesellschaft, wenn sie sich nur schwer auf deren Erfahrungen, Denkgewohnheiten und Verhaltensweisen einstellen kann, zumal sie ohnehin mit der Aufgabe überfordert wäre, der um sich greifenden Perspektive von Arbeitslosigkeit und Entqualifizierung die erlösende kämpferische Alternative entgegenzusetzen. Und doch stünde es ihr gut an, stärker darüber nachzudenken, daß Herrschaftswissen und Prüfungsstoff in marxistischem Vokabular auftreten.

In Italien, dem Ursprungsland der Stadtindianer ist das kaum anders, die Gestalt, die der Marxismus dort bisweilen annimmt, eher noch verwirrender. Es genügt auf sattsam Bekanntes zu verweisen: Die Haltung der KPI zu Scheidungsfrage, Aufbau einer Atomindustrie, ,,Terrorbekämpfung" und sog. Sozialpakt.

Der Zusammenhang zwischen dem Ausstieg der Stadtindianer aus Diskussion und kritischer marxistischer Tradition und dem gegenwärtigen Zustand des Marxismus ist allerdings vermittelter als es auf den ersten Blick scheint. Man täusche sich nicht. Mit einer neuen Pädagogik auf der Basis linker Selbstkritik ist die Kluft jedenfalls nicht zu überbrücken. Ein pädagogischer Impetus kommt freilich nicht von ungefähr. Die Identifizierung vieler Jugendlicher mit den Indianern gibt auch dem Gefühl ein Bild, man würde schon fast einer anderen ,,Rasse" angehören.

Trockener wird neuerdings von besorgten Marxisten das auch auf sie exotisch wirkende Syndrom mit dem Begriff des ,,neuen Sozialisationstyps" zu fassen versucht. Grob und stark verkürzt läßt er sich als einen Typus beschreiben, bei dem es zu ausgeprägten Objektbeziehungen nicht mehr kommt und eher narzißtische Komponenten überwiegen. Er ist bestrebt, seine sozialen Beziehungen nach dem Muster einer symbiotischen Mutter-Kind-Beziehung zu organisieren. Sein Habitus ist die Folge eines rapiden Bedeutungsverlustes der Vaterrolle in der Familie und damit einer starken Herabminderung ödipaler Spannungen. Im günstigen Fall bedeutet der kaum noch vorhandene ödipale Konflikt bei den Jugendlichen relativ große

Unabhängigkeit von allgemeinen Normen und recht freie Phantasietätigkeit. Es können sich aber auch Tendenzen zu Mutterfixierung, sozialer Kontaktlosigkeit und Antiintellektualismus entwickeln.

Im Verhalten und den Verlautbarungen der Stadtindianer gibt es nicht wenige Belege für eine derartige psychische Struktur. Man kann den Kommunikationsabbruch ohne weiteres als Vermeidung narzißtischer Kränkung begreifen. Im Schrei nach dem Grün der Erde ist die Sehnsucht nach der Verschmelzung mit der Mutter unschwer auszumachen. Wenn die Stadtindianer von Tieren sprechen, bekommt man den Eindruck, als sei von Stofftieren die Rede. Der Wunsch nach dem leichten Rausch und die Unlust am wissenschaftlichen Scharfsinn signalisieren die Suche nach dem embryonalen Zustand, die Art der Ablehnung von entfremdeter Arbeit orale Versorgungsphantasien.

Zugleich kann aber ebenso auch positiv Unabhängigkeit von vorgegebenen linken Betriebsamkeits-, Kommunikations- und Denkzwang sowie Phantasietätigkeit konstatiert werden.

Ich möchte nicht bestreiten, daß im Begriff des „neuen Sozialisationstyps" wesentliches an der aktuellen gesellschaftlichen Situation getroffen wird. Allemal ist er realitätsgerechter als die platt rationalistische Feststellung, die heute ungefähr 20jährigen hätten nun einmal die politisch sensibilisierende Erfahrung faschistischer Väter und Mütter und der Protestbewegung nicht mehr gemacht und seien deswegen gegen irrationale Denk- und Verhaltensformen weniger immunisiert. Und man kann auch die Feststellungen über eine neue psychische Struktur bei Jugendlichen nicht so leicht durch den Hinweis auf ungenügende empirische Belege und auf mangelnde Spezifizierung der jeweiligen Klassenlage des Jugendlichen vom Tisch wischen. Sie erklären allerdings nur eine Seite jener beunruhigenden Entwicklung, in der der Wunsch nach sozialer Veränderung kenntnis- und geschichtslos Rationalität mit Herrschaft identifiziert, zugleich aber sich jenem Irrationalismus öffnet, in dem Utopien in Kaufwünsche, aber auch zu schlimmerem wie Rassenhaß oder Weltuntergangslust umgebogen werden können.

Es hieße den zweiten Schritt vor dem ersten tun, wollte man sich damit beruhigen oder auch beunruhigen, daß es für die marxistische Linke nun vor allem auf die Veränderung politischer

Formen ankäme. Schlagkräftige Organisationen, bessere Vermittlung — um nicht zu sagen Werbestrategie —, die die neuen psychischen Strukturen besser berücksichtigen, lauten manche Parolen. Aber es geht um mehr.

Die gegenwärtige gesellschaftliche Entwicklung hat zentrale Schwachstellen herkömmlicher marxistischer Praxis aufgezeigt. Unsicherheit und Verdrängung, vorsichtiges Experiment, aber auch ängstliches Anklammern an Tradition und Buchstabe und schließlich Resignation kennzeichnen das Bild. Eurokommunismusdebatte, Russell-Tribunal und nicht zuletzt Bahros „Alternative" sind Versuche mit einer veränderten Realität umzugehen.

Damit ist noch kein Problem gelöst. Nicht selten hat man nicht mehr als einen flüchtigen Blick darauf geworfen und ist eifrig bemüht Bekanntes zu entdecken: z.B. die Arbeitslosigkeit. Nicht so sehr ihr quantitatives Ausmaß ist von Bedeutung, sondern ihre Qualität. Was man verdrängend „strukturelle Arbeitslosigkeit" nennt, bedeutet nicht selten Auslöschung ganzer Berufe, Verelendung und Marginalisierung ganzer Regionen und Bevölkerungsgruppen, wie z.B. Jugendlicher.

Längst ist nicht mehr ausgemacht, daß die kapitalistische Rationalisierung Vorstufe für die Abschaffung von Arbeit, im Sinne von Mühsal und Anstrengung, in anderen gesellschaftlichen Verhältnissen ist. Die ökologische Diskussion der letzten Zeit hat den reichlich illusionären Charakter solcher Überlegungen gründlich dargelegt. Linke Beschäftigungstherapie für Arbeitslose sowie die Forderung nach Recht auf Arbeit bleiben, so wichtig sie sein mögen, der Logik verhaftet, die sie zu bekämpfen vorgeben. Nicht Caritas sollte die vordringliche Aufgabe sein, sondern der Kampf um eine andere Form der Arbeit. Nur wer nicht die Augen davor verschließt, welche Verödung und Entqualifizierung die Individuen im nach kapitalistischer Rationalität funktionierenden Arbeitsprozeß erfahren müssen, und nicht glaubt, die Beschäftigten hätten aus nackter Existenzangst überhaupt kein Bewußtsein davon, der wird eine Forderung nach „Tunix" nicht einfach für einen blödsinnigen Sponti-Einfall halten.

Wachstumsfetischismus, traditionelle Verelendungstheorie, das Bild vom hammerschwingendem Proleten, der endlich selbst die

Maschine übernehmen will, spuken durch entschieden zu viele linke Köpfe, auch dort, wo man ökologischer Bewegung und aufmüpfigen Setzern und Druckern den Beifall nicht versagt; denn die Gefahren eines Atomkraftwerks oder der Widerstand gegen existenzbedrohende Rationalisierung nötigen nicht unbedingt zur Diskussion über jetzige und künftige Formen der Produktivkräfte.

Da gibt es das Problem mit den Freiheitsrechten in Ost und West. Ist die Forderung der Bürgerrechtler und Arbeiter reaktionäre Verirrung, dämmert das Gespenst des Sozialdemokratismus auf, wenn man sich hier nicht nur aus taktischen Gründen für Freiheitsrechte einsetzt, oder die „Diktatur des Proletariats" als inhaltslos gewordene Floskel aus dem Programm streicht?

Sicher, der Traum vom Pulverdampf und Barrikadenkampf am Tage X ist allemal besser als die Vorstellung, man würde eines Morgens im Sozialismus erwachen. Nur ist die Frage, wie man sich den Traum erfüllen könnte. Unsicherheit sollte hier nicht kaschiert werden. Die Veränderungsprozesse in Chile und Portugal sind weder nach dem alten Muster der Oktoberrevolution, die selber wieder kräftige Anlehnung ans Muster der Französischen betrieb, angemessen zu verstehen, noch nach einem modifizierten Muster des cubanischen Befreiungskampfs.

Da gibt es schließlich Probleme im Alltag en masse. An allen Enden krachen die Beziehungen, wächst der Alkoholismus auch und gerade unter Linken, ist psychisches Elend weitverbreitet. Aber noch immer wird so getan, als ob das — im besten Falle — Privatsache, politisch beunruhigend Irreguläres, möglicherweise Klassenspezifisches, im schlimmsten Fall Geschlechtsspezifisches wäre. Erfreulich freilich ist ein verballhornisierter Reich à la AAO auch gerade nicht, ebensowenig wie der gruppendynamische Zirkel, der die Ausgrenzung ins Private zementiert.

Schon dieses unvollständige Szenario belegt ausreichend, daß kein Durchblick herrscht, eher berechtigte Angst, Verunsicherung und leider Arroganz. Auch wenn liebe Denkgewohnheiten aufgegeben werden müssen, sollte es nicht weiter in Mode kommen, das Kind mit dem Bade auszuschütten. Bei derartigen Versuchen ist die Macht des Traditionalismus unverkennbar. Da wird z.B. der „Prolli" wegen seines Häuschens und der SPD-Fixierung über Nacht aus dem revolutionären Subjekt ausgegrenzt;

da wird ein angeblicher Sozialismus in der Sowjetunion als menschenverachtend entlarvt, und in einem atemberaubenden Rundschlag werden Marx und der deutsche Idealismus als Urheber gleich miterledigt. In einem kommt nur die schlechte Verwechslung des Proletariats mit dem Weltgeist zum Ausdruck, als ob sich die einzelnen Proletarier mit ein bißchen Aufklärung quasi von selbst zur Klasse konstituieren könnten. Auch hier taucht wieder der Prolet mit den schwieligen Fäusten auf, als ob keine Veränderung in der Klassenstruktur stattgefunden hätte, die dazu geführt hat, daß die Handarbeiter nicht mehr allein die Entfremdung und Ausbeutung in ihrer Totalität erfahren müssen. Im anderen geistert der immer noch gängige Mythos umher, die Sowjetunion sei eine sozialistische Gesellschaft.

In einer derartigen Kritik steckt viel enttäuschte Bibel- und Buchstabengläubigkeit. Sie bestätigt das Vorurteil, es lohne sich nicht zu lesen. An Aneignung von Bibel und Buchstabe hat es möglicherweise nicht gefehlt. Nur hat schlechte Praxis, die gerade durch Buchstabentreue gegen den Geist kräftig gesündigt hat, die Theorie reichlich in Verruf gebracht.

Die Stadtindianer sind nicht einfach nur Produkt von ökonomischer Krise oder tiefgreifender Veränderung in Familienstruktur und Sozialisationspraxis. Sie, und nicht nur sie, deuten die Krise marxistischer Theorie und Praxis an. Um dessen Genesung oder ideologische Abschaffung geht es aber nicht. Die Angst vor seinem möglichen Ende ist jedoch gerade unter Marxisten seltsam verbreitet, obwohl gerade Marx einmal schrieb:

„Die Frage, ob dem menschlichen Denken gegenständliche Wahrheit zukomme, ist keine Frage der Theorie, sondern eine praktische Frage. In der Praxis muß der Mensch die Wahrheit, das heißt Wirklichkeit und Macht, die Diesseitigkeit seines Denkens beweisen. Der Streit über die Wirklichkeit oder Nichtwirklichkeit des Denkens, das sich von der Praxis isoliert, ist eine rein scholastische Frage." (Feuerbachthesen)

Damit kein Mißverständnis aufkommt. Hier soll nicht dem gängigen Gejammer über den sich ausbreitenden Irrationalismus der schlichte Appell nach Praxis entgegengehalten werden. Die Praxis ist schwierig genug. Der Rückzug auf blaue Bände, Prinzipien und traditionelle marxistische Mythen verstellt dabei den Blick auf die Realität ebenso wie die Mythologie nicht-marxistischer Herkunft.

An eines sollten uns die Stadtindianer dabei zumindest erinnern.

146

Ihr Auftreten enthält ein Moment von bitterer Ironie: Die II. Internationale und ihre diversen Nachfolger haben seinerzeit den Kolonisationsprozeß, auch den der Indianer, im Namen des technischen und zivilisatorischen Fortschritts begrüßt. Die einzigen sozialen Revolutionen des 20. Jahrhunderts fanden aber gerade in ehemaligen Kolonien und Halbkolonien statt, während die marxistische Arbeiterbewegung in Europa von Niederlage zu Niederlage schlitterten, ihre Organisationen auf den revolutionären Prozeß in Übersee im besten Fall einflußlos blieben. Ihre Diskussion über die Kolonialfrage ist ein düsteres Kapitel an Realitätsverleugnung, Arroganz und Konservatismus. Die Rückkehr der Indianer ins linke Bewußtsein auf dem Umweg über die Stadtindianer bedeutet Wiederkehr des Verdrängten zu einem Zeitpunkt, da man die Exkolonisierten längst ins vertraute Pantheon heimgeholt hatte, und einige hiesige Marxisten schon chinesisch lernen wollten.

Literaturhinweise

Christian F. Feest, Das rote Amerika, Wien 1976

Claus Biegert, Seit 200 Jahren ohne Verfassung, Reinbek 1976

Werner Müller, Sprache und Naturauffassung bei den Sioux, in: Unter dem Pflaster liegt der Strand, Band 4, Berlin 1977

Paul Parin, Fritz Morgenthaler, Goldy Parin-Matthey, Die Weissen denken zuviel, München o.J.

Edmund Wilson, Abbitte an die Irokesen, München 1974

Dietrich Wetzel, Marxismus an der Uni, Offenbach 1976

Thomas Ziehe, Pubertät und Narzismus, Köln 1975

Hans-Jürgen Krahl, Thesen zum allgemeinen Verhältnis von wissenschaftlicher Intelligenz und proletarischem Klassenbewußtsein, in: ders., Konstitution und Klassenkampf, Frankfurt 1971

Matthis Dienstag
PROVINZ AUS DEM KOPF
Neue Nachrichten über die Metropolen-Spontis*

> „Was innen ist, muß heraus . . . Das
> Äußere ist das *befriedigte* Innere.''
> Ludwig Feuerbach

„In der Provinz und in der Linken kennt jeder jeden. In der
Provinz und in der Linken grüßt aber nicht jeder jeden, den er
kennt." Diese Beobachtung meines Kollegen K.L. (persönliche
Mitteilung) möchte ich an den Anfang meiner Betrachtung stellen, die sich mit einem schon des öfteren notierten, m. W. aber
noch nie eingehender untersuchten Phänomen befaßt, nämlich
gewissen Verhaltensähnlichkeiten bei zwei Sektionen der mitteleuropäischen Bevölkerung, die sich im übrigen, von ihrer materiellen Reproduktion bis zu ihrem Selbstverständnis, erheblich
voneinander unterscheiden und auf diese Unterschiedlichkeit
großen Wert legen; das geht bis zur lokalen Distanzierung und
zur gegenseitigen Tabuisierung. Nun ist den Psychologen und
Ethnologen wie auch den Linguisten die Tabuisierung (Ver-

* Der folgende Forschungsbericht wurde vor gut drei Jahren geschrieben.
Ich verzichte darauf, ihn auf den heutigen Stand zu bringen, obwohl er in
vielen Punkten überholt ist, wenn auch weniger durch neuere Forschun-
gen als durch die Entwicklung des Gegenstandes selbst — überholt allerdings in der von mir vorausgesagten Richtung. Das erfüllt mich mit einer
gewissen Genugtuung. Daß ich gleichwohl jene Entwicklung, das Versik-
kern der Sponti-Kultur im Boden ihres Gastlandes, bedaure (und nicht
nur für die Forschung), sei an die Adresse jener gesagt, die mich verdäch-
tigen mögen, ich hätte eine üble Satire geschrieben. Ich habe mich vielmehr — mit allem Eifer — des modernsten und besten wissenschaftlichen
Bestecks bedient, das allein für die vielleicht befremdlichen Ergebnisse
verantwortlich ist.
M.D., Februar 1978

148

drängung, Verteufelung) des Nahen ein vertrautes Phänomen: das individuelle, das kollektive, das sprachliche „Weltbild" kann nur dann die erwünschte Kontinuität und Widerspruchsfreiheit aufweisen, wenn keine störenden Ähnlichkeiten dazwischentreten. So werden etwa Körperausscheidungen, soziale Minderheiten oder bestimmte Wörter (z.B. *quean* neben dem gleichlautenden *queen*) als schmutzig, böse, unanständig tabuisiert, um der eigenen Identität willen. Sollte zwischen der Provinz und der Linken eine ähnliche Interferenzbeziehung bestehen? Sehen wir näher zu. Wir müssen jedoch, um nicht oberflächige Ähnlichkeiten auf Kosten des Trennenden hervorzukehren und kurzschlüssig aneinanderzubinden, etwas weiter ausholen.

1. Die rote Heilsarmee

Die Linken, genauer die „Linksradikalen", wie sie sich gern nennen, oder die „Roten", wie sie in der Landessprache heißen, traten bekanntlich nicht in der Provinz, sondern in den großen Städten des stark bevölkerten mittleren Europa (zwischen Skandinavien und den Alpen) in Erscheinung, und zwar mit Vorliebe in solchen Städten, die an kleinen Flüssen wie Spree, Main, Isar liegen (ob das Zufall ist oder nicht, bleibe hier dahingestellt). Ich sage: „sie traten in Erscheinung", um einem doppelten Problem Rechnung zu tragen. Zunächst dem *Ursprungsproblem*. Erst vor wenigen Jahren sind sie aufgetreten, jung an Jahren, beiderlei Geschlechts und stärker behaart als die anderen Ansässigen. Woher kamen sie? Daß es sich nicht um einen fremden Stamm handelt, der von irgendwoher, vielleicht aus östlichen Gegenden eingedrungen ist (Unterwanderungshypothese) dürfte mittlerweile feststehen. Diese Gruppen gehören vielmehr der Urbevölkerung an, sind allerdings zu einem beträchtlichen Teil aus der Provinz zugewandert, also aus den von zahllosen kleinen Siedlungen durchsetzten Wäldern und Halden Germaniens. Das aber gilt auch für viele andere heutige Bewohner der großen Städte und kann deshalb zur Erklärung des Ursprungsphänomens wenig beitragen. So stoßen wir auf das zweite, das *Existenzproblem*: Existieren diese „Roten" wirklich als leibhaftige Personen und Gruppen oder nur als Zustand, der von Mal zu Mal einige Bewohner jener Städte erfaßt, vergleichbar anderen, aus Geschichte, Folklore, Dämonologie etc. bekannten „Schüben", die

149

bei Individuen oder Horden vorübergehende Bewußtseins- und Verhaltensänderungen bewirken (z.B. der dionysische Rausch, der Veitstanz, der Geißlerwahn, der Schwips, der Heuschnupfen)? Diese Hypothese muß, allein schon im Hinblick auf die Behaarung, klar zurückgewiesen werden. Gegen sie spricht auch, daß die gewöhnlich als Erreger des Rot-Zustandes genannten „Blauen Bände" (die wichtigsten, jedenfalls ältesten mythischen Texte der Linken) zu anderen Zeiten und an anderen Orten, ja selbst bei Mitgliedern derselben Population in der Regel die entgegengesetzte Wirkung hatten und haben; gerade die Linken haben diese von ihnen favorisierte *Intoxikationstheorie*, wie ich sie nennen möchte, experimentell widerlegt: zu ihrem eigenen Kummer. Vor allem aber vermag sie nicht zu erklären, wieso das überraschende In-Erscheinung-Treten der Roten, so jungen Datums es ist, schon so erstaunliche Veränderungen durchgemacht hat (wir kommen in Kürze darauf zu sprechen). Zugegeben, es trägt auch heute noch manchmal Züge des „Schwärmens", um einen Ausdruck aus der Zoologie zu bemühen: große Haufen strömen zusammen, ziehen in langen Zügen durch die engen Straßen, ausgestattet mit viel rotem Tuch, das an Stöcken befestigt ist, deklamieren magische Sprüche und Gesänge, schütteln leere Fäuste, werfen gelegentlich auch kleine Steine auf große Glasscheiben (was eine besondere kultische Bedeutung zu haben scheint) — kurz, sie vollziehen das *Große Ritual*, das weithin bekannt geworden ist und mit der roten Bewegung oft gleichgesetzt wird. Die Berichte darüber sind indes mit Vorsicht zu genießen. Sie sind zumeist parteiisch, besonders hinsichtlich der Auseinandersetzungen zwischen den „Schwärmern" und den schwerbewaffneten Wächtern, die angeblich zur Vermeidung von Ausschreitungen abgestellt sind, welche sie in Wahrheit erst provozieren, indem sie sich von jenen provoziert fühlen — ein seltsames Reiz- und Imponierspiel, dessen Regeln (falls es welche hat) schwer zu durchschauen sind und das uns hier nicht länger beschäftigen soll.

Nur einen Aspekt wollen wir hervorheben, weil er für unsere Thematik von Bedeutung ist: die Frage, ob diese Horden in kriegerischer oder friedlicher Absicht durch die volkreichen Städte ziehen. Wie ist ihre Einstellung zur Urbevölkerung, die ihnen teils mit Gleichmut, teils voll Abneigung gegenübersteht? Die vor allem von den Häuptlingen und Schamanen jener Städte vertretene Behauptung, die Roten wollten ihnen die Macht entreißen oder gar alles zerstören, ist unglaubwürdig, schon wegen der geringen Stärke der Roten und mehr noch wegen ihres Verhaltens. Tatsächlich scheinen sie, trotz allen Imponiergehabes, oft eher ihre Ohnmacht und Zerknirschung demonstrieren zu wollen, und zwar vor den Augen der Ureinwohner (genauer gesagt: der zufälligen Passanten in den Zentren, denn in den Wohnsiedlungen am Rand der Städte lassen sie sich nur selten blicken). Gerade dieses „Volk", wie die Roten es nennen, ist nun aber der Adressat ihrer Darstellungen, ihm gelten die gesprochenen und geschriebenen Sprüche — die dieses Volk jedoch kaum versteht, weil sie mit Bruchstücken eines ihm fremden Dialekts und einer schwierigen Mythologie durchsetzt sind. Die Roten indes, die ihre Sprache für die einzig richtige und ihre Mythen und Zauberformeln für allgemeingültig halten, bemühen sich keineswegs um Übersetzung und Auslegung; sie sind demnach wenig daran interessiert, Parteigänger und Sympathisanten zu gewinnen oder gar einen Umsturz anzustreben. Bedenkt man weiter, daß ihre esoterische Heilslehre sich nach außen hin geradezu als Unheilslehre darstellt, so liegt der Schluß nahe, daß ihre rituellen Umzüge eine Art Bußritual sind, das sie — wie einst Anachoreten und Geißler — stellvertretend für das ganze Volk vollziehen: zu dessen Züchtigung und Entsühnung.

Doch diese Büßer-Hypothese, die in einer kultural-funktionalistischen Perspektive manches für sich haben mag, führt sogleich zu einer neuen Schwierigkeit: ein solches Zeremoniell müßte, um überhaupt stattfinden zu können, in der Urbevölkerung eine institutionelle religiöse Basis haben — welches könnte sie sein? Wohl keine andere als die Christ-Mythologie, die in diesen Breiten lange Jahrhunderte herrschende, jetzt aber heruntergekommene und weithin in Vergessenheit geratene Religion, die in den größeren Städten nur noch in sinnentleerten Riten überlebt. Die Annahme einer unmittelbaren Aktualisierung der alten durch die neue Heilslehre muß deshalb wohl ausscheiden, um so mehr, als es inhaltlich gesehen nur wenige und eher negative Übereinstimmungen gibt. Wir wissen heute jedoch, daß mythische Inhalte nicht manifest, sondern strukturell zu verstehen sind; gerade Gegensätze deuten oft auf Gemeinsamkeiten, denn es kommt auf die Grundmuster an: diese wurzeln tief im Unbewußten und wirken fort, auch wenn die von ihnen erzeugten Gestalten schon abgestorben sind. Tatsächlich zeigen die beiden Heilslehren, die in ihren Elementen so synkretistisch sind, in ihrer basalen Struktur große Ähnlichkeit. Beide sind „systemisch": sie können praktisch nicht widerlegt werden, weil sie ihr Versagen, ihre Wirkungslosigkeit schon miterklären — als das Wirken böser Mächte, das zugleich als Strafe des beleidigten Guten erfahren wird. Und trotz gegensätzlicher Inhalte (was im einen das Gute, ist im anderen oft das Böse) lassen sich die beiden Systeme derart zur Deckung bringen, daß die rote Bußpredigt von der in Sünde gefallenen Urbevölkerung durchaus als Züchtigung durch den christlichen Teufel erlebt (bzw. verspottet oder ignoriert) werden mag. Das würde auch ihre ambivalente Reaktion auf die roten Umzüge erklären: die einen laufen wie in Panik fort, die anderen bleiben versteinert stehen, manche werden gehässig-aggressiv, andere schmunzeln blasiert-verlegen, die meisten aber bemühen sich, das Ganze zu ignorieren — wer schätzt schon seinen Bußprediger!

Die Strukturen, behaupteten wir, passen aufeinander. Nur zwei Grundzüge seien hier hervorgehoben: der *millenarische* und der *manichäische*. Die Ankunft eines *Milleniums*, eines tausendjährigen Reiches („Reich Gottes auf Erden") wurde von den ersten Christen als unmittelbar bevorstehend verkündet, dann aber auf eine immer fernere Zukunft und schließlich auf das „Ende der Tage", d.h. ins Jenseits verschoben; ebenso glaubten die Roten zu Beginn ihres Auftretens, ihr „Reich der Freiheit" sei schon morgen zu haben, wenn man es nur *wolle*, während sie heute doch mit wesentlich längeren Fristen und größeren Anstrengungen rechnen, so daß einige Skeptiker schon fragen, ob es überhaupt hienieden zu erwarten sei. Solch unterschiedliche Einschätzungen tun jedoch der Heilslehre selbst keinen Abbruch, da diese — in beiden Fällen — durch ihren manichäischen Grundzug abgesichert ist. Die nach ihrem Stifter *Mani* benannte Lehre vom kompromißlosen Kampf des Lichtes gegen die Finsternis, des Guten gegen das Böse ist zwar kein genuines Element des Christ-Mythos, wurde aber von dessen Propagandisten und Priestern vielfach in Dienst genommen, um bestehende Gegensätze (zwischen Christen und Heiden, Lämmern und Böcken,

152

Ariern und Juden, Besitz und Bedarf, Eintreibung und Abtreibung usw.) mythisch zu überhöhen: Himmel *oder* Hölle, Erlösung *oder* Untergang. Ähnliches geschieht in der roten Heils- und Unheilslehre, wenn auch z.T. mit umgekehrten Vorzeichen (z.B. was Ein- und Abtreibung betrifft). Übrigens weiß auch der Links-Mythos in seiner ursprünglichen Form nichts von einem rigiden Dualismus; hier wohnen die Widersprüche vielmehr eng beisammen, durchdringen sich gegenseitig in dauernder Bewegung und Reibung. Aber für die Zwecke der „Propaganda und Agitation" werden sie von den Roten heute auf einen ehernen *Grundwiderspruch* (L/K) reduziert, der die ganze Welt durchwaltet und unaufhaltsam hintreibt zum letzten Gefecht, in dem das Gute triumphieren wird. Ist das nun eine diesseitige Erwartung oder eine jenseitige?

Die beim Großen Ritual durch die Straßen getragenen Beschwörungsformeln gefallen sich in unerbittlichen Gegensätzen: *Für* (das und das) — *Gegen* (das und das), *Hoch* (das und das) — *Nieder* (mit dem und dem), wobei aber die Negation, das *Gegen*, *Nieder*, *Kampf-dem*, *Schluß-mit*, *Muß-weg* usw., weit stärker besetzt erscheint und an der Übermacht, ja dem baldigen Sieg des Feindes kaum Zweifel bleiben: was immer er tut, wird zum Bösen, zum Schaden des Volkes ausschlagen und muß daher (!) entlarvt werden. Diese „Entlarvung" (eines ihrer Schlüsselworte) besorgen die Roten in heiligem Grimm und etwa so, wie man eine Zwiebel schält: Haut um Haut und tränenden Auges. Was bezwecken sie damit? Haben sie eine Lust am Ruin, am heulenden Elend, oder haben sie eine Garantie dafür, daß die von ihnen entlarvten bösen Mächte und Dämonen nicht endgültig triumphieren werden? Das ist die zentrale Frage, deren Beantwortung wir jedoch noch zurückstellen müssen. Zunächst eine notwendige, längst fällige Unterscheidung:

2. Die Hellroten und die Dunkelroten

Bisher war undifferenziert von *den* Roten die Rede. Das entspricht schon seit geraumer Zeit nicht mehr den Tatsachen, auch wenn viele Beobachter sich noch weigern zu realisieren, daß eine Spaltung stattgefunden hat, in deren Folge die beiden Fraktionen immer weiter auseinandertreiben. Kaum noch einmal finden sie sich zu gemeinsamen Ritualen zusammen, und selbst dann gibt es deutliche, mitunter feindliche Distanzierungen der einen von der anderen Fraktion, was schon am äußeren Erscheinungsbild abzulesen ist: Die einen erscheinen farbiger, lockerer, heiterer (man könnte sagen: improvisierend), die anderen eintöniger, strenger, verdrossener (man könnte sagen: exerzierend). Bei den ersten herrscht nach wie vor Turbulenz, bei den zweiten setzte sich, von Aussehen und Auftreten bis zu den mündlichen und schriftlichen Verlautbarungen, eine eigentümliche Geometrisierung durch, die auch die roten Tücher erfaßt hat; deren Farbton ist im übrigen um einige Nuancen dunkler und wirkt (auch infolge der senffarbenen Beschriftung) düster sakral. Ich möchte sie daher die *Dunkelroten* nennen, im Gegensatz zu dem bunten Haufen der *Hellroten*. Wie kam es zu dieser Spaltung und was bedeutet sie?

Bekanntlich trat Mani, der Stifter, zwar in gewisser zeitlicher und räumlicher Distanz, aber unter ganz ähnlichen äußeren Umständen in Erscheinung wie die heutigen Roten, nämlich in volkreichen, dem geschäftigen Laster verfallenen Städten wie Babylon. Seine Anhänger befleißigten sich, um den Sieg des Guten zu befördern, strenger Enthaltsamkeit in bezug auf Ernährung, Geschlechtsleben und Handarbeit, zerstritten sich aber bald über Grund und Zweck solcher Askese. Auch Manis rote Nachfolger im Okzident traten im Zeichen der Askese an, jedoch mit gewissen Verschiebungen und Ambivalenzen in deren Vollzug. Einhellig und entschieden ist bei ihnen bis heute die Ablehnung der Handarbeit (eine kurze Phase der Abweichung von dieser Linie scheint endgültig überwunden zu sein); aber es geht dabei nicht um eine prinzipielle Ablehnung: bei *anderen* wird Handarbeit geschätzt und sogar verklärt. Programmatisch ist indes die Verweigerung von verschiedenen Formen des modischen oder aufwendigen Konsums, besonders was Kleidung, Körperpflege und Wohnkultur betrifft: hier stellen sie eine teils trotzige, teils verspielte Dürftigkeit zur Schau, die freilich schon bald stilprägend wirkte und neue modische Standards setzte, also nicht mehr nur verweigernd ist. Noch weniger verweigernd ist ihre Einstellung zur Nahrungsaufnahme, jedenfalls hinsichtlich der *Quantität*; was die *Qualität* angeht, gibt es allerdings zwei Fraktionen: während die einen eine neue Eßkultur entwickeln und pflegen und dabei ständig deren Verfall in den

Nachbarküchen beklagen, essen die anderen wie zur Strafe schier Ungenießbares, und wenn die Speise doch einmal schmackhaft ist, denken sie mampfend an ihre hungernden Antipoden, um nur ja keinen Genuß aufkommen zu lassen. Durchgängig aber ist der starke Konsum von Alkohol und Nikotin — ob zur Befriedigung oder zur Kasteiung und Selbstzerstörung, bleibe dahingestellt. Ebenso zwiespältig erscheint ihr Sexualverhalten; wiederum ist auf den ersten Blick von Askese nichts zu spüren, eher vom Gegenteil: fast permanente Promiskuität, die aber bei näherem Hinsehen (sie vollzieht sich nahezu öffentlich) Züge der Selbstkasteiung trägt, als vögelten sie weniger zur Lust als zur Buße.

Für alle diese Verhaltensweisen gibt es in der Mythologie und auch in der Lehre der Roten keine strikten Vorschriften; sie scheinen also dem Belieben des Einzelnen oder der Konvention der Gruppe anheimgestellt zu sein. Daher unsere Vermutung, daß der Keim der Spaltung gerade hier erwuchs und gedieh, also im Bereich der (privaten) Inklination und nicht der (dogmatischen) Deklination, auf der Ebene der Gesten und nicht der Sätze — was ihre anschließende Einbindung in Grund- und Vorsätze nicht etwa ausschloß, sondern geradezu erforderte, um der Reinheit und Verbindlichkeit der Lehre willen, die es nunmehr in zwei Versionen gibt. So sammeln sich heute die von ihrer Prägung her eher rigiden, asketischen, autoritären (oder kurz „analen") Elemente in den (übrigens zerstrittenen) Organisationen der Dunkelroten (K-Gruppen, ML-Organisationen, Kaderparteien und wie die Namen alle heißen), wo sie ihre kargen Bedürfnisse auf die richtige Linie bringen können, während die anderen, die mehr lasziv, libertär und chaotisch (kurz „oral") veranlagt sind, die lockeren Haufen der Hellroten bilden und sich gern *Spontis* nennen. Dieser Ausdruck ist von dunkler etymologischer Herkunft. Er läßt sich zurückführen auf lat. *sponte* (aus eigenem Antrieb, auf eigene Faust) oder auf germ. *Sponde* (vom lat. *sponda*: Bett, Sofa) oder auf germ. *Spund* (Loch im Faß und Zapfen), gebräuchlicher in der sexuell gefärbten Metapher *junger Spund* (Halbstarker, zu klein fürs Loch), oder schließlich auf germ. *Spund/Spind* (weicher Kern, davon abgeleitet *spintisieren* = labern). Alle diese Bedeutungen zusammengenommen beschreiben den Tatbestand recht gut. So heißt denn auch eine ihrer Zauberformeln „Wir wollen alles!", während die anderen sich unter den harten Spruch beugen: „Dem Volke dienen!"

Beide Fraktionen, die einander in gespanntem Verhältnis gegenüberstehen, erwarten sich, offenbar durch ihre bloße Existenz, eine radikale Veränderung im Volkskörper: die eine sieht sich gleichsam als zielstrebigen Antikörper, die andere als vagierenden Bazillus. Aber der aufmerksame Leser wird spätestens jetzt fragen, was das alles denn mit dem Hauptthema zu tun habe. Nun, wir sind genau hier darauf gestoßen und können uns ihm jetzt, gut vorbereitet, zuwenden. Meine These lautet:

Die germanische Provinz, eine von den molochartigen Städten in ihrer Existenz bedrohte traditionale Gesellschaft, reproduziert sich doppelköpfig inmitten dieser Städte, insofern sich ihre hierarchischen Herrschaftsformen bei den Dunkelroten und ihre trivialen Verkehrsformen bei den Hellroten fortzeugen.

Bezüglich der rigiden Organisationen der Dunkelroten mit ihrer starken sozialen Kontrolle, die sich auch auf die Intimsphäre erstreckt (Wiedereinführung der integren und gut möblierten Kleinfamilie etc.), braucht diese These kaum näher erläutert zu werden. Weniger sinnfällig dürfte ihr zweiter, die Hellroten betreffender Teil sein. Wir werden uns deshalb im folgenden auf gewisse Verhaltensweisen dieser sog. Spontis konzentrieren und setzen dabei einige Kenntnisse über die provinziellen Verkehrsformen voraus.

3. Beschreibung einer Szene

Am Ende der Großen Rituale lösen sich die Roten nicht etwa in Luft auf; einige *Margis* (marginale Linke, Rotrandige), die sich hinzugesellt hatten, verwandeln sich zwar wieder in normale Bürger und gehen ihren Verrichtungen nach (nur im Hinblick auf diese Margis hat die Intoxikationshypothese ihr beschränktes Recht), aber die anderen rollen lediglich ihre roten Tücher zusammen und trotten in größeren oder kleineren Trüppchen von dannen. Sie verlieren sich in den Steinwüsten, aber nicht aus den Augen: ihre Behausungen liegen in der Regel dicht beisammen in bestimmten Quartieren der Städte. Der rote Alltagsverkehr setzt wieder ein — natürlich getrennt nach Farbton. Uns interessiert der der Hellroten. Die Summe der Orte, wo er sich abspielt, nennen sie *scene*. Hier herrscht eine Art Dauerkommunikation, die sich dadurch auszeichnet, daß eigentlich jeder jeden kennt oder besser *erkennt* (was noch nicht heißt, daß er ihn auch *anerkennt*). Gibt es Strukturen in diesem verbalen und anderweitigen Verkehr? Wir wollen die Unterschiede zwischen dem großstädtischen, dem provinziellen und dem Sponti-Verkehr schematisch darstellen mittels der Scheibenmethode, die Intensität und Häufigkeit von alltäglichen Kontakten erfaßt.

Diagramm 1

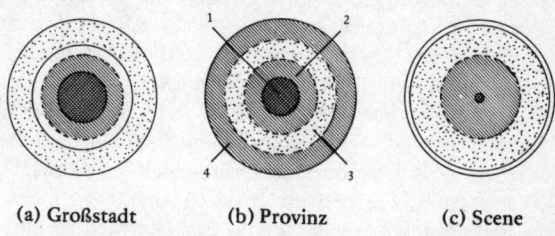

(a) Großstadt   (b) Provinz   (c) Scene

1. (innere) Scheibe: Familie (Intimsphäre)
2. Scheibe: Geselligkeit mit Freunden, in Cliquen, Vereinen etc. (Privatleben)
3. Scheibe: Verkehr mit Nachbarn, Passanten etc. (öffentliche Sphäre)
4. Scheibe: Kommunikation am Arbeitsplatz (Berufsleben)

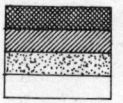 stark strukturierte, regelmäßige Kontakte
mittel strukturierte, wiederkehrende Kontakte
schwach strukturierte, häufige Kontakte
unstrukturierte, zufällige Kontakte

——————— abgegrenzt
- - - - - - - durchlässig

Zu bemerken ist hierzu:
1. Die Familie, die in (a) und (b) viele Kontakte bindet, fehlt in (c) fast ganz; hier fällt die Intimsphäre in die Privatsphäre, und diese hat potentiell öffentlichen Charakter.
2. Auch die Arbeitswelt-Kontakte fehlen in (c) weitgehend oder bleiben unstrukturiert.
3. Der scene-Verkehr insgesamt entspricht im wesentlichen der zweiten und dritten Sphäre des Provinzverkehrs, die er auf Kosten von Familie und Arbeitswelt aufbläht. Vom normalen Großstadtverkehr unterscheidet er sich damit erheblich. Allerdings muß berücksichtigt werden, daß sich die Kontakte zu Personen außerhalb der scene formal nicht von denen unterscheiden, die ein Großstädter im öffentlichen Verkehr hat (spärlich, unstrukturiert, zufällig). Somit korrespondieren Sphäre 3 in (a) und Sphäre 4 in (c).

Überspitzt gesagt: der Sponti hat keinen Beruf (höchstens Jobs), und er hat auch keine abgegrenzte Intimsphäre. Dafür hat er eine übermäßige Zahl an Kontakten in dem *scene* genannten Bereich, der private und öffentliche Sphäre fast gleichsetzt und auch die Bedürfnisse der Intimsphäre erfüllt, was den entscheidenden Unterschied zu den entsprechenden Verkehrsbereichen in der Provinz ausmacht. In gewissem Sinn könnte man den gesamten Verkehr der Spontis als Intimverkehr, ihre soziale Organisation als gruppenehelich bezeichnen, allerdings unter dem (von einem ihrer Gründungsväter persönlich gemachten) Vorbehalt, „daß die Gruppenehe keineswegs so aussieht, wie die Bordellphantasie unsers Spießbürgers sie sich vorstellt; daß die Gruppeneheleute nicht etwa dasselbe lüsterne Leben öffentlich betreiben, das er im Geheimen praktiziert" (MEW Bd. 22, S. 351). Lüstern wirkt tatsächlich nichts an ihren öffentlich-intimen Kontakten; wir würden sie eher als lässig bezeichnen: man kann sie auch lassen. Das schließt freilich intensivere Zweierbeziehungen nicht aus, sondern geradezu ein: sie laufen in der Gruppenehe mit wie etwas, das man flieht und zugleich sucht. Es schließt auch Eifersuchtsdramen kleinbürgerlichen Zuschnitts nicht aus, nur fragt man sich, um welchen Liebesobjektes willen sie eigentlich aufgeführt werden: es herrscht ja kein Mangel daran. Am wenigsten schließt es intime Feindschaften aus, die über die ganze *scene* ein Netz spannen, weil sie infolge der engen Kontakte ansteckend wirken und sich über Wohnungen, Cliquen, Gruppen weiter vererben: man holt sich seine Feinde fast wie den Tripper.

Nehmen wir alles zusammen, so können wir kaum umhin zu folgern, daß die in der Sponti-*scene* praktizierte „Gruppenehe" sich kaum unterscheidet von den provinziellen Verkehrsformen, wenn man sie um die erste und vierte Sphäre beschneidet. Der gleichwohl nicht abzustreitende Unterschied muß wohl mit eben dieser Beschneidung zu tun haben. In welcher Weise? Die Antwort lautet gewöhnlich: Die hier nicht gebundene Energie und Emotionalität strömt unkanalisiert in die öffentlich-private Sphäre ein und führt dort zu mancherlei Staus; daher die permanente Überdruck-Kommunikation mit oftmals aggressiven Ausbrüchen. Doch diese alteuropäische Ansicht mit ihrer Antrieb-, Abfuhr- und Ventil-Metaphorik muß entschieden abgewiesen werden. Sie sieht den sozio-psychischen „Apparat" noch in Analogie zur Dampfmaschine, die stampft und pfeift und geschmiert werden muß, während doch heute, wovon noch zu reden sein wird, ganz andere Maschinen Geschichte (und Psychologie) machen. Im übrigen gibt es Beispiele genug von Gruppen oder Stämmen, die mit einem Minimum an Arbeit und Familie ein ausgeglichenes und heiteres Leben führen. Da wären etwa aus dem heutigen Europa die „Hippies" zu nennen oder bestimmte Kreise der „Jet-set" und „Creme", und aus früheren Zeiten u.a. die „Giljaken" von der Insel Sachalin, die bis tief ins 19. Jahrhundert hinein auf der Basis ursprünglicher Gleichheit aller Individuen in extensiver Gruppenehe lebten: Jeder Mann konnte mit allen Schwestern seiner Frau und allen Frauen seiner Brüder Geschlechtsverkehr üben, entsprechend jede Frau mit allen Brüdern ihres Mannes und allen Männern ihrer Schwestern, wobei „Bruder" und „Schwester" etwa soviel umfaßte wie bei den Spontis heute „Genosse" und „Genossin", Das Ergebnis war ein fast paradiesischer Zustand:

„Die Gewohnheit, alles gemeinschaftlich zu verhandeln, die Notwendigkeit, fortwährend in die Interessen der Gentilgenossen einzugreifen, die Solidarität bei der Blutrache, der Zwang und die Gewohnheit des Zusammenwohnens mit zehn oder mehr von seinesgleichen in großen Jurtenzelten, kurz gewissermaßen stets unterm Volk zu sein, alles das hat dem Giljaken einen geselligen, redseligen Charakter gegeben. Der Giljak ist außerordentlich gastfrei ...
Bei den sachalinischen Giljaken kommen Verbrechen aus Eigennutz so gut wie gar nicht vor ... Im Verkehr mit andern zeigt der Giljak Rechtschaffenheit, Zuverlässigkeit und Gewissenhaftigkeit ..." (MEW Bd.22, S. 353 f.)

Das könnte, wenn man „Blutrache" durch „Klassenkampf" ersetzt (ein ähnlich überständiges Ritual, das die Spontis heute nur noch gegen die feindlichen Stämme der „Bullen" und „Schweine" ausüben), als Idealbild der Sponti-*scene* gelten. Die Sponti-Realität ist nicht ganz so rosig und rund, was daran liegen dürfte, daß die Hellroten bisher keine dem Gentilwesen vergleichbaren Strukturen zustandegebracht haben. Ihre in diesem Zusammenhang oft genannten Gruppen (die streng zu unterscheiden sind von den Organisationen der Dunkelroten) strukturieren die *scene* nur wenig, einerseits weil die Mitgliedschaft in ihnen durch keinerlei biologische oder soziale Prinzipien geregelt ist, sondern der Laune des Einzelnen unterliegt, und andererseits, weil diese Gruppen sich mit manchen anderen Bezugsrahmen überschneiden, die ebenso wenig „bindende" Kraft haben. So ist das Kommunikationsfeld der *scene* nur locker, aber vielfältig strukturiert, was wir wiederum (ausschnitthaft und simplifizierend) in einem Schema verdeutlichen wollen, gestützt auf eigene Beobachtungen und Berichte von Informanten.

Diagramm 2

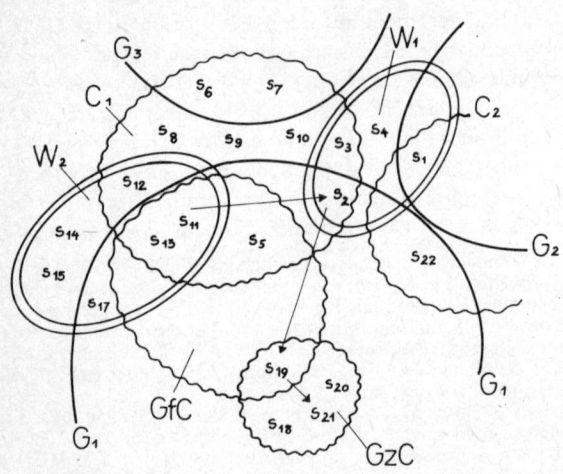

S = Sponti-Subjekt (ungerade Indexzahl: weiblich; gerade Indexzahl: männlich).
W = Wohnung.
C = Clique (informelle Grüppchen mit z.T. starken und regelmäßigen Kontakten, vergleichbar dem Stammtisch, der Skatrunde etc.).
G = Gruppe.
GfC, GzC = Untergruppen von G_1 (Frauengruppe und Gruppenzentrum), die auch Cliquen-Funktionen erfüllen.
———⟶ = emotionale (erotische) Orientierung.

Die Wirklichkeit kann komplizierter oder einfacher sein als in diesem Schema. Generell läßt sich aber sagen: Starke Beziehungen bestehen dort, wo zwei oder mehr Subjekte zwei oder mehr

Rahmen gemeinsam haben, also z.B. im Fall von S_{11} und S_{13}, die durch W_2, C_1 und G_1 verbunden sind; problematische Beziehungen liegen vor, wenn ein Subjekt die Rahmen, von denen es umfaßt wird, *jeweils* mit *anderen* Subjekten teilt, wie im Falle von S_1 in W_1, C_2 und G_2. Das ganze Modell ist nun aber nicht statisch, sondern in starker Bewegung vorzustellen: Ein- und Auszüge in Wohnungen, Ein- und Ausbrüche in Cliquen, Ein- und Austritte in Gruppen. Tauschen S_3 und S_{12} ihre Wohnungen, so wird sich vielleicht innerhalb dieser Wohnungen etwas ändern, sonst aber nichts. Aus C_1 scheidet eher S_2 als S_{11} oder S_{13} aus, weil S_{11} und S_{13} außer durch C_1 noch durch W_2 und GfC verbunden sind.

Nehmen wir nun an, daß zwischen S_2 und S_{11} eine starke emotionale Beziehung besteht. Beide sind durch G_1 und C_1 verbunden. Wenn die Beziehung sich negativ gestaltet, entsteht für C_1 ein größeres Problem als für G_1. Aus C_1 wird dann, wie gesagt, eher S_2 als S_{11} ausscheiden, weil S_{11} dort stärker verankert ist als S_2. Entsteht nun aber gleichzeitig oder kurz darauf eine Beziehung von S_2 zu S_{19}, so wird sich in GfC, der S_{11} wie S_{19} angehören, eine Spannung ergeben, die möglicherweise die durch S_{11} und S_{13} gestiftete Verbindung zwischen C_1 und GfC stört oder aber zum Ausscheiden von S_{19} aus GfC führt, was wiederum deren Position in GzC erschweren und eine neue Bindung zwischen S_{19} und S_{21} erfordern könnte, die sich gegen S_{18} und S_{20} richtet und vielleicht nicht ohne Einfluß auf die Orientierung oder sogar Identität der ganzen Gruppe G_1 bleibt. Im Extremfall bricht sie auseinander. So kann wegen der Vielzahl von etwa gleichwertigen Bindungen ein einziger Schritt eine Neuordnung des gesamten Beziehungsgefüges zur Folge haben.

Auch wenn die verschiedenen Bindungen nicht hierarchisiert sind, nimmt doch die Gruppe gegenüber Wohnung, Clique, Klüngel, Kneipe und anderen, hier nicht berücksichtigten Rahmen und Örten eine privilegierte Stellung ein: durch *sie* gewinnt man sein „rotes Ich". Die bislang beste Studie über solche Gruppen, von meinem Kollegen L.B., ist ein Musterbeispiel an teilnehmender Beobachtung (das allerdings gelegentlich auch Züge dessen zeigt, was in der Feldforschung „Verkafferung" heißt und die Überwältigung der Beobachtung durch die Teilnahme meint). Ich zitiere:

„Die Gruppe verhilft dem Einzelnen zu einer größeren Wertschätzung seiner selbst. Allein ist er nichts, als Gruppenmitglied scheint er etwas zu sein . . . Die Gruppe erst verleiht ‚Genossen-Status'. Die erste oder zweite Frage, wenn man jemanden kennenlernt, ist die nach der Gruppe, in der er arbeitet (!). Wer in keiner Gruppe ist, gerät in den Verdacht, unpolitisch (d.h. nicht rot) zu sein. Diese Vermutung ist sicher nicht ganz unbegründet . . . Man fragt, wenn man jemanden anspricht, weniger danach, was der Einzelne macht, als was seine Gruppe macht . . .
Die zunehmende Sensibilisierung, das Bewußtsein von den eigenen Schwierigkeiten und denen anderer verstärkt die Angewiesenheit auf Gruppen. Individuelle Lösungen gelingen immer weniger. Man braucht Hilfe und gibt zu, daß man sie braucht . . . Gerade diejenigen, die die Gruppe am meisten brauchen, besuchen sie am unregelmäßigsten oder verlassen sie sogar. Wahrscheinlich werden ihre Erwartungen am gründlichsten enttäuscht."
(Lothar Binger, „Kritisches Plädoyer für die Gruppe", Kursbuch 37, 1974, S. 5 f., Hinzufügungen in Klammern M.D.)

In der Gruppe, heißt das, findet das Subjekt seine Identität — oder es findet sie eben nicht und bleibt nicht nur allein, sondern ein Niemand. Jedem Kenner der Provinz wird klar, daß das Vereins- und Club-Leben, wie es dort vielfältig blüht, eine genau entsprechende Funktion erfüllt. Ich zitiere, ohne weiteren Kommentar, aus dem schönen Bekenntnis eines solchen Vereinsmitgliedes:

„In mein' Verein bin ich hineingetreten,
weil mich ein alter Freund darum gebeten,
  ich war allein.
Jetzt bin ich Mitglied, Kamerad, Kollege —
das kleine Band, das ich ins Knopfloch lege,
  ist der Verein.
. . .

Da draußen bin ich nur ein armes Luder.
Hier bin ich ich — und Mann und Bundesbruder
  in vollen Reihn.
Hoch über uns, da schweben die Statuten.
Die Abendstunden schwinden wie Minuten
  in mein' Verein.

In mein' Verein werd ich erst richtig munter.
Auf die, wo nicht drin sind, seh ich hinunter —
  was kann mit denen sein?
Stolz weht die Fahne, die wir mutig tragen.
Auf mich könn' Sie ja ruhig ‚Ochse' sagen,
  da werd ich mich bestimmt nicht erst verteidigen.
  Doch wenn Sie mich als Mitglied so beleidigen . . . !
    Dann steigt mein deutscher Gruppenstolz . . .
(Kurt Tucholsky, 1927)

Nun hat aber die Gruppe (Clique, Wohnung) in der Sponti-*scene* entschieden mehr Aufgaben zu erfüllen, d.h. Identifikations-

und Konkurrenzbedürfnisse zu befriedigen als der Verein in der Provinz, wo ja Familien- und Berufsleben einen größeren Teil dieser Funktionen übernehmen. Daher — und das ist eine vorläufige Antwort auf die oben gestellte Frage nach der Wirkung der Beschneidung der Sponti-*scene* um die erste und vierte Sphäre — daher die viel stärkere Besetzung und Belastung dieser *scene*, ihre alltägliche Dramatik. Intimsphäre und Arbeitssphäre sind nicht einfach abgeschnitten, sie werden vielmehr — illusorisch — in die öffentlich-private Sphäre hereingeholt: Ständig behaupten sie, zu „arbeiten", auch wenn sie eigentlich gar nichts tun (man achte auf die entsprechende Formulierung im obigen Zitat!); es ist ein geschäftiger, ja gehetzter Müßiggang, der viel Erschöpfung zeitigt. Ihm korrespondiert ein quasi-familiärer Beziehungs- Clinch, der auch nicht gerade entspannend wirkt. Daß diese lästigen Neigungen zur Geschäftigkeit und zum Clinch, für die es in der *scene* doch keinerlei Notwendigkeit gibt, fortbestehen, muß daran liegen, daß die Individuen in diesen Breiten von Kindheit an entsprechend motiviert sind; sie meinen ständig, sie müßten irgendeine Identität haben, eine Rolle spielen, einen Wettkampf ausfechten (wir werden noch davon zu reden haben). Nun gehört es zwar zu den edelsten Sponti-Zielen, diese Rivalitätsstrukturen und Rollendispositionen abzubauen, aber ihre dahingehenden Bemühungen sehen eher so aus, daß sie den Teufel mit dem Beelzebub austreiben. Ein sehr vertrauenswürdiger Informant berichtet:

„Die einen in unserer Gruppe benahmen sich immer nur wie die Kampfhähne, weil sie zu schwach waren, um freundlich zu sein; die anderen waren immer nur freundlich, weil sie zu schwach waren, um kämpferisch zu sein. Die einen waren kämpferisch nur, wenn sie es mit Schwächeren zu tun hatten, die anderen freundlich nur, wenn sie es mit Stärkeren zu tun hatten. Die einen trugen ein notorisches Lächeln, die anderen eine notorische Verbissenheit zur Schau . . ."
(Michael Schneider, „Gegen den Linken Dogmatismus", Kursbuch 25, 1971, S. 76)

Nehmen wir ein beliebiges Gegenbeispiel, etwa die *Gahuku-Kama* aus Neuguinea. Sie haben von westlichen Heilslehrern (übrigens keinen roten) ein Wettspiel namens Fußball gelernt, aber seinen Sinn nicht richtig erfaßt, denn sie streben beim Spiel nicht den Sieg einer Mannschaft an, sondern machen so viele Spiele, bis die Zahl der Siege und Niederlagen ausgeglichen ist. Das Spiel endet, wenn feststeht, daß es keinen Verlierer gibt. Umgekehrt die Roten. Sie spielen in ihren Gruppen gern fremden Stämmen abgeschaute Vereinigungsspiele, aber nach den Regeln der Konkurrenz, also der Rangfolge, Überrundung, Ausscheidung, so daß ihr Spiel eigentlich erst dann glücklich beendet sein könnte, wenn alle Teilnehmer vereinzelt, d.h. mit sich selbst vereinigt wären. Da sie es aber gleichzeitig auf mehreren Ebenen und in verschiedenen Phasen spielen, so daß jeder immer in diversen Spieletappen steht, kommt es nie zu einem so klaren Ergebnis. Die Spieler „trennen sich" z.B. in der Gruppe nur, um sich in der Kneipe oder sonstwo wieder zu begegnen, in anderer Aufstellung und Kondition.

Natürlich sind solche Wettkämpfe nicht auf die *scene* beschränkt, aber sie stechen hier mehr ins Auge als gemeinhin, weil sie nicht traditionell geregelt und sanktioniert sind, sondern weitgehend offen ausgetragen werden (statt hinten herum wie in der Provinz). Ich will das an einem Beispiel demonstrieren, das gern für die gegenteilige Behauptung herangezogen wird, nämlich der (hell)roten Sprache und Rede. (Es gibt hierzu eine vorzügliche Studie meines eingangs zitierten Kollegen K.L. — „Kneipengerede", Kursbuch 37, 1974 —, die trotz ihrer Beschränkung auf nur eine Lokalität und Modalität der linken Kommunikation von übergreifender Bedeutung ist.)

Die linke Sprache ist kein eigenständiger Dialekt, eher eine Sondersprache, ein *ingroup*-Jargon voller Kürzel, Floskeln und Redundanzen. Die in ihr geführte Kommunikation gilt weithin als äußerst intensiv, intrinsisch und intim — wir bestreiten das und nennen sie „ritualisiert". Das beginnt mit dem *Eröffnungsritual*, das im Gegensatz zur normalen okzidentalen Gesprächseröffnung (man bestätigt sich gegenseitig sein relatives Wohlbefinden) dazu dient, sich in gemeinsamer Misere zu finden; erst wenn jeder sicher ist, daß es dem anderen auch „so beschissen" geht, kann man sich auf ein Gespräch einlassen, andernfalls ist Vorsicht am Platz: der „bringt sich nicht ein", der hält was zurück, spielt falsch ... oder fühlt er sich wirklich wohl? — dann ist er kein Roter! Es geht weiter mit dem *Bewertungsritual*: bevor man auf ein Thema eingeht, wird es bewertet, und diese Etikettierung muß permanent bekräftigt werden (denn was am Anfang des Satzes *Scheiß-* oder *-istisch* ist, hat es auch am Ende zu sein); dabei kommt der schon erwähnte manichäische Hang zum Durchbruch: die Welt besteht aus Gegensätzen, also muß alles entweder gut oder schlecht, d. h. „unheimlich gut" oder „total beschissen" sein. Damit wären wir schon beim dritten, dem *Übertreibungsritual*: was sich nicht in Gegensätzen und Extremitäten darstellen läßt, ist problematisch, verlangt Differenzierung, die man jedoch scheut und dem anderen als Weichheit, Unentschiedenheit, Kompromißlertum ankreidet — ankreiden muß, um nicht selbst in den entsprechenden Verdacht zu geraten. Daraus folgt das wichtigste, das *Subsumtionsritual*: eigentlich weiß man ja alles schon im voraus, es kommt also nur noch darauf an, das Neue unter das Altbekannte, das Besondere unter das Allgemeine zu subsumieren, oder anders gesagt: in jedem kleinen Ereignis, in jedem persönlichen Motiv gleich mythische Mächte am Werk zu sehen.

Allein in diesem letzten Ritual scheint die rote Rede mit der Provinz-Rede zusammenzutreffen, die auch ständig subsumiert, dabei aber jeden extremen Standpunkt vermeidet, Gegensätze eher verwischt als hervorkehrt und alles Private oder gar Intime tabuisiert (sofern es nicht im Modus „Klatsch" verbreitet wird, als öffentliches Anstoßnehmen an privaten Abweichungen). Tatsächlich aber laufen die beiden Kommunikationsformen auf dasselbe hinaus: die Bestätigung der eigenen Person im Reagieren der anderen, das durch die Konvention bestimmt ist. Man zeigt sich, wie die anderen einen zu sehen erwarten, weil man selbst so gesehen werden möchte. Ad hoc: Wer zur *scene* gehört, *hat* eben Beziehungsprobleme, Arbeitsstörungen, Orgasmusschwierigkeiten, und wer sie *nicht* hat (oder nicht darüber redet), macht sich verdächtig. Und wie in der Provinz ist auch in der *scene* die Kommunikation mit einer Fülle von averbalen (gestischen, mimischen) Elementen durchsetzt, die solche vorsprachlichen Übereinkünfte bezeugen und bekräftigen. Nehmen wir als Beispiel ein beliebiges Stück hellrote Rede, in dem sich ein alltäglicher Beziehungs- und Bestätigungs-Clinch abspielt, von wortlosen Repliquen des Gegenübers gesteuert:

„ . . . das fand ich gut, du, ein phantastisches Projekt, hat mich unheimlich fasziniert, also da war ich ziemlich beeindruckt von oder so — obwohl, naja, das war eben, irgendwie doch — ja, wenn man's so sieht, ich will mal sagen — also das ist schon irgendwie beknackt, du, unheimlich beschissen, weil nämlich — da müßte man noch viel mehr, denn — ich meine, das ist mir da ungeheuer klar geworden und das find ich eben so gut, du, also wirklich dufte . . ." (Mündlich)

Die dem Anschein nach „eigentliche" Rede ist der alltägliche und allgemeine „Kampf um Anerkennung", wie ein älterer germanischer Schamane es nannte (der übrigens seine beschränkten Provinz-Erfahrungen zum universalen philosophischen System erhob, das der linke Gründungsmythos dann wieder auf die Füße stellte). Damit kommen wir zu einem Aspekt der roten Subkultur, der uns erlaubt, ganz „normale" Verkehrsformen der Provinz gleichsam in der Retorte, in „abnormer" Verstärkung und Verzerrung zu betrachten und zu deuten. Ich meine die Identitätssuche und -sicherung, die des Individuums sowohl wie die seines sozialen Verbandes, die eng miteinander verknüpft sind, da die soziale Ordnung der westlichen Gesellschaften bestimmte „Rollen" und „Karrieren" für ihre Mitglieder bereithält, die diese ergreifen müssen, um jene Ordnung zu gewährleisten. Das ist bekannt. Bekannt ist auch, daß Fremdes und Störendes, für das es keine sozialen Nischen, keine Toleranzen gibt, oftmals brutal ausgestoßen oder ausgemerzt wird. Weniger bekannt ist hingegen, daß es, jedenfalls in überschaubaren sozialen Gebilden wie in der Provinz, *Singulärrollen* gibt, die jeweils nur von *einem* Individuum bekleidet werden können: im Dorf etwa der Schulze, der Pfarrer, der Apotheker, die Hebamme bis hin zum Kräuterweib, zum notorischen Säufer, zum Ortskommunisten, zum Dorfdepp. Taucht ein Konkurrent auf und setzt seinen Anspruch gegen den alten Rolleninhaber durch, so muß dieser seine Identität preisgeben, oder die Identität des Dorfes ist bedroht, denn *zwei* Bürgermeister oder Deppen würden nicht nur sich gegenseitig lähmen, sondern das Selbstverständnis der Gemeinde wie ihrer Mitglieder zerreißen. So auch in den hellroten Gruppen (in den dunkelroten kommt es gar nicht so weit, weil die Autoritätsstrukturen dort ehern sind). In den meisten gibt es eine abnorm hohe Zahl von Singulärrollen. An erster Stelle steht der text- und ritenkundige Obergenosse — tritt ein gleichwertiger Rivale auf, so spaltet sich die Gruppe oder neutralisiert beide und stürzt sich vielleicht in irgendeine unritualisierte Praxis, d.h. sie ändert allemal ihre Identität. Andere Singulärrollen können z.B. die des Geldmachers, der Bescheidwisserin, des Motzers, des Organisators, der Fürsorgerin, des Flippers sein, und die negativste ist die des Spitzels — : *einen* „Spitzel" verkraftet eine einigermaßen stabile Gruppe, aber niemals *zwei*,

166

das wäre die schiere Bedrohung (weniger von außen, wie die Leute meinen, als von innen), die keine Gruppe überlebt. Folglich wird durch das Auftreten eines neuen „Spitzels" der erste oftmals exkulpiert (etwas bleibt natürlich hängen und kann von Fall zu Fall, d.h. bei Bedarf, aktualisiert werden); aller Verdacht heftet sich nun an den neuen, die Gruppe bleibt ein konzentriertes Ganzes.

Rollenwechsel sind nicht selten, vielmehr die eigentliche Beschäftigung der Gruppe (jeder Neuzugang kann eine Umverteilung zur Folge haben), aber aus freien Stücken eine einmal eroberte Singulärrolle abzulegen und einfaches Mitglied zu bleiben, ist so gut wie ausgeschlossen. Eher legt man mit der Rolle auch die Gruppe ab. Man sucht sich dann eine neue, und der „Kampf um Anerkennung" zum Zweck seiner Abschaffung beginnt von vorn.

4. Feindbilder

Auffälliger als die Identitätsbedrohung von außen ist die von innen — in der Linken wie in der Provinz. Wenn Abweichler, für die es keine Nischen gibt (hier etwa der „Nestbeschmutzer", oft auch der „Kommunist", dort der „Revisionist", der „Anarchist", der „Renegat"), so erbarmungslos ausgestoßen werden, dann deshalb, weil sie zugleich den Feind verkörpern, der von außen kommt. Was feindlich erscheint, *muß* von außen kommen, und was von außen kommt, *muß* feindlich erscheinen. Die Provinzgemeinde, die von den Metropolen in ihrer Autonomie bedroht ist, hat nur die Wahl, sich dem Zugriff der Machtzentren zu öffnen und damit abhängig zu werden, d.h. ihre alte Identität preiszugeben, oder sich dem Zugriff so lange wie möglich zu entziehen und deshalb rückständig zu werden: sie igelt sich ein, versteinert in ihrer überkommenen Identität (wir sind wir — der Feind sind die anderen, die da draußen, die da oben). Das ist auch die Situation der Linken, nur daß sie eben mitten im feindlichen Lager sitzt: kraft eigener Definition. Beide sehen den Feind — nicht ganz zu Unrecht — als allmächtiges System, das nirgends zu fassen, zu stellen ist. Während im eigenen Lager praktisch jeder jeden kennt und haftbar machen kann (auch Macht und Einfluß sind hier personal gebunden, wohnen praktisch um die Ecke: der und der), bleibt das feindliche Lager anonym, die „Bonzen" sind nicht haftbar zu machen. Ob der oder jener regiert, bleibt sich deshalb gleich, denn „wir sind doch die Dummen", sagen die Provinzler, während die Roten, die nie „die Dummen" sind, eher etwas Tautologisches sagen, im festen Blick auf den Grundwiderspruch, den sie sich durch nichts trüben lassen mögen. Was nicht ausschließt, daß beide doch immer wieder zu wütender Personalisierung greifen und einen jener Bonzen, der ihnen zufällig ins Visier geriet, anprangern, um ihn „abzuschießen", womit sie das ganze System zu treffen wähnen; und wenn sie dabei wirklich mal einen kleinen Sieg erringen, fühlen sie sich so mächtig, daß sie gar nicht merken, wie sie zu guter letzt doch übertölpelt werden. Nachher haben sie's dann wieder von Anfang an gewußt. Das sind, von außen gesehen, vielleicht pathologische Züge, die aber aus den besonderen Lebensbedingungen folgen und im Ernstfall bis zu paranoischem Verfolgungswahn gedeihen; dann sehen sie den Feind (den Verräter, den Spitzel) in jedem Nachbarn. Sie rücken noch enger zusammen, in noch kleineren Gruppen. Jede Gemeinde grenzt sich gegen die nächste, jede Gruppe gegen die andere ab, wacht eifersüchtig über ihrer Identität, anstatt sich, was realistischer erschiene, durch breite Verbündung und Verbrüderung für den Kampf gegen die Bedrohung von außen zu wappnen. Aber wollen sie denn kämpfen? Allem Anschein nach suchen sie nur sich selbst. Die Entscheidungszentren, denen sie fernstehen (selbst wenn sie mitten in den Metropolen sitzen), sind ihnen unheimlich, „das Böse" eben; schon untergeordneten Instanzen gegenüber zeigen sie Berührungsangst. „Wir sind wir", aber „die da", das System, von dem sie fasziniert sind, kriegen sie nicht aus dem Kopf (weil es als solches nur dort existiert). So fassen sie sich — verängstigte Kinder im dunklen Wald — noch fester an den Händen und sind stark.

Sie sind desto stärker, je schwächer sie sind. Diese absurde Behauptung beschreibt exakt einen Tatbestand, dessen scheinbarer Widersinn System hat: 1. Der unter den Gruppen ausgetragene Konkurrenzkampf wird nicht um die Zahl der Mitglieder geführt, auch nicht um irgendwelche Prämien oder Punkte, die sich einsammeln ließen: es geht nicht um *Kumulation*, sondern um *Selektion*, der Maßstab ist der Grad an „Radikalität" (von lat. *radix*, Wurzel, also „Wurzelhaftigkeit"). Ausgeschieden werden müssen alle Weichlinge, Abweichlinge, weil sie die „radikale" Orientierung der Gruppe beeinträchtigen, ihre Identität schwächen. 2. Dieser Wettkampf wird, seiner Definition gemäß, weniger *zwischen* den Gruppen als *innerhalb* der Gruppen entschieden; daher ihre ständigen Spaltungen und Reinigungen. Erst wenn man Gewißheit hat, daß kein schwaches Glied mehr in der Kette ist, weiß man sich sicher und stark, und diese Gewißheit hat man erst, wenn die Kette kurzgeschlossen ist. Die letzte Konsequenz wäre die Einglied-Kette, also die Selbstaufhebung der Kette durch die Verwirklichung ihrer Idee. Es gibt in der Tat einen Trend in diese Richtung, der aber aus dem *scene*-Zusammenhang herausführt (die Anzahl solcher Ein-Glieder ist deshalb schwer abzuschätzen). 3. Da über die inhaltliche Bestimmung jener Wurzelhaftigkeit keineswegs Einigkeit besteht, setzt sich nun doch wieder eine Rivalität der Gruppen untereinander durch, die zu der für die *scene* so charakteristischen Fluktuation führt. Idealtypisch lassen sich zwei Hauptrichtungen angeben: das Vorherrschen des *millenarischen* und das des *manichäischen* Zuges. Die einen setzen mehr auf das kommende „Reich der Freiheit" und eilen (oder trödeln) ihm entgegen, die anderen lehnen das als opportunistisch ab und betreiben (oder bereden) den kompromißlosen Kampf zwischen Gut und Böse. 4. Bei diesen Manichäern erringt die Palme der Wurzelhaftigkeit, wer den Feind (das System) am schwärzesten malt, seine Bosheit und Macht ins Extrem steigert. Und da das Gute (stellvertretend: man selbst) in allem das Gegenteil des Bösen ist, folgt aus dessen Stärke zwingend die eigene Schwäche. Kurz: nur wenn man schwach ist (in der Zahl), ist man stark (im Geist). Das ist der neue Umschlag der Quantität in Qualität.

Aus dieser streng *logischen* Ableitung haben nun allerdings ein paar Grüppchen die (wie sie sagen) *logistische* Folgerung gezogen: Wenn unsere Schwäche Stärke ist, muß des Gegners Stärke Schwäche sein, und sind zur bewaffneten Tat geschritten, um den Gegner bloßzustellen in seiner ganzen Scheußlichkeit und − Lächerlichkeit. Das ist ihnen z.T. auf Anhieb gelungen (und gelingt immer wieder), aber die Kosten sind hoch, denn der Gegner hat nun zum ersten Mal richtig zurückgeschlagen, und zwar gegen die ganze linke *scene*, so daß in dieser, die sich zunächst nicht weiter um jene Logistiker bekümmert hatte, eine beträchtliche Unruhe und neuer Streit entstand, der ganze Gruppen und selbst Individuen spaltet: Sind die bewaffneten Roten wirklich rot oder haben sie diese Farbe nur usurpiert? Sind sie vielleicht sogar (,,objektiv", wenn nicht ,,subjektiv") Agenten des Feindes, die gegen uns arbeiten? Aber (so wird eingewandt): ,,Wenn der Feind uns bekämpft, ist das gut und nicht schlecht", und was gut ist, muß gefördert werden, gerade durch die eigenen Genossen, und sei's auch gegen die eigenen Genossen, ja gegen sich selbst: es lebe der Kampf! So weit gehen freilich nur wenige (verbohrte Manichäer!), während die meisten (gläubige Millenarier) darauf beharren, daß die rote Lehre *logisch*, nicht *logistisch* gemeint ist und daß die Logistiker sich weit außerhalb der roten Mythologie bewegen. Dem Beobachter, der von außen kommt, fällt noch deutlicher ins Auge, daß sie sich auch weit außerhalb der roten *scene* und ihrer Verkehrsformen bewegen. Hier gibt es keine Verwandtschaft mehr zur gegenwärtigen germanischen Provinz, dafür aber zu einer anderen, älteren, der *gallischen Provinz*, deren Helden und Heldentaten gerade von den Roten verehrt werden — nämlich jenes gallische Völkchen, ein Dorf nur inmitten einer feindstrotzenden Umwelt, das überraschend ausholt und dem verblüfften Gegner mit dreisten Operationen zusetzt, von denen es allemal dank angeborenem Witz, magischem Trank und unsäglichem Bardengesang siegreich heimkehrt zum Wildschweinschmaus: der Gegner ist zwar nur blamiert (man braucht ihn ja für den nächsten Streich), aber der verhaßte Kollaborateur ist zerschmettert (Quislinge wachsen nach). In dieser gallischen Provinz, behaupten wir, haben jene Logistiker ihren wahren Bezugspunkt; ihre Idee vom bewaffneten ,,Volkskrieg" ist ganz offensichtlich abgeleitet von den kriegerischen Abenteuern dieses verschworenen Völkchens (der Asterix-Obelix-Bande, wie man es personalisierend nennt), nur mangelt es ihnen — leider! — weniger an krächzenden Barden als an der für den Sieg notwendigen Magie: das Rezept des Zaubertranks ist nicht überliefert.

Um diesen unvermeidlichen Exkurs abzuschließen: Mit der roten *scene* haben jene Krieger nichts im Sinn. Was aber hat dann sie mit ihnen im Sinn? Warum ihre offene oder verstohlene Fixierung auf jene unorthodoxen Abenteuer? Ich vermute, daß es sich dabei um eine Dimension der linken Verkehrsformen handelt, die hier unerörtert bleiben muß: um den hellroten *Traumverkehr*, der — unkontrolliert von der eigenen Mythologie und Lehre — eine Art individualistische Dispens- und Discount-Funktion haben dürfte. (Ob es auch einen solchen Traumverkehr der Dunkelroten gibt, ist ungewiß; es scheint fast, als seien bei ihnen selbst die Abschweifungen reglementiert.) Doch mit all diesen bewaffneten Tagträumen und heroischen Phantasien, ob sie sich nun an Asterix oder Django oder Cannon entzünden (oder eben an jenen Logistikern), beziehen sich die Hellroten nur projektiv, nur symbolisch auf Äußeres, in Wahrheit aber auf sich selbst. Denn in Wahrheit — und damit kommen wir auch wieder zur zeitgenössischen Provinz zurück — interessieren sie sich einzig für sich. Das erklärt ihren Lokozentrismus, der in der Provinz u.a. als „Kirchturmpolitik" in Erscheinung tritt und in der Sponti-*scene* als Kochen im eigenen Informationssaft: diese Roten, die so weltläufig auftreten und sich in alles, was irgendwo in der Welt geschieht, hineinzuhängen lieben, sind wirklich betroffen nur von dem, was sie selbst betrifft. Ihr ausgebautes Kommunikationssystem sorgt dafür, daß jeder alles weiß und möglichst früher weiß als der andere: *scene*-Klatsch, *scene*-Gerüchte. Neuigkeiten verbreiten sich mit Windeseile nach dem Schneeballsystem (jeder möchte beweisen, daß er weiß), und selbst mitten in der Nacht können innerhalb einer halben Stunde ein paar hundert Rote an einem Ort zusammenströmen, „wo was los ist", wie wenn im Dorf die Feuerglocke läutet oder im Busch die Trommel gerührt wird. Und wenn mal was Grösseres los ist, das sie irgendwie betrifft, pflegen sie tage- und nächtelang vor ihren Bild- und Tonapparaten zu sitzen, Berge von Gazetten zu sammeln, die Berichte fast auswendig zu lernen, sie ununterbrochen zu kolportieren, zu kommentieren, zu extrapolieren — voll Stolz oder Grimm oder Gier, je nachdem, ob sie sich von ihnen bestätigt fühlen oder nicht, und offenbar ganz vergessend, daß sie dieselben Neuigkeitsquellen doch längst als vom bösen Feind vergiftet und verstopft „entlarvt" haben. Die *wahren* Nachrichten stammen natürlich aus anderen Quellen: dem eigenen Augenschein, dem Bericht eines Genossen, dem Hörensagen in der Kneipe etc. Dieser sympathisch-provinzlerische, aber etwas kurzsichtige Konkretismus steht in direkter Beziehung zu ihrem Traumverkehr: er verleitet zu Phantastik, zu orientalisch aufgebauschten Meldungen über Scharmützel und Siege. Da wird dann schnell aus einem Kratzer ein Blutbad, und aus einem Rentnergrüppchen, das über die schlechten Zeiten schimpft, wird ein sich erhebender Stadtteil. Solches berichtend und hörend, kriegen sie einen Glanz in die Augen, der Blick schweift ins Ferne und Weite einer heroischen Vision . . .

5. Die Massen als Ahnen
Jetzt erst sind wir in der Lage, die zu Anfang gestellten Fragen nach dem Verhältnis der Roten zur Stammbevölkerung und nach dem Garanten ihrer Heilserwartung wieder aufzunehmen. Wenn ich sagte: ,,In Wahrheit interessieren sie sich einzig für sich'', so war das nur die halbe Wahrheit. Die andere Hälfte ist, daß sie sich durchaus nicht so isoliert und ohnmächtig wissen, wie sie es im Grunde sind (und sich in ihrem Privatverkehr oft eingestehen), sondern sich gleichsam im Schoß einer starken Gottheit sitzen sehen, die sie *Revolution* nennen. Zumindest in den Reden, die sie sich gegenseitig gerne halten, und auf den beschriebenen Papieren, die sie ständig untereinander verteilen, beschwören sie immer wieder diese Gottheit und ihr Volk, die *revolutionären Massen*. Aber die Beziehung zwischen diesen und ihnen selbst scheint dunkel, schwierig, gestört zu sein. Nehmen wir den folgenden Text, einen von Tausenden:

,, . . . weil wir uns völlig im Unklaren waren über das Verhältnis von revolutionärer Initiative und Massen, weil wir es noch nicht gelernt hatten, auf der Ebene von Massenbedürfnissen und -möglichkeiten zu denken und uns zu verhalten . . .
Nach der Massenwirksamkeit der Aktion fragen, sich auf die Massen zu beziehen ist nicht Ausdruck von Schwanzeinziehen, Angst . . ., sondern revolutionäre Pflicht. Wir werden es uns nicht nehmen lassen, alle revolutionären Aktionen daran zu messen, wie sie die revolutionäre Position in den Massen stärken, verankern . . .
. . . dürfen wir nicht vergessen, daß diese Entschlossenheit nicht aus dem Nichts der subjektiven Entschlossenheit kommt, sondern vor allem aus der festen Verankerung der Genossen und Genossinnen in der Massenarbeit, in der Bewegung der Massen . . .'' (Paper, RK, Frankfurt 1975)

Das ist kompliziert. Tragen nun die Genossen ihre Göttin Revolution in die Massen, oder tragen die Massen die Genossen zu dieser Göttin? Und wer eigentlich sind diese Massen — die Menschen rundum oder andere Wesen? Viel ist da die Rede von den ,,Bedürfnissen'' der Masse, aber wiederum zwiespältig: es wird unterschieden zwischen den ,,wahren'' und den ,,falschen'' Bedürfnissen — ein und derselben Masse? Oder muß man, konsequent manichäisch, annehmen, daß es *zwei* Massen gibt, die *wahre* und die *falsche* Masse?

Vielleicht hilft uns ein Blick auf die Provinz weiter. Auch hier wissen sich die Bewohner der kleinen Siedlungen, die selten die Kopfzahl einer großstädtischen Sponti-*scene* übertreffen, nicht allein gelassen in ihrem Kampf gegen die Zentren. Ihr trotziges „Wir sind wir" schließt stillschweigend mehr ein als jene Kopfzahl, viel mehr, nämlich die kleinen Leute allüberall, also *das Volk* (ähnlich wie bei den Roten), das aber merkwürdig gesichtslos und abstrakt bleibt: es sind nicht eigentlich die Leute aus den Nachbargemeinden, zu denen man meistens ein gespanntes Eifersuchtsverhältnis hat (so wie die linken Gruppen untereinander), und noch weniger die Leute aus entfernteren Gemeinden, von denen man praktisch nur weiß, daß es sie gibt (so wie die Roten von ihresgleichen in fremden Städten und Ländern); dieses „Volk" sind vielmehr — und das ist eine Hypothese, für die ich allein die Verantwortung übernehme — dieses „Volk" sind *die Ahnen*, d.h. alle Vorfahren der hier Ansässigen, alle toten Geschlechter, seit Jahrhunderten; also sehr viele. Das Verhältnis zu ihnen, die sozusagen im Geiste überall dabei sind und mitreden, ist relativ spannungslos: die Lebenden wiederholen ja nur diese Toten. Indem sie beim Alten bleiben, keine Neuerungen einführen, wahren sie die Identität mit sich selbst und mit jenen. Im Namen dieser Ahnen-Geister (auch Sitte, Erbe, Herkommen genannt) führt die Provinz ihren Kampf gegen die modernen Zentren.

Sollten die „Massen" der Roten auch solche Ahnen-Geister sein? Hier ist die Beziehung nicht so unproblematisch, was sich aber daraus erklären mag, daß diese Roten ja ihre angestammten Ahnen verlassen, verraten haben — sie haben sich *Wahl-Ahnen* zugelegt, nämlich alle toten Anhänger der Göttin Revolution, von den Sklaven des Spartacus über die aufständischen Bauern des 16. Jahrhunderts und die revoltierenden Bürger des 18. und 19. Jahrhunderts bis zu den Roten Armeen unseres Säkulums. Diese rote Ahnen-Armee schließt nicht nur siegreiche, sondern auch geschlagene Helden ein, wie die Pariser Communarden, ja sogar verschlafene und mit Schmach bedeckte Kader von gestern, deren Ruhm sie nun singen, um sie für ihr Geisterheer zu rekrutieren. Und man darf vermuten, daß sie ihm auch die Ungeborenen zuschlagen, die *kommenden Ahnen*, sowie mancherlei Fuß- und Hilfsvölker, die *potentiellen Ahnen* von einst und heute. Jedenfalls scheint die Armee riesig zu sein. Und sehr launisch: Sie muß immer wieder beschworen, umworben, bestochen werden, um nicht den falschen Fahnen zu folgen.

Daß diese Heerscharen die „Massen" der Roten seien, ist, wie gesagt, nur eine Hypothese. Wir wollen sie an einem Beispiel erproben. Im folgenden Zitat taucht neben „China", einem in der roten Mythologie sehr positiv besetzten Territorium (Land der großen Hoffnung), der in der roten Dämonologie eine wichtige Rolle spielende „Strauß" auf, eine Art Oberteufel z.b.V. Wenn wir das im Auge behalten und statt „Massen" jeweils „Ahnen-Geister" lesen, wird sich uns dieser Text — und zugleich der vorangegangene, der so widersinnig erschien — vielleicht erschließen:

„Unbestreitbar hat die Chinareise die Position von Strauß bei den MASSEN enorm gestärkt . . . Strauß hat sich sehr wohl überlegt, wo er hinfahren muß, um seinen Coup zu starten und bei den MASSEN zu landen. Und seine Entscheidung, gerade nach China zu fahren und nicht nach Rußland, USA oder DDR (negativ besetzte Territorien), beruht sehr wohl auf einer politischen (ritualistischen) Analyse des Bewußtseins der MASSEN, auf der Frage danach, wo er politisch ansetzen kann, wo er am besten die Wünsche und Bedürfnisse der MASSEN für seine reaktionäre Politik (schwarze Magie) verwenden kann . . .
Die MASSEN reagierten genau so, wie es Strauß analysiert, kalkuliert und dann ausgespielt hat, sie werteten Strauß auf, weil China ihn empfing, und nicht China, weil Strauß dorthin ging. Strauß hat also eine sehr starke Identifizierung der MASSEN mit ‚Rot-China' analysiert und geschickt für seine Zwecke ausgespielt.
Fatal wäre es, wenn sich die Linken nun hinstellen und gegen die MASSEN argumentieren würden, daß China reaktionär, bürokratisch und wer weiß sonst noch was sei. Strauß hat die Identifizierung der MASSEN mit China rein emotional für sich ausgenutzt, wir müssen herausarbeiten, womit sich die MASSEN in China identifizieren, es benennen, bewußt machen und gegen die bundesrepublikanischen Verhältnisse (= das System, das Böse) stellen; den Kredit, den China hier bei den MASSEN hat, müssen wir für uns verwenden und nicht Strauß überlassen." (WWA Nr. 25, Februar 1975, S. 14, Hinzufügungen in Klammern M.D.)

Wir wollen die Schlußfolgerung dem Leser überlassen und hier nur noch anmerken, daß diese Massen, seien sie nun Ahnen oder Enkel oder Zeitgenossen, in dem großen Kampf zwischen Gut und Böse offenbar das eigentliche Streitobjekt sind. Sie gelten als gute („wahre") bzw. als böse („falsche") Massen je nachdem, ob sie den eigenen Fahnen oder denen des Feindes folgen. Und da die sichtbaren Massen Germaniens das letztere tun, müssen die Roten, wenn sie auf ihre „Verankerung in der Bewegung der Massen" setzen, wohl unsichtbare Massen im Sinn haben, die aber ganz andere Opfer erheischen als die Provinz-Ahnen — wodurch sich auch die eingangs erwähnte „Tabuisierung" erklären mag: was sich gegenseitig ausschließt und verteufelt, sind weniger die heute Lebenden als die Ahnen, diese eifersüchtigen Inkubi.

6. Kopf und Bauch

Wenden wir uns nun einem letzten Problem zu, der Frage nach der Realbasis der von uns teils beobachteten, teils erschlossenen Ähnlichkeiten zwischen der Linken und der Provinz. In gemeinsamen Lebensbedingungen können sie nicht gründen. Das enge Zusammenleben und ständige Miteinander-Verkehren inmitten einer feindgetönten Umwelt, das die beiden Bevölkerungsgruppen teilen, erklärt zwar einiges, ist aber weniger eine Bedingung als eine Folge — doch wovon? Im Falle der Provinz liegt das klar zutage, nicht hingegen im Falle der Roten, deren Existenz praktisch aus gar nichts folgt. Sie werden zum großen Teil „ausgehalten" von der Gesellschaft, in die sie sich eingenistet haben (und wenn sie einem Beruf nachgehen, dann außerhalb der *scene*); ihre mannigfaltigen sozialen Beziehungen sind im Grunde ohne sozialen Inhalt (der Vorsatz, „neue Lebensformen" zu entwickeln, ist weitgehend Vorsatz geblieben); der Wahrheits- und Allgemeinheitsanspruch ihrer Auffassungen ist aus alten Büchern abgeleitet, nicht aus alten Erfahrungen („es ist eben so") und deren Niederschlag in sozialen Ordnungen („es muß so sein"), die im Fall und unter dem Vorwand der Bedrohung von innen oder außen durch sozialen Druck, ja Terror aufrechterhalten werden (diesen Aspekt des Provinzlebens haben sich die Dunkelroten angeeignet, ebenso willkürlich wie die Hellroten den anderen). Kurz, was auf dem Land, in der Kleinstadt aus dem Immergleichen der täglichen Verrichtungen folgt und deshalb (um es in linker Terminologie auszudrücken) *notwendig falsches Bewußtsein* ist, wäre in der *scene*, falls die von uns gezogenen Parallelen stimmen, *willkürlich falsches Bewußtsein*, das sich als richtiges ausgibt; Wahn, der sich als allgemein setzt: ein *glückliches* Wahnsystem, weil es aus keiner Notwendigkeit

175

folgt und weil es seine faktische Nicht-Allgemeinheit, ja gesellschaftlich geahndete Abnormität gleich miterklärt als Wirken des bösen Feindes, der aber nichts dagegen vermag, daß jene ideelle Allgemeinheit gegenwärtig und wirksam ist in jedem einzelnen Sponti-Subjekt. Zwischen dem Allgemeinen und dem Besonderen sind darum keine lästigen Vermittlungen nötig — das eine garantiert das andere. (Deshalb auch die Neigung — oder der Zwang? —, alles was geschieht, jeden Gruppenkonflikt, jedes Aktiönchen gleich ins Allgemeine der Lehre zu heben und von daher zu bewerten, ohne Rücksicht auf Ebenen und Dimensionen, als entschiede sich hier und jetzt das Schicksal der Großen Revolution, als seien drei in ihrem Namen versammelte Rote schon die zum letzten Gefecht angetretenen Massen.) Ähnliches kennen wir aus der Provinz. Nur daß das, was dort die materielle Reproduktionsbasis und die soziale Kontrolle besorgen, in der roten *scene* allein aus dem Kopf kommt.

Demnach wäre *die Basis* der roten Subkultur — *der Kopf*? Ich sehe in der Tat keine andere. Und wer mich darob der Ansteckung durch den alteuropäischen Idealismus bezichtigt, wird sich fragen lassen müssen, woraus *er* denn diese Kultur ableiten möchte. Vielleicht aus den „Blauen Bänden", also dem roten Gründungsmythos. Aber woher stammt er, wenn nicht aus dem Kopf? Und warum ist das, was dort steht, kaum wiederzuerkennen in dem, was hier geschieht? Warum hat stattdessen, was hier geschieht, so viel Ähnlichkeit mit dem, was in einer ganz anderen Kultur geschieht, die gewiß nicht aus dem Kopf (oder den „Blauen Bänden") entsprungen ist? *Das* ist die entscheidende Frage. Eine Antwort darauf kann beim gegenwärtigen Stand unseres Wissens nur induktiv und hypothetisch sein. Sie soll gleichwohl versucht werden.

Anzumerken wäre zunächst, daß die abendländischen Köpfe entgegen dem, was ihre Fürsprecher sagen, weder der Motor sind, der alles bewegt, noch Freiräume, in denen alles möglich ist, noch auch Spiegelkabinette, die nur abbilden, was draußen geschieht (drei Kopf-Lehren übrigens, die sich selbst köpfen). Sie sind vielmehr, was immer sie sonst noch sein mögen (oder können und dürfen), die Bedingung dafür, daß außerhalb ihrer alles geschieht, wie es geschieht. Sie sind die Programmspeicher des Systems. Zahlreiche Untersuchungen haben bestätigt, daß diese Gesellschaften nicht nur mit einem Minimum an dem von ihnen so gepriesenen autonomen Denken und freien Entscheiden ihrer Mitglieder auskommen, sondern es im Interesse ihres Wohlbefindens noch ständig einschränken. Wer hier „seinen Weg machen" will, tut gut daran, sich keinen eigenen zu suchen, sondern einen stark begangenen zu wählen und dort möglichst viele andere möglichst sichtbar zu überholen. Und dort, wo die „freie" Kopfarbeit honoriert wird, also vornehmlich auf den Hohen Schulen, zeigt sich nicht im mindesten ein anderes Verhalten: hier wird, wie sonst der Denkverzicht, eben das Denken als ritualisierter Wettbewerb betrieben (und bestehe die Aufgabe auch darin, zu beweisen, daß solcher Wettkampf vom Übel sei). Dieses Verhalten ist den Köpfen von Anfang an einprogrammiert und wird durch die soziale Ordnung immer von neuem durchgesetzt und verstärkt. Der Code ist *binär*: Ja/Nein, Ja/Nein, Ja/Nein (oder: Gewährung/Versagung, Gewährung/Versagung . . .). Stark schematisiert läßt sich das folgendermaßen darstellen:

Diagramm 3

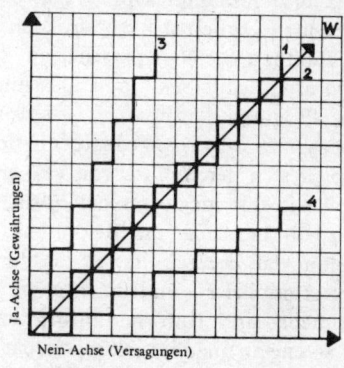

Die beiden Treppen 1 und 2 stehen für die zwei möglichen Durchschnittskarrieren mit ungleichen Ausgangsbedingungen (+−+−+− . . . , bzw. −+ −+−+ . . .), aber gleichem Verlauf: trotz der Phasenverschiebung sind sie direkt aufeinander bezogen, die betreffenden Subjekte können sich bei jedem zweiten Zug als „gleich" betrachten — sie bleiben sozusagen in Tuchfühlung miteinander und auch mit dem „mittleren Wahrheitswert" (W). Die Kontrasttreppen 3 und 4, die ebenfalls spiegelsymmetrisch verlaufen (bezogen auf W), stehen für eine privilegierte (++−++− . . .) bzw. eine depravierte (−−+−−+ . . .) Laufbahn.

Nehmen wir nun an, daß dieses Koordinatensystem ein (zunächst begrenztes, überschaubares) soziales System „abbilden" soll; wir müßten dann berücksichtigen, daß der Bereich der „Versagungen" von privaten Rationalisierungen bis zum kollektiven Terror reicht, und für die Instanzen und Rahmen dieser direkten oder indirekten sozialen Kontrolle, die zugleich die Programmierung der Subjekte besorgen, eine Reihe neuer Parameter einführen — Familie, Nachbarschaft, Korporationen, Stand (Klasse), Gemeinde etc. —, was möglicherweise zu einer Krümmung wenn nicht gar Spaltung des ganzen Rasters führen könnte, und zwar desto mehr, je größer und komplexer das soziale Gebilde wird (ohne daß sich damit an seinem grundsätzlich binären Code etwas ändern würde). Das Modell würde äußerst kompliziert und redundant werden, aber das wäre nicht nur eine Schwierigkeit der „Abbildung", vielmehr dieser Systeme selbst, die sie allerdings von einem bestimmten kritischen Punkt an durch Komplexitätsreduzierung von sich aus zu beheben suchen: ein Prozeß, der in den größeren Städten des Territoriums seit einigen Jahrzehnten in Gang ist und sich rapide auch auf die Provinz ausdehnt. Zum Opfer fallen ihm einige der das soziale Leben ursprünglich strukturierenden, später aber komplizierenden Rahmen wie Nachbarschaften, Korporationen, Stände, Klassen usw. Es bleiben die Familie und die Arbeitswelt als wichtigste Programmierungs- und Performanzbereiche, wie schon im Diagramm 1 (a) angedeutet: in den Sphären 1 (und 2) sowie 4 spielt sich der Wechsel von Versagung und Gewährung ab, und zwar in fast idealtypischer Form, als komplementäres Verhältnis von Leistung und Belohnung. Aber nicht in dem simplen Sinn, daß die Arbeitswelt der ausschließliche Ort der Leistung und die Privat- und Intimsphäre jener der Belohnung wäre; vielmehr sind (informationstheoretisch gesagt) beide „Signale" so eng aneinander gekoppelt, daß sie fast eins werden: die Leistung wird selbst als Belohnung erfahren und die Belohnung (der Konsum) nimmt den Charakter der Leistung an, der Verausgabung, ja der Versagung, die zu neuer Gewährung = Leistung/Belohnung antreibt und so fort. Schematisch ausgedrückt: die beiden Treppen 1 und 2 aus Diagramm 3 klappen tendenziell zusammen, sie „vollstrecken" sozusagen die Kurve des mittleren Wahrheitswertes, d.h. der Legitimation des ganzen Systems, die durch andere Subsysteme nicht mehr definiert wird und deshalb mehr denn je auf diese Vollstreckung angewiesen ist, wenn das System nicht der Legitimation ermangeln soll.

Damit wird das System natürlich krisenanfällig, was uns hier aber nicht weiter beschäftigen kann. Wichtiger in unserem Zusammenhang sind zwei Störungsfaktoren, die von den noch nicht und den nicht mehr in das Leistungs/Belohnungs-Syndrom eingebundenen Gruppen kommen, den Jugendlichen und den Alten. Die letzteren konnten bisher dank ihrer „alten" Programmierung relativ leicht abgespeist werden, aber das Problem wird spätestens dann akut werden, wenn die schon „moderner" Programmierten in die Rentnerphase treten. Bei den Jugendlichen ist es schon heute akut; nicht weil hier die Programmierung versagte, sondern weil sie zu gut ist, weil das System seiner Programmierung noch nicht ganz gewachsen ist. So kommt es zu individuellen oder kollektiven Ausbrüchen (z.B. „Rockerbanden") oder zur Bildung von Subsystemen, letzteres besonders dort, wo den Jugendlichen und Heranwachsenden ein sog. „verlängertes Moratorium" gewährt oder aufgenötigt wird, das sie dem realen Leistungs/Belohnungs-Syndrom fernhält oder es nur simuliert wie in den Hohen Schulen. Und sobald ein solches Subsystem einmal existiert und sich zu profilieren vermag als potentielle Alternative zum herrschenden System, zieht es von überall her Subjekte an, die mit diesem Schwierigkeiten haben.

Wir sprechen von der roten Bewegung des letzten Jahrzehnts. Sie nahm in der Tat ihren Ausgang von den Hohen Schulen des Landes; ihre Mitglieder und -läufer waren fast ausschließlich recht jungen Alters, aber sie waren — und das ist das Entscheidende — gegenüber anderen Jugendlichen „ungleichzeitig", d.h. relativ altertümlich programmiert aufgrund ihrer sozialen Herkunft. Ihr z.T. noch „humanistischer" oder „provinzieller" Code erzeugte dann die für die rote Subkultur typischen Strukturen und Verkehrsformen: aus dem Kopf, wie wir sagten, — jedoch nicht als freien Entwurf. Es war (und ist) ein sehr prekärer und komplizierter Prozeß, weil sich hier aus immanenten Gründen dem fundamentalen binären Rhythmus ein ternärer Rhythmus überlagert, was wir wiederum an einem Modell aufzeigen wollen:

Diagramm 4

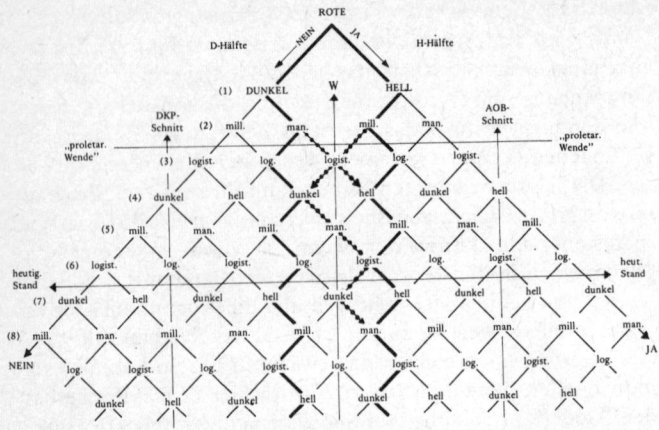

In diesem synchronisch-diachronischen Modell, das Diagramm 3 um 135° kippt, sind die Ja- und die Nein-Achse nicht mehr als absolute Grenzen zu verstehen, sondern als zeitabhängig und relativ. Ebenso werden die drei Gegensatzpaare (a) dunkel/hell, (b) millenarisch/manichäisch, (c) logistisch/logisch nicht mehr, wie im bisherigen Text, als absolute Werte genommen, sondern als rekurrente Alternativen, die sich von Stufe zu Stufe stärker relativieren. Auf jeder Stufe stellt sich eine dieser Alternativen, und zwar im Dreitakt a b c, a b c, ...; der binäre Grundcode bleibt also bestehen, wird aber gleichsam ternär gebrochen, oder anders gesagt: die drei im Wechsel aufeinander folgenden Alternativen a-b-c sind nicht mehr eindeutige Nein/Ja-Gegensätze, sondern verändern ihre Wertigkeit im ternären Rhythmus. Folglich bedeutet, je nach Position:

Dunkel: − Verzicht, Disziplin
          + Geborgenheit, Bindung

Hell: + Genuß, Befriedigung
          − Suche nach Befriedigung, Frustration

Manichäisch: − unerbittlicher Kampf zwischen Gut und Böse
             + „in diesem Kampf sind wir die Guten"

Millenarisch: + Erwartung einer besseren Welt
              − Verschiebung der Erfüllung auf später

Logistisch: − „wir müssen etwas tun", Anstrengung } praktische
             + „wir dürfen/können etwas tun", Entladung } Folgerung

Logisch: + geistige Befriedigung } theoretische
            − geistige Disziplin } Absicherung

180

Wie kommt es zu dieser komplizierten Struktur, die auf phänomenologischer Ebene nicht zu vermuten war? Wir sind bisher wiederholt auf die unter den Roten bestehende Tendenz zu Spaltungen und Gegensatzbildungen gestoßen und haben einige dieser „Bifurkationen" explizit dargestellt. Wir sehen jetzt, daß sie nicht kontingent sind, sondern mit dem den mitteleuropäischen Köpfen einprogrammierten binären Code zu tun haben müssen, womit allerdings noch nichts über ihre inhaltliche Bestimmung gesagt ist. Diese ergibt sich nun gerade aus der Tatsache, daß es bei den Roten zunächst *nur* das Programm, aber keine Inhalte gab, d.h. keine strukturierte (soziale) Umwelt, die, bei gegebenen Bedürfnissen des Subjekts (Ja-Achse), für die jeweiligen Versagungen, Rationalisierungen, sozialen Kontrollen etc. (Nein-Achse) sorgen würde, wie es Diagramm 3 für ein traditionales soziales Gebilde andeutet. Diese Versagungsachse mußte und muß also ihrerseits — aus dem Kopf — generiert werden, und zwar doppelt: zuerst als Rationalisierung der emotionalen Wahl (millenarisch/manichäisch), sodann, da diese Rationalisierung durch keinerlei äußere Gegebenheiten abgestützt ist, als Entscheidung für oder gegen eine praktische Folgerung daraus (logistisch/logisch), mit der gleichsam die Welt des Handelns, der Arbeit gesetzt bzw. negiert wird, wodurch sich dann wieder die Bedürfnisfrage stellt, usw. Wir haben also drei Schritte (Trieb, Rationalisierung, Praxis), die sich ständig wiederholen.

Halten wir uns an unser Modell (Diagramm 4). Ausgangspunkt ist die große Spaltung in Dunkelrot und Hellrot, die zu einer Halbierung des ganzen Feldes führt. In jeder Hälfte gibt es eine „normale" Karriere (+−+−+− . . ., bzw. −+−+−+ . . .), spiegelbildlich zu der der anderen Hälfte (stark gezogene Linien). In der D-Hälfte folgt dem großen *Nein*-Schritt (*dunkel*) nach dem binären Takt ein *Ja*-Schritt (*manichäisch*: „wir sind die Guten"), dann wieder ein *Nein*-Schritt (*logisch*: geistige Disziplin), ein *Ja*-Schritt (*dunkel*: Geborgenheit), ein *Nein*-Schritt (*millenarisch*: verschobene Befriedigung), ein *Ja*-Schritt (*logisch*: geistige Befriedigung), ein *Nein*-Schritt (*hell*: Bedürfnisse brechen auf, bleiben unbefriedigt), ein *Ja*-Schritt (*millenarisch*: man setzt auf die Zukunft), ein *Nein*-Schritt (*logistisch*: man schreitet zur Tat) usw. Die (binäre) Konsequenz dieser Karriere hat also eine deutliche Inkonsequenz der Orientierung zur Folge. Ähnlich steht es bei der hellroten Normal-Karriere: zuerst das große *Ja* (*hell*), dann ein *Nein* (*millenarisch*: verschobene Befriedigung), ein *Ja* (*logisch*: geistige Befriedigung), ein *Nein* (*hell*: Frustration), ein *Ja* (*millenarisch*: Hoffnung auf die bessere Welt), ein *Nein* (*logistisch*: man muß etwas tun), ein *Ja* (*hell*: man befriedigt sich), ein *Nein* (*manichäisch*: Kampf zwischen Gut und Böse) usw. Die letzten Schritte waren jeweils Extrapolationen, sie führen über den gegenwärtigen Stand hinaus; ob es überhaupt zu ihnen kommt, oder ob diese Normal-Karrieren an ihren inneren Unstimmigkeiten scheitern, also entweder vom binären Takt zerrissen werden oder ihn aufgeben, steht dahin.

Zu erwähnen wäre noch, daß die beiden Treppen sich nicht berühren, ja geradezu auf Gegensätzlichkeit angelegt sind: bei jedem zweiten Schritt kommen sie (d.h. ihre Benutzer) sich nahe, aber auf gegensätzlichen Positionen (z.B. *manichäisch* > < *millenarisch*), während sie bei den übrigen Schritten zwar gleiche Positionen beziehen (z.B. *logisch* < > *logisch*), aber aufgrund gegensätzlicher Entscheidungen. Die „Wahrheitslinie" (W) bleibt imaginär, oder besser: eine negative Größe, nämlich die Grenzlinie zwischen den beiden Hälften. Grenzüberschreitungen sind nicht nur theoretisch möglich, sondern auch in der Praxis feststellbar (wie überhaupt alle in diesem Modell vorgesehenen Bifurkationen für praktisch vollzogene Schritte stehen). Zwei dieser Überschreitungen bzw. Begegnungen (gepunktete Linien) seien hier stellvertretend für andere angeführt. An einem bestimmten (und tatsächlich dem ersten möglichen) Punkt kam es auf der Wahrheitslinie zu einer Begegnung von Dunkel- und Hellroten, aber infolge doppelt gegensätzlicher Schritte: von − *dunkel* über + *manichäisch* zu + *logistisch*, von + *hell* über − *millenarisch* zu − *logistisch*. Es war in beiden Fällen eine vom „normalen" Weg abweichende Entscheidung für praktische Arbeit (die sog. Betriebsgruppen-Phase), die aber, wohl aufgrund jener gegensätzlichen Entscheidungen, nicht zu einer Vereinigung, vielmehr zu einer noch deutlicheren Entmischung von Dunkel und Hell führte, allerdings individuelle Grenzüberschreitungen nach beiden Richtungen nach sich zog: von *Dunkel* drei *Ja*-Schritte nach *Hell*, von *Hell* drei *Nein*-Schritte nach *Dunkel*. Eine andere Grenzüberschreitung stehe hier als Beispiel für die überraschenden und dem Anschein nach widersinnigen Wege, die das Rot-Raster vorsieht: ein von der D-Hälfte ausgehender Nein-Ja-Ja-Nein-Ja-Ja-Nein-Ja-Ja-Weg, der, gerade weil er das Tripel *dunkel-manichäisch-logistisch* (in der Wertigkeit −++) konsequent durchhält, in die H-Hälfte führt: es ist der Weg einiger „abtrünniger" ML-Leute, wie sie sich nennen (was eine Abkürzung von *M*anichäisch-*L*ogistisch sein könnte).

Alle von diesem Modell vorgesehenen Bifurkationen, sagten wir, stehen für tatsächlich vollzogene Schritte. Das Rot-Feld müßte längst völlig diffus und chaotisch geworden sein, wenn dieser zwanghaften Aufsplitterung nicht gewisse Kräfte entgegenwirken würden. Da ist einmal die *Gravitation* der Normal-Karrieren, die Abweichungen immer wieder anzieht (bes. in der D-Hälfte), und zum anderen die *Repulsion* durch die beiden Schenkel, die aus dem eigentlichen Rot-Feld unaufhaltsam hinausdrängen und es von Schritt 4 an praktisch beschneiden (DKP-Schnitt und AOB-Schnitt). Beide Schenkel sind logisch (d.h. hier: binär) unmöglich (− − − − − bzw. + + + + + +). Inhaltlich zeigt der *Nein*-Schenkel die sich monoton wiederholende Folge −*dunkel*, − *millenarisch*, − *logistisch* (also Verzicht, Verschiebung, Anstrengung) − es ist der (Ab)Weg einer Reihe von „Negativisten", die sich die Symbole DKP zugelegt haben (das erste steht wohl für Dunkel, das letzte für Partei, während das mittlere zu entschlüsseln uns bisher nicht gelungen ist). Der H-Schenkel dagegen hat eine ganz andere Folge: +*hell*, +*manichäisch*, +*logistisch*, +*hell*, +*millenarisch*, +*logisch*, +*dunkel*, +*manichäisch* usw. (also Genuß, „wir sind gut", befreiende Tat, Genuß, schöne Erwartung, geistige Befriedigung, enge Bindung, „wir sind gut" usw.) − es ist der (Ab)Weg einer Reihe von „Positivisten", von denen schon die Rede war: die Nachfolger der Asterix-Obelix-Bande (AOB), die im hellroten Traumverkehr eine gewisse Rolle spielen: imaginäre Identifikation bei praktischer (code-bedingter) Distanzierung, wie wir jetzt folgern können.

Werfen wir schließlich noch einen Blick auf die mögliche Weiterentwicklung der hellroten Normal-Karriere. Wenn sie derzeit in die Phase +*hell*/−*manichäisch* tritt, folgen als weitere Schritte +*logistisch*/−*dunkel*, und das ist prekär, gewissermaßen ein Engpaß (eine Parteigründung?), vor dem möglicherweise viele Hellrote zurückschrecken werden. Ob dies zu einer Durchbrechung des binären Zweitakts oder eher zu einer Aufhebung der ternären Struktur führen wird, ist ganz offensichtlich eine Frage der hellroten Praxis und ihrer Orientierung — eine Frage, die immer dringlicher wird, denn die *scene*, die kaum noch Zugänge von außen, dafür aber mancherlei (z.T. wohl altersbedingte) Abgänge zu verzeichnen hat, vermehrt und verjüngt sich gleichwohl ständig — durch biologische Selbstreproduktion (die Geburtenrate liegt weit über der der übrigen Bevölkerung; für demoskopische Voraussagen reichen die verfügbaren Daten allerdings noch nicht aus). Damit stellt sich auch dringlicher als bisher das Problem der materiellen Selbstreproduktion. Es gibt tatsächlich Anzeichen dafür, daß es nicht nur gesehen, sondern auch angepackt wird. Darauf soll zum Schluß noch kurz eingegangen werden.

7. Entäußerungen

Provinz aus dem Kopf, so sagten wir. Das erschöpft sich nicht in der von uns aufgezeigten Wiederholung der alten Provinz, vielmehr gedeiht in der heutigen *scene* zugleich das Wunschbild einer neuen, einer *erlösten* Provinz. Sie ist noch im Kopf, aber sie drängt schon zur Konkretion (bildlich gesprochen: zum Bauch). Wir wollen dafür zwei vielleicht nicht typische, aber symptomatische Beispiele anführen, die den roten Willen zur Tat, zur praktischen Veränderung bezeugen. Im ersten Fall geht es um den Plan, inmitten einer düsteren, mörderischen Metropole ein hellrotes Kulturzentrum zu gründen, ein Zentrum,

„ . . . das dem Anspruch Rechnung tragen muß, ein Zentrum für Linksradikale zu sein, ein Zentrum, in dem wir unsere Bedürfnisse und das Interesse, das wir aneinander haben, ausleben können.
. . . daß das Zentrum ein Ort ist, an dem die (hellrote) Linke, die an bestimmten Sachen oder in unterschiedlichen Bereichen arbeitet, sich treffen kann, zusammen essen, trinken, reden kann — also ein Ort, an dem man nicht mit irgendwelchen Saftnasen (Andersfarbigen) konfrontiert ist, mit denen man nichts zu tun hat . . . In bezug auf die Kneipe kann man an Phantasie recht viel entwickeln. Neben dem Saufen, Essen und Labern können wir mal . . . Filme organisieren, Straßentheater ankucken, oder ein paar Emigranten (Gast- oder Beute-Rote) kochen für alle. Wenn so Sachen alle zwei Tage laufen, ist die normale Kneipenscene schon so weit durchbrochen, daß der Tresen nicht mehr Hauptbezugspunkt ist . . .
Mit den Leuten, die das Zentrum — damit auch die Kneipe — organisieren, werden wir praktische Verhaltensweisen entwickeln müssen, wo sich das Verhältnis Gast—Wirt verändert, wo man sich vielleicht sein Bier selbst

holt, wo man auf alle Fälle alles bezahlt, wo aber andererseits schlicht Dienstleistungen angeboten werden — z.B. Küche, damit niemand sein Wurstbrot mitbringen braucht. Gerade die Kneipe ist ein Ort, wo wir uns automatisch politisch entäußern (aus dem Ritual heraustreten, zur Tat schreiten), nämlich in der Art und Weise, wie das Ding (?) läuft, was wir an anderen Verkehrsformen in der Lage sind zu entwickeln . . .'' (Anonymes Paper mit Spendenaufruf zwecks Finanzierung eines Zentrums, Frankfurt 1975, Hinzufügungen in Klammern M.D.)

Hier blieb es bisher leider noch beim schönen Willen zur ,,Entäußerung'', während unser zweites Beispiel schon aus der vollen Praxis kommt: Mitglieder einer Landkommune berichten über ihre logistischen Erfahrungen:

,,Ch.: . . . Der Boden ist jetzt frisch und trägt gut und wir sind dabei, Kompost zu machen, und den Kompost wollen wir dem Land wieder zurückgeben . . .
B.: . . . Und was ich vorhin noch sagen wollte, wegen der Bücher: Ich glaub, die wichtigsten Erfahrungen machste im Praktischen, weil, in einem Jahr kriegste halt so Karotten und im andern Jahr so, und du weißt aber, wie du das gemacht hast, und kriegst dann Erfahrungswerte . . .
I.: Dann hatten wir Hühner, Ziegen und n Pferd. Das Pferd war ziemlich alt und ist gestorben, mußte notgeschlachtet werden. Die Hühner haben wir verschenkt, weil sie irgendwie zuviel Unfug gemacht haben, sind in unserem Komposthaufen rumgelaufen und haben alles wieder abgedeckt usw. Aber es kommt eben auf die Haltung an, wie man die Tiere hält. Die Ziege stand jetzt n halbes Jahr nur im Stall, allein, und jetzt, wo die Schafe da sind, fühlt sie sich unheimlich gut, unheimlich wohl, weil sie Gemeinschaft hat, sie hat sich total verändert . . .''
(,,Interview Landkommune Bülitz'', in: Steve B. Peinemann,Wohngemeinschaft — Problem oder Lösung? Verlag Rieta Hau, 1974)

Wenn solche Beispiele Schule machen, könnte das für die ganze *scene* unabsehbare Folgen haben und überdies der alten, schon stark paralysierten Provinz eine neue, selbstbewußte Landkultur entgegensetzten. Aber unsere Hoffnung ist schwach, denn es gibt starke Gegentendenzen und gegenläufige Formen der Entäußerung. In der Tat ist die hellrote Kultur, bevor sie sich noch voll entfalten konnte, schon vom Untergang bedroht, einmal durch äußeren Druck, zum anderen durch die aufgezeigten inneren Widersprüche. Beides bedingt Identitätskrisen und Reproduktionsschwierigkeiten, die immer häufiger nicht, wie in dem soeben angeführten Beispiel,via Entäußerung zur Vereigentlichung, sondern im Gegenteil zur Entfremdung führen. So wie die schöne Geschlossenheit und Selbstgenügsamkeit von alten Provinzsiedlungen heute mehr und mehr untergraben wird durch das Phänomen der *Pendler*, die mit den Zentren fraternisieren, gibt es auch in der Sponti-*scene* eine wachsende Zahl von Individuen, die ins feindliche Lager pendeln, um dort einem Beruf nachzugehen, und das verlangt von ihnen ein gewisses Maß an Mimikri, ja an Mutation. Jedenfalls können sie in den Institutionen, in denen sie arbeiten, die Provinz nicht so offen aus ihrem Kopf herauslassen, wie sie das von der *scene* her gewöhnt sind, in die sie abends — zur Rekreation — zurückkehren. Die abzusehende Folge ist entweder gespaltenes Bewußtsein, Nicht-Identität, schließlich die Selbstauflösung der *scene* — oder aber ihr Einsickern in die sie umgebende Gesellschaft, wodurch diese selbst sich verändern würde. Das wäre, wenn sie wirklich eintreten sollte, eine für die Forschung äußerst bedauerliche Entwicklung, weil ihr dadurch ein ideales Untersuchungsobjekt verlorenginge, das gerade durch seine Abweichung von der normalen germanischen Gesellschaft auch auf diese ein erhellendes Licht wirft. Umso dringlicher erscheint es uns, alle Anstrengungen zu unternehmen, um die rote Subkultur oder wenigstens Teile von ihr (etwa die Main- oder die Spree-Spontis) vor ihrem Verschwinden in angemessenen Reservaten zu erfassen, damit sie der Forschung wie der Touristik erhalten bleiben.

EINE SCHWALBE MACHT NOCH KEINEN SOMMER
Die Reduktion der Alternativbewegung auf ihre Projekte
Eine Diskussion mit Daniel Cohn-Bendit

Wolfgang Kraushaar: Dany, Du hast in Deinem Buch „Der grosse Basar" etwas geschrieben, was meines Erachtens kaum irgendwo richtig rezipiert worden ist. Du triffst dort eine Unterscheidung zwischen „instrumenteller" und „authentischer" Politik, um das historisch Neuartige im Pariser Mai zu charakterisieren. Die „Bewegung 22. März", die ja die Ereignisse vor zehn Jahren ausgelöst hat, bezeichnest Du als „authentisch", während die gesamte traditionelle Arbeiterbewegung bis hin zu solchen Organisationsformen, wie sie von der Studentenbewegung auch aufgegriffen worden sind — z.B. Betriebsgruppen — dagegen als „instrumentell" abgegrenzt wird. Dieses problematische Verhältnis zwischen sich, als demjenigen, der selbst schon politisiert ist, und den anderen, die noch politisiert werden sollen, denen man aber allzuoft nur das eigene Konzept überstülpt, dieses Mißverhältnis aufzuknacken — an diesem Scheitelpunkt hat Deiner Meinung nach die Alternativbewegung im Keim angefangen. Das scheint mir ein wichtiger und zentraler Punkt zu sein. Nur das Problem, vor das man sich heute im Unterschied zur „Bewegung 22. März" gestellt sieht, das sagst Du selber sehr deutlich, ist, daß die Praxis der Alternativbewegung außerhalb ihres Umkreises nicht aufgegriffen wird und insofern gesellschaftlich weitgehend wirkungslos bleibt. Das, was z.B. den Charakter einer exemplarischen Aktion ausgemacht hat, oder das, was jetzt im übertragenen Sinne das Beispielhafte von einem Projekt ausmachen könnte, das ist bis heute ohne Resonanz geblieben. Dazu kommt dann auch noch das Problem der inneren Identität der Leute, die in den Projekten, im Getto oder der Alternativbewegung, sitzen. Über diesen Unterschied zwischen einer „instrumentellen" und einer „authentischen" Politik — darüber sollten wir genauer sprechen.

Daniel Cohn-Bendit: Diese ganze Politik geht ja auf den zentralen Satz zurück, der Ende der 68er Bewegung überall entstanden ist: „Nicht Politik für die Zukunft machen, sondern für heute". Die Kritik an der klassischen Revolutionstheorie war doch die, daß man sagte: dabei werden wir auf dem Altar der Geschichte geopfert. Unser Kampf ist in dem Fall nur ein Vehikel für eine rosige Zukunft, völlig ungeachtet dessen, was mit uns passiert. Das haben die Leute empfunden und darum haben wir uns von dieser Art von Politik instrumentalisiert gefühlt. Es wurde definiert, was die Zukunft ist und wie wir uns in diese Zukunftsperspektive einzuordnen hatten. Als Gegenschritt dazu wurde die Existenz einer unmittelbaren Subjektivität formuliert, die Existenz des unmittelbaren Bedürfnisses nach Veränderung. Außerdem — und das war entscheidend — wurde jegliche Theorie, die einer Klasse oder Schicht zentrale Bedeutung zugesprochen hat, angegriffen. D.h. es wurde die Revolutionstheorie angegriffen, die der Arbeiterklasse die Rolle der Avantgarde zuwies und damit auch die Rolle der Klasse, die durch ihre Kämpfe die Ebene und Inhalte der Auseinandersetzung formuliert und damit auch die zukünftige Gesellschaft antizipiert. Mit diesem Beispiel will ich nur sagen, daß die Diskussion falsch wird, wenn man die Frage, warum die Alternativbewegung entstanden ist, aus diesem historischen Zusammenhang herausnimmt. Man diskutiert dann an Projekten, die mehr oder weniger gut sind, die mehr oder weniger gescheitert sind oder die alle gescheitert sind. Man diskutiert überhaupt nicht, warum dieses Bedürfnis, der Wunsch etwas Neues zu machen — was man vielleicht als Politik bezeichnen kann oder auch nicht — überhaupt entstanden ist. Was mich im Moment interessiert ist, über die konkreten Erscheinungsformen der Alternativbewegung wieder zu dem Begründungszusammenhang zurückzufinden, warum sich überhaupt so etwas entwickelt hat. Das ist für mich das Entscheidende und wenn ich das inhaltlich im Griff habe, bin ich bereit, mich über jedes Projekt auseinanderzusetzen oder über die Abschaffung aller Projekte zu diskutieren.

In meiner Politisierungsphase war es ja gerade die Auseinandersetzung mit den tradierten Revolutionstheorien — also nicht nur mit der herrschenden Arbeiterbewegung in ihrer reformistischen Form, sondern auch mit den linksradikalen Gruppen oder Parteien und ihren tradierten Revolutionsvorstellungen —, die uns immer und permanent vor die Alternative nach der gesamtgesellschaftlichen Veränderung gestellt hat. Am Anfang dieses Gesprächs wird vieles banal klingen, weil es einfach Banalitäten sind. Das ist oft die Schwierigkeit solcher Diskussionen. Ich glaube, daß jede Auseinandersetzung erstmal banal anfängt, d. h. mit Aussagen, von denen man meint, sie bereits zu kennen. Und die Worte, die wir gebrauchen, kennen wir auch schon lange. Aber ich glaube, daß mittlerweile die Inhalte, die hinter ganz einfachen politischen Sätzen standen, verlorengegangen sind. Wenn wir z.B. sagen, wir haben uns mit den tradierten Revolutionstheorien und den herrschenden reformistischen Organisationen auseinandergesetzt, ist das eine Banalität, die aber keine reale Erfahrung der meisten Leute heute mehr ist und damit ist sie auch keine Realität in ihren Köpfen. Und das ist ein Problem.

Am Ende der Revolte hieß doch die Auseinandersetzung: Lenin — ja oder nein. Entweder zurück zur traditionellen Politik oder zu einer Konzeption von Autonomie, die dieses Bedürfnis, das Ende der 60er Jahre entstanden ist, beinhaltet, nämlich Politik nicht mehr in abstraktum zu machen, sondern Politik konkret für sich. Im Grunde genommen war das ein Versuch, den alten Widerspruch von Reform und Revolution aufzugreifen und ihn auf eine andere Ebene zu stellen. Es handelt sich dabei um ein Problem, mit dem sich die Arbeiterbewegung immer rumgeschlagen hat, nämlich das Bedürfnis der Leute, nicht nur im Namen einer revolutionären Perspektive etwas zu vollbringen, sondern das, was sich unmittelbar in dieser Revolte artikuliert hat, auch zu verwirklichen. Aufgefallen ist mir das an einer Analyse des Pariser Mai — mit dem ich jetzt zwangsläufig durch die Flut der Bücher, die entstanden sind, konfrontiert werde. Aufgefallen ist mir dabei, daß dieses Bedürfnis nach einer Alternativbewegung — was man negativ „Getto", positiv „Milieu" nennen kann, also nach einem Ort der Autonomie, der eigenen Existenz —, daß dieses Bedürfnis im Grunde genommen die Form der Auseinandersetzung des Mais geprägt hat. Ich will versuchen, das zu erklären:

Da gibt es zuerst eine Studentenbewegung, dann eine Jugendbewegung – Jugend in dem Sinne, daß wir alle zwanzig und nicht nur Studenten waren –, die am Anfang immer größer wurde, die an jedem Konflikt ihre eigene Regeneration und ihre eigene Verbreiterung geschaffen hat. Sie war überhaupt nicht mehr bereit, Kompromisse zu formulieren, weil sie auch gar keine Kompromisse zu formulieren hatte, nicht weil sie gedanklich so radikal war, sondern weil diese ganze Bewegung im Grunde von Bedürfnissen getrieben war, die sie selber nicht formulieren konnte. Die ich selber nicht formulieren konnte – in dieser Zeit. Die Diskrepanz, die existiert, wenn du dir einen Film vom Mai 68 ansiehst oder dir die Reden von damals anhörst, ist die, daß das, was wir gemacht haben und das, was wir in diesem Moment gesagt haben, nicht in Einklang zu bringen war. Die Sachen, von denen wir gesprochen haben, erklärten eigentlich nicht, was passiert ist.

W.K.: Hinter dem, was Du eben gesagt hast, scheint mir ein zentrales Dilemma zu stecken. Dieser Unterschied zwischen dem, was real passiert ist, und dem, was davon ausgedrückt, darüber formuliert werden konnte. Was hier in der Bundesrepublik den Prozeß ganz stark markiert hat, war ja gerade die Unfähigkeit, das, was man selber in der Revolte gemacht hat, adäquat begreifen und aussprechen zu können. Man hat sehr schnell nach irgendwelchen, besonders eindrucksstarken Identifikationsmöglichkeiten gesucht und das waren dann die verschiedenen historischen Atrappen, vor allem der Leninismus.

D.C.-B.: Das waren nicht nur die historischen Atrappen, das waren auch die internationalistischen Atrappen.

W.K.: Darauf wollte ich hinaus: das war der Maoismus, das war Kuba und natürlich Che Guevara – die historischen Atrappen im zeitgenössischen Gewand. Bei Rudi Dutschke ist das ganz deutlich gewesen. Er hat sich vorgestellt: wir müssen jetzt konkret zusammenarbeiten mit denen, die in der Dritten Welt auf dem Langen Marsch sind, nach dem Sieg Maos nun mit Guevara und Debray in Lateinamerika, also müssen wir hier in den Metropolen mit unserem eigenen Langen Marsch anfangen. Daraus ist dann die Idee vom „Langen Marsch durch die Institutionen" entstanden.

Das ist eine hochinteressante Geschichte, womit wir uns identifiziert haben. Man hatte eigentlich nichts zur Verfügung, womit man das, was man selber gemacht hat, irgendwie begreifen konnte. Das Problem war, daß es eigentlich nichts gab, nichts Adäquates, das das ausdrücken konnte. Nur ist das nirgendwo gesagt worden, weder in den Büchern noch in den Filmen, weshalb die alle auch so langweilig sind, weil sie nämlich die Sache nicht treffen. Du hast immer nur das Gefühl, daß sie eine unheimliche Leere ausdrücken, eine Leere von Sprachhülsen oder von Aktionen. Aber sie drücken nicht das aus, was sich wirklich abgespielt hat.

D.C.-B.: Die späten sechziger Jahre sind doch Ausgangspunkt für die verschiedensten Revolten. Sie sind weltweit geprägt von der Unfähigkeit, die aufkommenden gesellschaftlichen Probleme anzugehen, geschweige denn sie zu lösen. Das wurde von der Jugend als sensibelstem Moment gespürt, aber nicht allein von der Jugend. Deutlich wird das an Vietnam und der ganzen Dritten Welt, die Beweise für die Unfähigkeit einer Gesellschaft sind, die legitimen Bedürfnisse dieser Völker anzuerkennen. Stattdessen wurden wir mit dem allesbeherrschenden Machtanspruch dieser Gesellschaft konfrontiert. Und da wird Vietnam als konkretestes erfaßbar, als Steigbügelhalter von der Bewegung gebraucht. Jedesmal wenn irgendetwas war, was man nicht formulieren konnte, wurde es delegiert, transferiert nach Vietnam. Die Bedürfnisse nach anderen Lebensformen wurden auf die Bänke nach Hanoi verlegt, auf die man sich dann mit größter Ruhe setzen konnte. Es waren die wahnwitzigsten Projektionen, die während der Studentenbewegung bis in die Zeit vom RK 1 gemacht wurden. Wir haben unser eigenes Bedürfnis nach einer neuen Welt, nach einer neuen Gesellschaft auf einen Machtfaktor projiziert, auf die Vietnamesen, auf den Vietcong, auf ein Volk, daß durch seinen Kampf gegen eine scheinbar unüberwindbare militärische Macht u.a. gezwungen war, Erfindungsgabe und ein verändertes Verhältnis der Menschen untereinander zu

---

1 Revolutionärer Kampf: Undogmatische Betriebsgruppe, die 1969 aus dem Zerfall des SDS entstand. Beeinflußte in den Jahren 1970-75 stark die linksradikale Bewegung in Frankfurt. Löste sich in der Spontiscene auf.

entwickeln. An diesem Punkt kristallisierte sich heraus, und spätestens seit Vietnam und Kambodscha ist es klar, daß wir unsere Utopie nicht zwischen Saigon und Hanoi, sondern zwischen Hamburg und München hätten ansiedeln sollen. Nur dazu waren wir nicht in der Lage.

W.K.: Entschuldigung, da muß ich wirklich mal einhaken. Ich finde, daß es zu einfach ist, jetzt zu sagen, daß das alleinige Kriterium für all das, was in Vietnam passiert ist, der heutige Zustand ist. Es gibt natürlich nochmal große Unterschiede zwischen Vietnam und Kambodscha im Augenblick, und die führen ja auch Krieg untereinander, ich will das keineswegs herunterspielen. Aber die Tatsache, daß es möglich war, dieser militärischen Überlegenheit der Amerikaner zu widerstehen und zwar gegen diese Maschinenvorherrschaft und gegen diese Bomber und auf'ner ganz banalen direkten Ebene. Ich finde, daß das dennoch ein Moment von dem verkörpert, was eine Verbindung zu uns hat, und nicht nur einfach eine Projektion ist.

D.C.-B.: Es stimmt, wir waren einerseits durch das Greuel der Menschenvernichtung aufgeschreckt, andererseits haben wir am Beispiel Vietnam aber auch gesehen, daß es möglich war einer technischen Übermacht, wirkungsvolle Kampfformen gegenüberzustellen und Lebensformen zu entwickeln, die menschlicher sind. Und das korrespondierte mit unserem Bedürfnis gegen die Konsumgesellschaft, gegen die total technisierte Welt eine andere, eine menschlichere Welt — in Anführungsstrichen oder nicht — zu setzen.

W.K.: Und vor allen Dingen, das einfache Moment daran, daß es für jeden wiederholbar ist, daß von vorneherein dieser kollektive soziale Charakter da reingehört, der ja die Bürokratien ausschließt. Es ist für denjenigen, der kämpfen wollte, nicht nötig gewesen, an eine Bürokratie etwas zu delegieren, zu sagen, so jetzt setzt mal den und den Weg in Gang, damit da was passiert, sondern jeder konnte sich integrieren in diesen Prozeß, das gehört mit dazu, zu diesem Moment und läßt sich nicht auf eine Projektion reduzieren. Das wollte ich nur korrigieren.

D.C.-B.: Trotzdem war das 'ne Projektion. Projektion bedeutet ja nicht, daß nichts von dem, was wir dorthin delegieren, existiert hat, im Gegenteil, wir gingen vom realen Widerstand aus,

192

und versuchten, unsere Möglichkeiten von Widerstand da hinein zu interpretieren.

W.K.: Aber kann man das dann nicht rumdrehen und jetzt fragen: Warum ist es eigentlich nicht möglich, das, was wir hier gewollt haben, und hier immer noch wollen, nicht an Vorbildern zu messen, weder an historischen noch an geografischen, weder im Rückgriff auf die Oktoberrevolution noch im Seitengriff auf die chinesische Kulturrevolution oder sonstwas, sondern für uns selber zu formulieren, in unserer eigenen Sprache und unserem eigenen Verständnis auszudrücken?

D.C.-B.: Mir ist so aufgefallen, daß die Form, die in Frankreich die erste Mai-Periode gekennzeichnet hat, doch eine Bewegung war, die immer mehr Leute einbezog, aber nicht in ein Projekt „Wir wollen eine Reform der Universität" — so wurde es von einigen formuliert — oder „Wir wollen eine andere Gesellschaft" — so wurde es von uns formuliert. Was aber die Leute in dieser Zeit erstmal mobilisiert hat, war doch ein Bedürfnis anders zu leben. Dieses Bedürfnis war gar nicht existent, war nicht wahrnehmbar, man konnte es nicht sehen. Gerade Frankreich ist da exemplarisch, Du kennst ja die Bilder, das waren alle Kurzhaarige, wir hatten alle so kurze Haare (deutet mit den Fingern eine Länge von ungefähr drei bis vier Zentimeter an.) Vom Aussehen her, vom ganzen Habitus waren alle diese Bedürfnisse nicht gelebt. Sie kamen plötzlich heraus, nicht einmal formulierbar, nicht einmal benennbar, sondern in der Form wie die Mobilisierung stattgefunden hat und wie sie sich artikuliert hat. Und damit komme ich zu dem Neuen in der ganzen Mai-Interpretation. (Sie ist nicht von mir, sondern von Jean-Marc Salmon, mit dem ich den „Basar" geschrieben habe. Er hat ein Buch über Mai 68 geschrieben, das ich unheimlich gut finde [2].) Er sagt, daß diese Jugend, die einfach ihr Bedürfnis nach etwas anderem artikulieren wollte, dann immer mehr gemerkt hat, daß die französische Gesellschaft überhaupt nicht fähig war, ihr irgendeinen Raum zu geben. Die einzige Antwort, die sie ihr gegeben hat, war die Repression, eine mehr oder weniger kluge oder intelligente, aber eine Repression — das Nein. Gegen dieses

2 Hotel de l'avenir, Paris 1978

Nein hat diese Bewegung spontan, intuitiv etwas anderes gesetzt: Wenn es in dieser Gesellschaft keinen Platz für uns gibt, dann schaffen wir uns unseren eigenen Platz abseits von der Gesellschaft. Der materielle Ausdruck dafür war die Barrikadennacht. Diese Form der Barrikaden. Ich will hier keine Geschichten erzählen, aber für mich war das wirklich ein Aha-Erlebnis. Du hast eine besetzte Universität, umzingelt von Polizisten. Du hast ein Stadtviertel. Was machst du? Du nimmst das Stadtviertel ein und mauerst dich ab, indem du vor die Polizei die Barrikaden stellst, die überhaupt keine militärische Gewaltfunktion haben, sondern nur signalisieren „hier verlassen Sie den Sektor unserer Freiheit". Das war auch der Grund, warum damals gar nicht mehr über diesen Platz verhandelt werden konnte, das hat de Gaulle richtig politisch analysiert. Und auf die ganzen Bekenntnisse danach, als alle fragten „warum mußte man so brutal dagegen vorgehen", hat de Gaulle geantwortet: „Es kann in keinem Ort Frankreichs einen Platz geben, der nicht von uns bestimmt wird." Hier waren intuitiv die politischen Beweggründe ganz klar artikuliert. Das war meiner Meinung nach auch, ich will nicht sagen der zentrale, aber *ein* zentraler Inhalt der Revolte, sich nämlich diesen Platz in dieser Welt zur Existenz zu erkämpfen.

Dabei ging es uns um eine andere Art zu leben, um Sexualität usw. Meine These ist aber, daß wir zu den Inhalten, die damals die Mobilisierung geschaffen haben, nur bruchstückhaft gekommen sind. Wir hatten die offensichtlichsten, die formuliertesten erstmal parat, aber wenn du dir z.B. in diesem Buch, von dem ich sprach, die Interviews mit den Leuten aus dieser Zeit ansiehst, merkst du, daß das Leute waren, die gar nicht politisch waren, wenn du dir anschaust, warum sie mitgemacht haben, merkst du, daß die von dir formulierten Inhalte zwar existieren — das will ich nicht bestreiten —, aber daß sie nur Träger von irgend etwas anderem waren, was meistens sprachlos war. Ich glaube, daß diese Interpretation der Barrikadennacht, sich einen Raum in dieser Welt zu erkämpfen, direkt zur Alternativbewegung führt, als objektives Bedürfnis im Spätkapitalismus. Dieses Bedürfnis wurde nicht nur an einem Ort formuliert, nicht von irgendeiner politischen Gruppe, sondern von einer Massenbewegung. Meine These ist: Welche Form auch immer die Alternativbewegung hat, sie ist nur verständlich, wenn man dieses Bedürfnis, das ihr zugrunde liegt, als objektives im Spätkapitalismus, als Moment von Revolte versteht. Das heißt nicht, daß es permanent und für Jahrtausende Revolten bedeutet. Genauso wie objektiv das Bedürfnis der Arbeiterbewegung, sich eine eigene Welt oder einen Platz in dieser Welt zu schaffen, zur Form der Gewerkschaften geführt hat. Das war in einer Zeit, in der das Kapital die Arbeiterklasse negiert hat, die mit *ihrer* Organisation, der Gewerkschaft, die Anerkennung ihrer Existenz durchsetzen wollte. Dieser Prozeß ist seit Mitte des 20. Jahrhunderts abgeschlossen. Dahinter entwickelt sich jetzt das Neue, da entwickeln sich ganz andere gesellschaftliche Kräfte, die vor genau dem gleichen Problem gestanden haben oder stehen.

W.K.: Was ich eben wichtig fand, war dieser Bezug zwischen den Mauern aus Pflastersteinen in der Barrikadennacht und den zwar unsichtbaren, real aber doch existierenden Gettomauern um die Alternativbewegung. Du hast davon gesprochen „sich den Raum für eine andere Existenzweise zu sichern", und daß das nicht gleich zu setzen ist mit dem, was man an Bedürfnissen formulieren kann, sondern daß die Bedürfnisse, die davon zu artikulieren sind, selber nur Ausdruck von etwas sind, was einen dazu angetrieben hat. Das steht in einer großen Nähe zu dem, was Guattari darüber geschrieben hat. Er sagt, die „Bewegung 22. März" sei eine „Subjektgruppe", die etwas auf eine exemplarische Weise ausdrückt, was zunächst einmal nur im Unterbewußtsein vorhanden ist und was von den traditionellen politischen Organisationen nicht erkannt und nicht begriffen wird, was auch schwierig zu begreifen und in Worte zu fassen ist, weil es sich dem zum Teil entzieht. Du hast gesagt, es wäre sprachlos. Wenn man sagt, es war Sexualität, es war der Wunsch nach einer anderen Lebensweise, dann ist es immer nur Ausdruck davon, es trifft es aber nicht vollständig. Dahinter hat sich mehr ausgedrückt und es geht nicht in dem auf, was sich davon artikulieren läßt.

Das Problem, das ich dabei habe ist, daß Deine Interpretation — die von Guattari fand ich sehr gut, weil ich glaube, daß sie historisch etwas Neues trifft — meiner Meinung nach an einem bestimmten Punkt irreführend ist, denn wenn Du sagst, daß das zu vergleichen wäre mit dem Verhältnis von Reform und Revolution, dann steckt da ein Problem dahinter, das trotzdem nochmal etwas anderes markiert, als das was landläufig als Debatte um Reform und Revolution begriffen wird. So wie Du es formulierst, ist es leicht mißverständlich. Bei „Reform und Revolution", da denkt jeder an die Auseinandersetzung zwischen Rosa Luxemburg und Lenin und später dann an André Gorz.

D.C.-B.: Das ist nicht damit gemeint! Hinter dieser Debatte oder hinter den politischen Trägern dieser Debatte stehen doch reale Bedürfnisse, Massenbedürfnisse, die sich gar nie so politisch artikuliert haben. Sie wurden durch die Theoretiker der Reform oder der Revolution politisch verwaltet. Das ist doch eine wichtige Erfahrung aus dem Anfang der Studentenbewegung in Frankreich. Ihre Kraft war doch die Fähigkeit, das was man landläufig Reform oder Revolution nennt, zusammenzubringen, d.h. diesen Überbau-Widerspruch aufzulösen und jedem zuzugestehen, daß er diese beiden Bedürfnisse in sich vereinigt. Es gibt keinen Revolutionär an sich und keinen Reformisten an sich. Es gibt die Bedürfnisse nach radikaler Veränderung der Gesellschaft — wenn man z.B. Ausbeutung spürt — und es gibt das Bedürfnis, unmittelbar die eigene Situation zu verändern und nicht nur abzuwarten. Das ist für mich das Problem von Reform und Revolution, nicht welche politischen Schlußfolgerungen irgendwelche Politiker daraus ziehen. Was im Mai die Sprengkraft ausgemacht hat, ist genau dieses Verhältnis der politischen Bedürfnisse: Unmittelbare und radikale Veränderung des Ganzen als sich widersprechende Argumente innerhalb einer Organisationsform nicht nur zu akzeptieren, sondern sie als einen Motor der Auseinandersetzung zu begreifen. Dann wird es subjekthaft. Der Widerspruch von bestimmten Personen, die ihre Situation anders artikuliert haben, hat die kollektive Subjekthaftigkeit ausgemacht . . .

W.K.: . . . genau das ist der Punkt bei Guattari. Er redet von „kollektiven Übergangsphantasien, Subjektgruppen". Er redet nicht von . . .

D.C.-B.: Das ist für mich ein ganz wichtiger Punkt in der Kritik an der Alternativbewegung oder dem falsch verstandenen Alternativdenken. Ausgangspunkt ist für mich die Formulierung des kollektiven Subjektivismus, dieses radikalen Subjektivismus mit

196

allen seinen Widersprüchen, weil es eben ein *kollektiver* ist. Und heute heißt es „Was hat das denn mit mir zu tun?"! Es wird nicht mehr als ein kollektives Problem verstanden, sondern als ein individuelles. Damit hat die Alternativbewegung genau das, was sie produziert hat, verlassen und muß zwangsläufig auf den Hund kommen. Meine ganze Verteidigung der Alternativbewegung besteht nicht darin zu sagen „da sind die Modelle der zukünftigen Gesellschaft". Darum geht es mir nicht. Es geht mir um den kollektiven Subjektivismus als Ursprung der Alternativbewegung, den es in Deutschland genauso gegeben hat. Für mich gehört zur Alternativbewegung viel mehr als bisher formuliert worden ist. Von mir aus lasse ich den Begriff „Alternativbewegung" auch fallen und nenne es anders, um nicht eine falsche Diskussion aufkommen zu lassen. Ich bin ja noch dabei, zu beschreiben, wie sich dieses signalisierte Bedürfnis nach einem Raum zum Leben und zum Handeln langsam formuliert hat. Kennzeichnend für Frankreich ist, daß es erstmal beim Signalisieren geblieben ist und daß die Bewegung im Sommer 1968 die Notbremse gezogen hat, unfähig und verschlissen war und aus subjektiven Gründen die große Kurve des Leninismus gekratzt hat. Und zwar total. Es hat sich überhaupt nichts Alternatives entwickelt, das ist erst fünf bis sieben Jahre später entstanden. Einer der wesentlichen Momente des Zusammenbruchs des Leninismus war Lip, was genau in meine Interpretation der Alternativbewegung hineinpaßt. Das Entscheidende in Deutschland war, daß dort aufgrund der objektiven Situation ein ganz anderes Verhältnis zur Arbeiterklasse existierte. Hier entstand der Zwang dieses Bedürfnis nach Raum, nach Existenzmöglichkeiten nicht nur zu signalisieren. Es hat sich in zwei Momenten formuliert: in der Enstehung von Wohngemeinschaften und, als Kritik an der tradierten Erziehung, in der Gründung von Kinderläden. Das ist für mich der erste Ansatz der Alternativbewegung.

W.K.: Laß uns noch einmal auf den Leninismus oder Neoleninismus der Studentenbewegung zurückkommen. Ich finde, daß das, was den Leninismus im Kern ausmacht, trotz allem immer noch im RK verkörpert worden ist und zwar in der Form eines Kryptoleninismus. Einer, der offiziell nach außen hin keiner sein wollte, aber von innen her immer einer war. Die fortgeschritten-

197

ste Theorie, die man dafür verwendet hat, war die des „Operaismus", Untersuchungsarbeit usw. Das alles war aber noch eingebettet in die leninistische Vorstellung. Das, was Du als eine „instrumentelle Politik" bezeichnest, die im Grunde genommen noch mit ganz traditionellen Vorstellungen zusammenhängt, wäre damit auch von der Gruppe praktiziert worden, in der Du selber schließlich einmal warst.

D.C.-B.: Aufgrund unserer Erfahrungen in der Revolte, in der wir politische Subjekte waren, Leute, die Auseinandersetzungen provozierten und zu strukturieren versuchten, hielten wir an dem Grundsatz fest, die Politik nicht von der Form, wie wir leben, zu trennen und andererseits Politik nicht nur dort zu machen, wo wir sie tagtäglich vorfinden, sondern auch an den Stellen, von denen wir meinten, daß sie entscheidend seien. Das war die Phase, die dann — Du nennst es Leninismus, Kryptoleninismus samt Operaismus — zu einer deutschen Form des Operaismus im „Revolutionären Kampf" führte. Dieser Kryptoleninismus ist aber ziemlich schnell zerschlagen worden.

Aufgewühlt durch die Septemberstreiks 1969 standen wir vor dem Problem, ein neues Verhältnis zu der Arbeiterklasse, zu den Arbeitern zu finden. Es entstand der Gedanke der Notwendigkeit einer Vertretungspolitik. Wir wollten kein Bündnis mit der Arbeiterklasse von Organisation zu Organisation, sondern wir sind selbst in die Betriebe gegangen und haben dort gearbeitet. Es ging uns aber nicht darum, den Avantgarde-Anspruch aufrechtzuerhalten und bestimmte Inhalte in die Arbeiterklasse hineinzutragen, sondern wir haben gesagt — mag sein, daß es falsch war — daß die Inhalte, die wir formulieren, Inhalte sind, die wir aus den Kämpfen der Arbeiter übernommen haben, daß es dem Spätkapitalismus adäquate Probleme sind. Der Beweis dafür war nicht eine objektive Analyse, sondern eine Analyse der formulierten Subjektivität der Arbeiterklasse unter anderen geschichtlichen Bedingungen in anderen Ländern: in Frankreich und Italien.

Bei der Durchsetzung dieser Politik wurden wir mit unseren eigenen politischen Bedürfnissen konfrontiert, und diese Konfrontation war der Häuserkampf. Der Leninismus des RK ist doch in einer Nacht zusammengebrochen, eben weil es aufgrund der Bedingungen in der Bundesrepublik notwendigerweise eine Vertretungspolitik war.

W.K.: Es ist schwierig, im nachhinein zu sagen „notwendigerweise", ich weiß es nicht . . .

D.C.-B.: Wie wir gesehen haben, war die Entscheidung, uns als Organisation nicht am Häuserkampf zu beteiligen, individuell aber bei den Aktionen anwesend zu sein, richtig. Man muß den Häuserkampf nicht politisch hochjubeln, aber er war genau der Ausdruck des Verhältnisses zwischen kollektiven Bedürfnissen und politischer Auseinandersetzung. Es ging um die Durchsetzung unmittelbarer Interessen, nämlich um bestimmte Wohnformen, die wir dieser Gesellschaft abgerungen haben. Es ging darum, sie zu propagieren und zu verteidigen. Das war nach meiner Meinung die Entstehung des Alternativmilieus in Frankfurt, und in unterschiedlicher Form auch woanders. In Berlin ist dieses Milieu früher entstanden aber unpolitischer, weil dort dieser Kampf nicht geführt wurde.

W.K.: Wenn man 1970, 71, 72 nach Berlin gekommen ist, da gab es viele Dinge schon, die man hier erst 1974, 75, 76 aufgebaut hat. Es gab unheimlich viele Cafés, Buchhandlungen, Kneipen und alles mögliche. In Berlin hat das nur keiner politisch auf das Podest gehoben und hat gesagt, das sei alternativ, und dies und das erwarte man davon, sondern man hat dazu eine relativ selbstverständliche Beziehung gehabt, wie: das gibt es, da kann man hingehen, und man hat sich da bewegt.

D.C.-B.: Man hat sich aber nicht mehr politisch bewegt.

W.K.: Nein, so einfach ist das nicht. In dem Augenblick, in dem man etwas praktisch in seinem Lebensbereich tut und darüber hinaus noch versucht, das politisch zu begreifen und auf die Außengesellschaft bezogen zu handeln, da treten dann auch die Widersprüche auf. Ich glaube, daß man das beim Häuserkampf exemplarisch diskutieren kann, wie man im Block gelebt hat oder an anderen Dingen. Es war eine permanente Zerreißprobe: durch den politischen Kampf immer wieder die Bedrohung dessen, was man darin hätte erleben können. Das Problem, daß man permanent bedroht war und daß man nie aus diesem Widerspruch von Leben-Können und Politik-Machen herausgekommen ist.

D.C.-B.: Wenn man sich die Frankfurter Linke am Ende der Studentenbewegung ansieht, da waren tausend Mler auf der Straße; der „Revolutionäre Kampf", das waren 20 Leute, und dann gab es noch ein paar versprengte SDSler, die sich die Hukke vollsoffen. Und aus dem Widerspruch zwischen Leben-Wollen und Leben-Können entstand eine neue Dimension für den politischen Kampf. Es ging nicht darum, daß da eine Gruppe für bessere Wohnungen und gegen höhrer Mieten kämpfte, sondern es war der Kampf um eine andere Lebensform. In dieser Zeit entstand bei uns, bei den verschiedensten Leuten das Bedürfnis, das, was wir erlebten, nicht wieder fallen zu lassen, sondern politisch zu artikulieren, zu theoretisieren. Es ging nicht nur darum, Organisationen zu schaffen, wie den RK, der dann bestimmte Sachen wie Betriebsarbeit macht, sondern es ging auch darum, etwas zu schaffen, was die Leute befähigte, in permanenter Konfrontation mit der existierenden Gesellschaft leben zu können. Dies sind die beiden Momente, die für mich die Alternativbewegung ausmachen, nämlich die Organisierung, die Strukturierung, das Ermöglichen der permanenten Konfrontation mit der existierenden Gesellschaft. Und wenn du mir jetzt sagst, daß diese permanente Konfrontation mit der Gesellschaft nicht existiert, was richtig ist, dann verliert diese Alternativbewegung eben ihre Daseinsberechtigung, dann ist sie keine Alternativbewegung mehr. Dann ist sie etwas, was in Berlin schon früher existiert hat, da gibt es hier und dort ein Café, da gibt es dieses oder jenes, und dann kann ich mich darüber unterhalten, ob du gern in dieses oder jenes Café gehst.
Ich glaube aber, daß die Auseinandersetzung um die Alternativbewegung, um die Organisation alternativer Lebensformen noch nicht zu Ende ist. Das kann ich am Beispiel der Kitas genau aufzeigen, wo da die Probleme sind, wo da gelogen wird und an welchen Punkten dort eine Alternativbewegung gebraucht wird. Diese gängigen, platten, idiotischen Angriffe gegen die Alternativbewegung, die kriegt man jetzt von rechts und von überall zu hören, das wird ein Passepartout nur um zu legitimieren, daß man sich ja integrieren kann, das hat halt so eine eigene theoretische Radikalität. Da muß man nämlich selbst nichts mehr machen, sondern nur noch denken.

W.K.: Du hast einen Punkt rausgelassen. Und zwar finde ich, daß Du das eben nur von innen heraus beschrieben hast, von der Seite der Leute her, die agiert haben, die gehandelt haben. Ich will Dich aber nach einem Punkt fragen. Wichtig ist doch, gerade hier in Frankfurt, die Auseinandersetzung mit der SPD.

D.C.-B.: Ich will mal versuchen, das Bild andersherum, von der Gesellschaft her zu zeigen. Da muß ich genauso 1968 anfangen, weil, und das ist das Schwierige, sich die objektiven Bedingungen inzwischen verändert, total umgedreht haben.

Entscheidend ist halt in dieser Phase, in dieser historischen Phase, daß sich die spätkapitalistische Gesellschaft in der Universität, in der Ausbildung und in den Betrieben mit Problemen der Profitmaximierung durch die Einführung neuer Technologien oder durch rationalere Ausbeutung der Arbeitskraft konfrontiert sieht. Diese Probleme sind gestellt und werden ansatzweise diskutiert, und plötzlich melden sich die von den Herrschenden ausersehenen Objekte der Veränderung und artikulieren ihre Subjektivität, sie machen deutlich, daß sie die notwendige Veränderung selbst in den Griff bekommen wollen, und die Gesellschaft reagiert mit Repression, allerdings hat sie wegen dieser Repression ein schlechtes Gewissen. Sie merkt nämlich, daß sie nichts anderes tut als permanent zu demonstrieren, daß sie dieser Bewegung gegenüber keine Argumente hat. Sie kann nichts anderes, als ständig wiederholen: „Ihr habt das nicht zu entscheiden, das machen wir" oder „Überlaßt das mal uns". Die Funktion der Liberalen damals in den Medien bestand doch darin, zu sagen: „Vielleicht ist die Form nicht ganz richtig, aber sie treffen doch das richtige Problem".

W.K.: Das ist der Unterschied zu heute, daß sie nicht mehr sagen, die Form ist verkehrt, sondern daß sie sich gar nicht mehr mit unseren Problemen auseinandersetzen wollen.

D.C.-B.: Das können sie auch nicht mehr. Inzwischen haben sie gemerkt, daß es nicht mehr geht, diese linke Bewegung als Steigbügelhalter für sozialdemokratische Reformen zu funktionalisieren. Sie haben erkannt, daß es dieser Bewegung um etwas anderes ging, nämlich das Funktionieren dieser ganzen Gesellschaft in Frage zu stellen, endlich Subjekt des eigenen Lebens zu sein. Und das läßt sich nicht durch Reformen lösen, sondern steht dazu in totalem Widerspruch.

Nach meiner Meinung ist die SPD, also die „Willi-Brandt-Phase",
die als politische Antwort auf die antiautoritäre Bewegung notwendig gewesen war, gescheitert, weil sie ihre Funktion, die
Pazifizierung der Konflikte, nicht erfüllen konnte. Und wenn
man sich jetzt die Schmidt-Regierung ansieht, merkt man, daß
es auch nicht darum geht, die Kräfte, die die Revolte getragen
haben, zu integrieren, sondern darum, sie an den Rand der Gesellschaft zu verbannen, sie zu unterdrücken.
Niemand kann im Moment angeben, wie man aus dieser margi-
nalen Position herauskommt. Und obwohl man eigentlich gar
nicht mehr von Alternativ*bewegung* reden kann, sondern höchstens von Alternativ*projekten* — d.h. es sind nur noch Knochen
da und kein Fleisch mehr, was das ganze eigentlich mal ausgemacht hat —, werde ich trotzdem diese Projekte verteidigen,
weil sie notwendige Bestandteile einer „neuen" Bewegung sein
werden — sozusagen als „informelle" Organisationsmomente.

W.K.: Trotzdem möchte ich noch einen Punkt in die Debatte
werfen. Aus dem, wie Du es vorhin dargestellt hast in der Entwicklung von 68 bis dato, könnte man fast die Schlußfolgerung
ziehen, als läge es einfach an der Objektivität und zwar an den
Machtverhältnissen selber, daß es, im Vergleich zu damals, im
Augenblick unmöglich ist, diese Bedürfnisse, die in den Projekten oder von einzelnen jetzt formuliert und artikuliert werden,
in Konflikten offensiv einzubringen. Für mich ist das ein Problem, weil ich glaube, und das hast Du selber mal in bezug auf
die SPD gesagt, daß wir eine reformistische SPD, was immer
auch das geheißen haben mag, in der Phase zwischen 69 und 73
irgendwo vorausgesetzt haben, daß das immer eine Art Stand-
bein war, von dem aus dann das Spielbein des Häuserkampfes
und andere Bewegungsansätze überhaupt operieren konnten.
Nun stellt sich aber das Problem so dar, und das macht die objektive Veränderung aus, daß es seitens der offiziellen Politik
eine entwickelte reformistische Propaganda, die überhaupt
noch Forderungen stellt, nicht mehr gibt und damit der
Anknüpfungspunkt für Initiativen eigentlich entfällt. Ist
nicht daraus die Frage zu entwickeln, ob das, was sich in der
Alternativbewegung artikuliert, immer nur dann erst wirksam
werden kann, wenn es auch bestimmte Machtverhältnisse und
eine relativ entwickelte reformistische Propaganda vorfindet,

um politisch folgenreich werden zu können.

D.C.-B.: Ich würde das anders sagen. Ich mache es am Beispiel der CDU hier in Frankfurt klar, weil mir das am Kita-Konflikt [3] aufgefallen ist. Für mich ist heute die Kritik an uns nicht eine Kritik an der Alternativbewegung, sondern die Kritik daran, daß wir kein alternatives Bewußtsein als Kampfbewußtsein und damit auch keine Alternativ*bewegung* haben. Die konsequente Zerschlagung der Kitas durch die CDU ist eine Antwort auf eine gesellschaftliche Entwicklung der letzten zehn Jahre. Die CDU hat ein unmittelbares politisches Interesse, die Kitas inhaltlich und formal zu zerstören. Das ist eine eindeutige Liquidationspolitik. Die antiautoritären Inhalte sollen aus den Institutionen verdrängt werden.

Die Frage ist, wie man da antwortet. Es gibt zwei politische Strategien. Die eine sagt, in Zeiten größter Repression ist es absurd irgend ein Gegenmodell aufrecht zu erhalten, sondern man muß einen pragmatischen Kampf führen, pragmatische Politik machen. Was ist nun pragmatische Politik; man geht in die KT, gibt seine Kinder dorthin und kämpft langfristig für eine Veränderung der KT, für eine Mobilisierung der Erzieher . . . Das ist eine Entscheidung von 4/5 aller Eltern.

Das Problem ist aber, daß wir in den letzten Jahren, während sich unter der SPD-Regierung bestimmte Institutionen, wie z.B. die Kitas entwickelt haben, versäumt haben, die Inhalte für eine radikale Alternative zu formulieren. Angefangen haben wir ja mit totaler Ablehnung: „Schluß mit der Erziehung" „Das Ende der Erziehung". Die Bücher hießen nicht „Für eine andere Schule", sondern „Ende der Schule".

Das haben wir aus den Augen verloren. Was mich erschreckt hat, ist daß unheimlich viele Eltern bereits die Kritik an den tradierten Erziehungsmodellen liquidiert haben. Sie sagen „ein biß-

3 1972 war von der SPD in 20 frankfurter Kindertagesstätten mit dem Vorschul-Reformversuch „KITA 3000" begonnen worden, dessen Konzept von der in den 60er Jahren laut gewordenen Kritik an der traditionellen Erziehung und den Erfahrungen der Kinderläden geprägt war. Als die CDU 1977 die Kommunalwahl gewonnen hatte, beschloß sie das Projekt schnellstens zu beenden und die 20 Kitas in die herkömmlichen Kindertagesstätten — KT's — einzugliedern. Gegen die heftigen Proteste von Bezugspersonen, Eltern und Kindern setzte die CDU Anfang April 1978 die Liquidation des Modellversuches mit Polizeigewalt durch.

chen mehr Leiterin, ein bißchen mehr Autorität, ein bißchen mehr Ordnung und ein bißchen mehr Sauberkeit kann nichts schaden, wir sind zu weit gegangen".

Es wäre doch jetzt eine Diskussion nötig, in der bestimmte Alternativen zu den bestehenden Erziehungsinstitutionen entwickelt werden könnten. Alternativen, die uns überhaupt die inhaltliche Kraft geben könnten, in dem praktischen Experiment, in den KT's zu argumentieren. Es gibt heute keinen Argumentationsstrang, der es ermöglichen würde, in den KT's zu intervenieren. Es wird in diesen Institutionen keinen Konflikt geben, weil es überhaupt keinen Unterbau dafür gibt. Und jetzt komme ich auf die Alternativbewegung. Denn ich meine, sie ist Voraussetzung für den Kampf. Denn gibt es eine formulierte Alternative, und ich meine damit auch das Experimentieren mit anderen Lebensweisen, dann sind das die Voraussetzungen dafür, sich im Kampf nicht zurückzuziehen. Es sagt im Moment niemand, daß man sich auf Kinderläden zurückziehen soll, sondern die ganzen Vorstellungen von Kinderhäusern, die sich nach außen wenden, sind ja das Aufgreifen der richtigen Kritik an den Kinderläden.

Und an dem Punkt finde ich die Kritik fatal, die sich darin äussert, daß die Alternativbewegung unpolitisch sei, daß sich die Leute zurückziehen, daß sie sich nicht den Bedingungen kapitalistischer Gesellschaften aussetzen, sondern daß sie sich Inseln schaffen, auf denen sie mit der Gesellschaft Schluß machen wollen. Ich sehe nicht, wie man sich längerfristig die Fähigkeit erhalten kann, bestimmte Kritiken an der Gesellschaft zu formulieren.

W.K.: Aber die Alternativbewegung der letzten Jahre hat keine Auseinandersetzung mit der Außenwelt gesucht. Da gab es keine Wechselwirkung.

D.C.-B.: Diese Kritik ist richtig. Von dieser Position her können wir auch viel einfacher die Probleme der einzelnen Alternativprojekte diskutieren, also die Erfahrungen der letzten drei Jahre.

Für mich ist z.B. die „neue Normalität" ein Problem. Daß es eben keine Alternative zum herrschenden Vergnügungsbetrieb gibt, daß da keine Suche mehr nach etwas anderem stattfindet, nach einem anderen Verhältnis zur Musik, nach einem anderen Verhältnis zum Theater. Das ist nur ganz punktuell angeklungen. Was in Frankfurt an den gegenkulturellen Institutionen deutlich wird, ist unsere Unfähigkeit Erfahrungen zu machen, wie sie in anderen Ländern mit einer radikalen Kritik an der bürgerlichen Kultur und dem herrschenden Kulturbetrieb gemacht werden. Man weiß hier, wie man eine Gruppe organisieren kann, aber was überhaupt nicht vorhanden ist, ist eine Reflexion über Funktion von Musik für uns und damit das Ausprobieren von Alternativen, was dann tatsächlich zu einer politischen Auseinandersetzung mit dem herrschenden Kulturbetrieb in Frankfurt führen könnte. In Wirklichkeit hat es so etwas wie eine Verselbständigung zu einem anderen Kulturbetrieb gegeben.

W.K.: Das Problem, das sich meines Erachtens auch wieder eingeschlichen hat, ist das einer „instrumentellen Politik", wie Du sie selber beschrieben hast. In der Alternativbewegung hat sich doch bei den ersten zaghaften Versuchen Projekte aufzubauen, gleichwohl wieder ein neues instrumentelles Verhältnis herausgestellt. Das ist für mich die große Schwierigkeit, daß nämlich bei dem Versuch, sich selbst so etwas wie einen eigenen Lebenszusammenhang zu organisieren, um nicht mehr den Institutionen ausgeliefert zu sein, daß man in einem solchen Moment doch wieder mit einer Welt konfrontiert wird, die der anderen gar nicht so unähnlich ist. Es treten Widersprüche auf, die durchaus mit dem Attribut „instrumentell" — als Ausdruck für ein verdinglichtes Verhältnis der Leute untereinander — beschrieben werden können.

D.C-B.: Ich meine, daß diese nicht wirklich existierende Alternativbewegung unfähig ist, ihre eigene Geschichte zu transzendieren. Sie hat sich zwar aus einem bestimmten Bedürfnis entwickelt, sie ist aber unfähig zu erkennen, daß es nicht darum geht, permanent die eigene Existenz zu legitimieren, sondern sich selbst als Kampfmoment zu verstehen, das radikal die Form seiner jetzigen Existenz in Frage stellt wie auch ihre gesellschaftliche Funktion. D.h. die Alternativbewegung darf auch nicht zu der Stelle werden, an der Konflikte, die institutionell nicht gelöst werden können, aufgearbeitet werden, z.B. daß Nachhilfestunden für Emigranten von Linksradikalen außerinstitutionell gemacht werden, oder der ganze Bereich der Sozialarbeit, also all die Punkte, an denen die Gesellschaft unfähig ist, ihre Konflikte zu lösen. D.h. wir müssen in den Auseinandersetzungen ein Bewußtsein von unserer selbstdefinierten politischen Funktion bekommen, und das in der Debatte, die hier zwangsläufig in den nächsten ein bis zwei Jahren geführt werden wird. Einer Debatte über eine Gesellschaft, die sich in Frage stellt. Eine Variante davon ist der Eurokommunismus — das ist nicht nur eine Parteifrage. Nur, dazu liefern wir keine Beiträge mehr und da werden wir dann nur „Projekte".

W.K.: Ich glaube, daß die Alternativbewegung im Moment eine Art Negativ-Beispiel für all die Fraktionen innerhalb der Linken darstellt, die den Rückwärts-Gang in die traditionelle Politik einlegen und damit indirekt legitimieren wollen. Die Alternativbewegung wird problemlos diffamiert, um klar zu machen, daß diese Form von Politik nicht funktionieren kann und stattdessen eine starke Organisation nötig ist, in die man sich einbinden kann, um dem permanenten Ausgesetztsein zu entgehen, das man ansonsten überall erlebt. Man möchte eine Organisation haben, in der man politisch arbeiten und gleichzeitig die übrigen Probleme des Lebens damit überlagern und scheinbar entschärfen kann. Diese Trennung aber führt genau zu der Problematik zurück, an der die antiautoritäre Bewegung, der Pariser Mai und das, was davon in der Alternativbewegung eigentlich ständig thematisiert und akzeptiert werden sollte, ihren Ausgangspunkt hatten.

D.C-B.: Das Pendant dazu ist, daß wir uns in einer Gesellschaft befinden, in der Radikalität sehr schwierig zu leben geworden ist, vor allem offen; deswegen stellt sich die Notwendigkeit des Doppellebens. Auf der einen Seite ist da der Möchtegern oder Guerillakämpfer, der die entscheidenden Schläge versetzt, — ob die nun einen Sinn haben oder nicht, sie sind Ausdruck einer Radikalität und das befriedigt das Bedürfnis an Radikalität — und ansonsten ist er so beschäftigt mit den ganzen Vorbereitungen, mit der Organisierung der Radikalität, daß er in Ruhe normal leben und alles akzeptieren kann. Dann gibt es noch Leute, die sagen, ich halte es in dieser Gesellschaft nicht mehr aus, aber da mein Aushalten sowieso nur ein gedankliches Aus-'

halten ist, nehme ich mir das Recht einer gedanklichen Radikalität, die zwar meine Lebensform überhaupt nicht verändert, aber das macht ja nichts, denn in meinem Kopf bin ich radikal.

W.K.: Das sind jetzt verschiedene Varianten von Antworten auf ein und dasselbe Problem: Man droht förmlich auseinandergerissen zu werden zwischen politischer Praxis und anderen Lebensformen und versucht deshalb diese permanente Belastungs- und Zerreißprobe dadurch zu unterlaufen, daß man zwar verschiedene, aber jeweils bestimmte Reduktionen vornimmt. So gibt es im Moment z.B. in der organisationsfixierten Linken eine starke Erwartungshaltung gegenüber dem Eurokommunismus, der sich scheinbar als Alternative innerhalb der kommunistischen Parteien entwickelt hat, obwohl er sich gleichzeitig, was in Italien besonders gut zu beobachten ist, auch wieder bloßstellt; dann gibt es die Stadtguerilla, die sich nicht nur auf der Ebene der Logistik verselbständigt, sondern auch unwiderruflich ihre moralische und politische Integrität eingebüßt hat, und dann gibt es die Theoretiker, die sich nur im Reich der Interpretationen und der intellektuellen Radikalität zurechtfinden; aber alle Antworten sind davon gekennzeichnet, daß es nur partielle Antworten sind, die eine ganz entscheidende Wende, wie sie in der antiautoritären Bewegung formuliert worden ist und von der ein Moment in der Alternativbewegung erhalten ist, wieder rückgängig machen: Nämlich die Totalität des eigenen Subjekts in den Situationen selber zu verkörpern und sich nicht auf eine der vielen möglichen Ebenen zu beschränken. Ein solch synthetisierendes Bewußtsein, sich nicht nur auf diesem oder jenem Kanal der Handlung, der Interpretation oder was auch immer zu bewegen, sondern in allen möglichen Situationen, ist verloren gegangen. Das ist das Eine. Das Andere ist, daß es nicht ausreicht zu sagen: Wir müssen eine radikale Alternative formulieren. Das Problem ist doch, daß jeder für sich antizipieren kann, daß, wenn man sich diese radikale Alternative vorgestellt hat, sie ins Leere geht, sie ins Leere stößt, daß sie nicht aufgegriffen wird, weil jeder Mann, jede Frau sich irgendwie doch relativ abgefunden hat und die meisten bloß individuell reagieren.

Ich finde, daß ein Moment dieser Schwierigkeit in der Alternativbewegung auf verkehrte Art und Weise artikuliert wird, nämlich in der Reduktion auf eine gegenkulturelle Figur, nicht aber als wirklich praktische Frage, die sich in einem bestimmten historisch-politischen Moment stellt.

D.C.-B.: Das ist ein Problem. Wir haben gestern im Pflasterstrand 4 einen Mordsputz gehabt. Ich sage, daß ich über Mai 68 reden will, da sagen die, das sei Altherrensache. Da hab' ich einen wahnsinnigen Tobsuchtsanfall gekriegt, und hab' gesagt, Ihr liegt mir mit jedem Palästinenserfest in den Ohren — da haben sie wieder was gewonnen und da haben sie wieder was verloren, vor drei Jahren ist dies erkämpft worden, da müssen wir ein Fest machen, und der nächste kommt mir mit ich weiß nicht was — und das einzige, was wir erlebt haben, daß soll eine Altherren- eine illegitime Sache sein. Das ist die Geschichtslosigkeit, in der wir leben. Für mich ist das gerade im Moment ein Riesenproblem.

W.K.: Wenn Du Dich beklagst, daß es kein historisches Bewußtsein unter den Jüngeren gibt, dann dürftest Du Dich eigentlich am allerwenigsten darüber wundern. Denn Ihr habt eine ganze Zeit lang so getan, als wäre die Alternativbewegung etwas völlig Neues, ohne Vorgeschichte, gerade so als wäre sie vom Himmel gefallen. Viele Diskussionen, die auch Du politisch für wichtig hälst, können nur vor dem Hintergrund eines bestimmten Politikverständnisses geführt werden, eines Theorieverständnisses und aufgrund von Kenntnissen aus der Geschichte der Arbeiterbewegung und unserer eigenen Vorgeschichte, der Studentenbewegung. Genau davon habt Ihr aber gemeint, daß es alles nicht so wichtig sei, und zu gegebenem Anlaß wollt Ihr es dann wieder aus dem Hut ziehen.
Es geht nicht darum, die Leute anzugreifen, die jetzt irgendwo einen Laden oder etwas ähnliches aufgemacht haben, sondern diejenigen zu kritisieren, die diese ignorante Entwicklung jahrelang politisch legitimiert haben.

D.C.-B.: Irgendwo ist ein Punkt, an dem ich mir sage, es kann sein, daß ich, daß wir das nicht geschafft haben, aber dann frage ich umgekehrt, wo waren die anderen, die die Theorie-Diskus-

---

4 seit Ende 1976 Zeitung der frankfurter Spontiscene, an der Daniel Cohn-Bendit mitarbeitet.

sionen geführt haben, warum haben die nie etwas auf das Papier gebracht. Es ist sicherlich richtig, daß manche Leute etwas gemacht haben und andere Leute nicht. Ich akzeptiere aber nicht den Vorwurf „Was habt Ihr gemacht!" Ich habe eine andere Perspektive gehabt. Kann sein, daß ich mich geirrt habe. Ich sage nur, wenn Ihr, wenn andere das für so wichtig halten, wo ist dann versucht worden, diese Vermittlung umzusetzen?

Die Kritik, die mir stinkt, ist die, wenn Leute sagen „Dany, du bist einer der wenigen, die nicht aufgehört haben, Politik zu machen, und nun hast du die Verantwortung für dieses oder jenes, oder du hättest aufhören müssen". Eine ganze Menge von Leuten haben aufgehört, Politik zu machen, und dann wundern sie sich, daß bestimmte Inhalte nicht weiter vermittelt werden. Ich weiß, daß viele Dinge nicht vermittelt wurden, aber einer der Gründe dafür ist eben, daß so viele Leute aufgehört haben, Politik zu machen. Da kann man sich nicht permanent den Ball zuwerfen.

Janos Frecot, Johann Friedrich Geist, Diethart Kerbs
ABRISS DER LEBENSREFORM *

Sozialgeschichtlicher Hintergrund

Fidus' Zeichnung zum Titelblatt der Zeitschrift „Deutsche Volksstimme. Organ der Deutschen Bodenreformer" zeigt drei Wege, die von einem gemeinsamen, außerhalb des Bildes liegenden Ort herkommen. Ein Wegweiser bezeichnet sie näher. Sie führen übers Land in der Form der Rune Ψ , dem Zeichen für m = Mann, Mensch, die auch als Lebensrune bezeichnet wird.

Der rechte Weg, der kapitalistische, stürzt nach wenigen Schritten in den Abgrund. Der linke, kommunistische, verliert sich im unwirtlichen, wolkenumlagerten Gebirge. Der mittlere, der Weg der Bodenreform, führt in ein weites, fruchtbares, friedliches und sonniges Land, Palmen deuten eine Oase an.

In plakativer Vereinfachung hat hier Fidus die Motive der zahlreichen Reformbestrebungen des späten 19. Jahrhunderts verbildlicht:

Die Ablehnung des Kapitalismus als undeutsche, vom Ausland — insbesondere dem fortgeschrittensten Industrie- und Handelsstaat, England — importierte und vom gottlosen, materialistischen Judentum veranstaltete Verführungskampagne gegen die deutsche Seele.

Die Ablehnung des Kommunismus als internationalistische, das Heil aus der Masse statt vom auserwählten, begnadeten Führer erwartende Irrlehre.

Reformen als einzig praktizierbarer Mittelweg, der allen gerecht wird und der Entscheidung zur gewaltsamen Veränderung der Macht- und Eigentumsverhältnisse enthebt.

Endlich der gemeinsame Ausgangspunkt, der hinaustreibt auf

* Der folgende Text ist dem Band „Fidus 1868 - 1948. Zur ästhetischen Praxis bürgerlicher Fluchtbewegungen", München 1972, entnommen; er wurde um den Abschnitt „Die Siedlungsbewegung" gekürzt.

Wege und Irrwege, von Fidus nicht gezeichnet, weil den Lesern der ,,Deutschen Volksstimme'' wie allen anderen Reformern als Zerrbild menschlichen Lebens vertraut: Die Stadt.

Der Ruf ,,Hinaus auf's Land'', der einer Zeitschrift aus der lebensreformerischen Siedlungsbewegung als Titel diente, ist so alt wie die Stadt — genauer: die moderne Großstadt, wie sie sich im Zuge der Industrialisierung herausbildet und ihre Bedeutung weniger als landesherrliche Residenz denn als Industrie- und Wirtschaftszentrum erhält.

Die Stadtfeindlichkeit, die in Rousseaus antizivilisatorischem Programm erstmals grundlegend für eine umfassende Kulturkritik wird, durchzieht, mehr oder weniger simplifiziert, aber überall in spezifischen Einstellungen erkennbar, die bürgerliche Ideologie des neunzehnten Jahrhunderts bis hin in die unmittelbare Gegenwart.

Bereits in der deutschen Romantik, dem geistesgeschichtlichen Reflex auf das Ausbleiben bürgerlich-nationaler Emanzipation nach Frankreichs Muster, sind Tendenzen zur Flucht aus Gegenwart und Stadt erkennbar. Dabei schließt die Frühromantik nicht nur — und zunächst fast ungebrochen — an die Aufklärung an. Der Beginn beider Schlegels ist ein Beispiel. Auch die Stadt wird zunächst akzeptiert, als Kommunikationswert wie als Thema. E. Th. A. Hoffmann registriert von des Vetters Eckfenster aus städtisches Getümmel am Berliner Gendarmenmarkt. Im Salon der Rahel Varnhagen trifft sich die Elite der frühromantischen Bewegung; bei Lutter & Wegener zecht sie. Aber schon Novalis, im bürgerlichen Beruf immerhin Bergassessor, flieht aus unbehaglicher Gegenwart in ein märchenhaft verklärtes Mittelalter mit idyllischen Kleinstädten und träumerischen Landschaften; die deutsche Spätromantik erhebt dergleichen zum reaktionären Programm; hier setzt auch ein (zunächst katholisch fermentierter) Antisemitismus ein. Natur ist nicht mehr, wie bei der Frühklassik, Inspirationsquelle eines seiner selbst innewerdenden Subjekts, sondern bloßer Fluchtort. Folklore war bei Herder noch ein Moment, zu nationalen Identitäten zu finden (und übernationale Solidaritäten zu stiften), jetzt wird borniert Volkstümelei daraus. Von heute her gesehen nimmt sich vieles wie eine Vorwegnahme des Wandervogelerlebnisses aus. Die Jugendbewegung hat sich in der Tat dankbar zu dieser Ahnen-

211

schaft bekannt. Der Zupfgeigenhansel „ist nichts als" des „Knaben Wunderhorn", zugestutzt auf den Gebrauch am Lagerfeuer.

Während die Stadtfeindlichkeit im Kampf gegen Modernität, Zivilisation, Liberalität und Rationalität die gesamte Entwicklung des philosophischen Irrationalismus begleitet, die Beschwörungen des formlosen, fließenden unbestimmten und organischen Charakters von Welt, Mensch und Leben, so entwickelt sie, beeinflußt von deutsch-romantischen Autoren wie Fichte, Schelling und Arndt, immer mehr aggressive nationalistische Inhalte in der Ausbildung der konservativen Kulturkritik. Hier gerinnt das von den romantischen Vätern vage formulierte Ressentiment gegen die Zersetzungserscheinungen der jeweiligen Gegenwart zur deutschnationalen Ideologie. Dabei bleibt immer die Stadt als der Inbegriff des Bösen, Naturwidrigen, wenn auch unausgesprochen, im Mittelpunkt der Auseinandersetzung.

Als wichtige Ingredenzien dieser Ideologie kamen die durch die Schriften von Gobineau und Chamberlain außerordentlich verbreiteten Gedankengänge zur Abstammungslehre und Ungleichheit der Rassen hinzu. Aus ihnen entwickelten sich rassenhygienische und sozialdarwinistische Theorien, die die gesamte Diskussion um die soziale Frage rechts vom Sozialismus durchdrangen und, zusammen mit religiösen Motiven, die Ausbildung des Antisemitismus zum Kampfthema des deutschen Konservatismus mitbestimmten.

Wo bis dahin nur papierne Kritik war, entstehen nach 1871, unter der wirtschaftlichen Umwälzung der Gründerjahre, vielfältige Ansätze zum praktischen Handeln; es beginnt mit der Epoche der Bewegungen, Bestrebungen, Bünde und Vereine zum Zwekke des Reformierens.

Was sich zunächst als ein nur schwer verständlicher Ausbruch von Privatinitiativen auf breiter Basis ausnimmt, hat seine Wurzeln in der politischen Geschichte der vorausgegangenen Jahrzehnte. 1848, im Sog europäischer Ereignisse, stand auch in Deutschland das progressive Bürgertum gegen die seit dem Wiener Kongreß erstarrten Machtverhältnisse auf. Die Revolution wurde rasch und blutig unterdrückt, es folgte die Knebelung freiheitlicher Regungen, die Konsolidierung der alten Mächte. Zurück blieben Verbitterte, von der Polemik und ihren Praktiken enttäuschte Liberale; Sozialisten und radikale Demokraten gingen großteils ins Ausland, wie später noch öfter. Nach der Gründung des Zweiten deutschen Kaiserreiches entstehen als Folge der schnellen Industrialisierung die Großstädte und die Industriereviere mit den zwangsläufigen Begleiterscheinungen: Wohnungsnot, Arbeitslosigkeit, soziale Unruhe und Polizeiterror. Die Arbeiterbewegung wird trotz der Sozialistengesetze zu einer immer stärkeren Macht und damit zu einer Bedrohung der bestehenden Machtverhältnisse.

Es bildet sich die petite Bourgeoisie moderner Prägung; ihr Fond ist das überkommene Kleingewerbe, dazu gesellen sich die zu Kurzgekommenen im kapitalistischen Konzentrationsprozeß, die sich in Angestellten-Abhängigkeiten wiederfinden, dazu die Beamten der modernen Verwaltungen. Diese in sich inhomogene Schicht sieht sich von zwei Seiten bedrängt: auf der einen Seite von denen, zu denen sie niemals gehören will, denen sie das bißchen Schulbildung, die Tapete und den Öldruck an der Wand voraushat: dem Proletariat. Auf der anderen Seite von der neuen, halb angstvoll und halb lüstern wahrgenommenen Welt der Großstadt mit ihrer Industrie, ihren Amüsierbetrieben, ihren Wucherern, Spekulanten und Banken, also von der Allmacht des Geldes, der Herrschaft des Großkapitals. Was bleibt anderes übrig, als dem Reichtum und Wohlleben derer da oben, da man es nicht hat, moralisch zu trotzen — die Moral, die der kleine Mann ihnen vorauszuhaben glaubt, ist ein kostenloses Postulat. Es wird zur Stütze seiner Innerlichkeit.

Der Mittelstand, der seiner Bildung nach oberflächliche Beziehungen zur Sprache und Denkweise der Bourgeoisie hat, der gleichzeitig der Gefahr des Absinkens in die Kategorie der Habenichtse und damit der Proletarisierung angstvoll gebannt entgegensieht, erscheint somit prädestiniert als Nährboden für ideologische Heilslehren aller Art: Hier fanden die Langbehn und Lagarde und ähnliche politische Schriftsteller ihre gläubigsten Leser.

Als 1894 das Buch eines preußischen Geheimen Regierungsrates erscheint, stellt es im Titel die Frage, die bis heute ungelöst geblieben ist: „Reform oder Revolution". Aus dem akademisch gebildeten Bürgertum (das mit einigen Exponenten auch in der Führung der deutschen Sozialdemokratie saß) entstehen in den

80er Jahren, nach dem Ausklingen der ersten Industrialisierungs-welle, eine Reihe sozialreformerischer Bewegungen, die allesamt das eine Ziel gemeinsam haben: Befriedung, Versöhnung, Ausgleich. Sie sind nicht auf die Emanzipation der Schwachen, sondern auf die gutwillige Mäßigung der Mächtigen und Linderung der schlimmsten Not aus; es sind Appelle an den Idealismus derer, die nur danach fragen, ob einer „gut", d. h. zahlungsfähig ist. Es sind Reformen, die sich um eine Veränderung der politischen Landschaft herumzudrücken suchen — die soziale Frage lösen wollen — ohne die Macht- und Eigentumsverhältnisse anzutasten. Aus dergleichen akademischen Kreisen kommen die Führer der Reformbewegungen, die ihre Anhänger unter den führerlosen Mittelschichten finden. Das religiöse und weltanschauliche Vakuum, das sich nach der zunehmenden Säkularisierung des städtischen Lebens und dem Zurücktreten des kirchlichen Einflusses gebildet hat, spielt eine wichtige Rolle in dem Prozeß der Herausbildung reformerischer Ersatzreligionen. Die Motivationen der Reformer sind von dreierlei Art, und immer wieder untereinander austauschbar und vermischt: das Hauptmotiv ist medizinisch-hygienischer Art, dazu treten sozialpolitische und weltanschaulich-religiöse Beweggründe.

Prüft man sie auf ihren weltanschaulichen Kern, lassen sie jeweils Reste nicht eingelöster frühbürgerlich-aufklärerischer Forderungen erkennen: sie kompensieren die gescheiterte Revolution von 1848. Das wird am deutlichsten an der Naturheilkunde, deren Anfänge noch direkt und deutlich auf Rousseau zurückgehen.

Aus der *Naturheilbewegung* ging der heute noch bestehende „Deutsche Bund der Vereine für naturgemäße Lebens- und Heilweise (Naturheilverein) e.V." hervor, der sich große Verdienste um die Volksaufklärung in Fragen der Hygiene, Krankheitsprophylaxe und Gesundheitsförderung erworben hat. Die Arbeit des Vereins stand in enger Nachbarschaft zu der sozialen Arbeit der Städte und Gemeinden einerseits wie vielen gesundheitlich orientierten Reformbewegungen andererseits. Daneben begann die *Bodenreformbewegung,* die für die Übereignung des gesamten Bodens in Gemeineigentum eintrat, um den Handel und Wucher mit dem nicht transportierbaren, nicht produzierbaren, nicht vermehrbaren (und großenteils noch feudalistisch verwalteten) Boden ein für allemal zu unterbinden. Ihre Argumentation wurde rechtlich unterstützt von der *Bewegung für Deutsches Recht,* die dem undeutschen Römischen Recht die Schuld am Kapitalismus zuschob und die Rückkehr zu den Rechtsbräuchen und Wirtschaftsformen der Germanen propagierte.

Ähnliche Motivationen wie den Bodenreformern lagen der *Gartenstadtbewegung* zugrunde, die die Überwindung der sozialen Not von der Entflechtung der Stadt, der Ansiedlung von handwerklichen Betrieben auf dem Land und der Entproletarisierung und Domestizierung des Arbeiters durch seine Seßhaftmachung im Kleineigenheim erstrebte.

Aber nicht nur die Wohnungsfrage bewegte die Reformer, sondern auch der Gesundheitszustand des in den Städten zusammengepferchten Volkes gab Anlaß zu ernsten Überlegungen. Während hier aus bodenreformerischen und naturärztlichen Gedanken die *Schrebergartenbewegung* entstand, hatten schon vorher konsequente Anhänger der Naturgemäßen Lebensweise den aus der Antike und dem frühen Christentum wie aus Asien bekannten *Vegetarismus* wiederentdeckt, eine fleischlose Ernährungstheorie, die ihre Basis in Landbausiedlungen sah.

Hygienisch-medizinischen Motiven entsprangen auch die Licht-Luft-Therapie und die *Kleiderreform,* die beide in der *Freikörperkulturbewegung,* heute Naturismus genannt, zu ästhetisierten Formen gelangten: zum sezessionistischen Reformkleid als Überwindung von Korsett und Schnürschuh und zur nach Hellas rückwärts und dem blonden blauäugigen Helden vorwärts gewandten Schönheitsbewegung. Die *Abstinenzlerbünde* und das Entstehen der ersten *Reformwarenhäuser* in den 90er Jahren sind Folgen dieser gesundheitspraktischen Neuorientierung.

Daneben kämpften Gruppen der *Frauenbewegung* für die Gleichberechtigung der Frau in Politik und öffentlichem Leben, gleiche Bildungsmöglichkeiten, gegen die Diffamierung des unehelichen Kindes, der ledigen Mutter und für die „freie" Ehe, gegen Kaufehe und Mitgiftgeschäft.

Um die Jugend vor den Gefahren der Stadt und dem Einbruch sozialer Auseinandersetzungen in die Kinderwelt, eine Projektion der von einer „heilen Welt" träumenden Erwachsenen, zu bewahren, erwuchs aus der reformpädagogischen Diskussion der 90er Jahre die Idee der *Landerziehungsheime.* Um den in der

Stadt verbleibenden Kindern wenigstens einen Teil Kinderwelt zu gewähren, wurde *„Die Kunst im Leben des Kindes"* propagiert, mit ihr eine gänzlich ästhetisierte, unrealistische Bilderbuchwelt, die sich als ,,Neudeutsche Kinderkunst" verstand.

Die älteren Schüler bildeten Wandergruppen, aus denen die *Wandervogelbewegung* und später die *Freideutsche Jugend* entstand als Ausbruchsversuch der städtischen Jugend aufs Land, als ideelle, traumhafte Rückeroberung des Landes mit der Gefahr der Regression ins Provinzielle. *Heimat-* und *Naturschutzbewegung* erhielten hier ihre wesentlichen Impulse, das *Jugendherbergswesen* ebenfalls. Der beginnende *Tourismus* kommerzialisierte die Stadtflucht derer, die sich schon einen Reiseurlaub leisten konnten, zur Flucht in die Sommerfrische, den Badeort oder zur Bildungsreise in die Vergangenheit.

Auch auf philosophisch-weltanschaulichem Sektor begannen zahlreiche reformerische Ideen zu wirken. Abkehr vom Materialismus, vom Primat der rationalen Naturwissenschaft, von Aufklärung und althergebrachter Religion — von allem haben sie etwas gleichzeitig. Der *Monistenbund* setzte an die Stelle der Zweiheit Gott-Welt die Alleinheit, Allseele und Vergöttlichung des Menschen und bildete somit den philosophischen Hintergrund für die Naturschwärmerei des lufthungrigen Großstädters. Die *Freireligiösen Gemeinden,* die mit den Monisten in engem Zusammenhang standen, versagten sich dem Dogmatismus der traditionellen Kirchen, um Gottesglauben und Naturwissenschaft nebeneinander leben lassen zu können und zugleich einen Ersatz für die verlorenen kirchlichen Rituale anzubieten in Jugendweihe und anderen derartigen Veranstaltungen. Die *Theosophen* entdeckten die alte indische Lehre von der Unsterblichkeit des Menschen durch die immer neue Formen annehmende Wiederverkörperung der Seele und leiteten daraus die Notwendigkeit zu ethischem, idealem Handeln ab, dessen Ziel und Lohn die Einswerdung von Gott und Mensch sei. Die Theosophie stellt kein geschlossenes Lehrgebäude dar, sondern begreift sich als die uralte mystische Gottesweisheit, die den innersten Kern aller Religionen der Erde bildet. Das macht ihr kosmopolitisches Streben nach Verbrüderung zwischen den Völkern, Rassen und Religionen aus und erklärt gleichzeitig die oft innerhalb lebensreformerischer Gruppen anzutreffende Verbindung von Theosophie, Pazifismus und einem milden, aus dem Urchristentum abgeleiteten Anarchismus. Enthaltsame, naturgemäße Lebensweise — viele Theosophen waren zugleich Vegetarier — ist eine der Vorbedingungen für die stufenweise Läuterung der re-inkarnierten Seele. Gleichzeitig aber enthalten die esoterischen Lehren vom Schöpfungs- und Entwicklungsplan, von Welt und Menschheit (und darin speziell die Darstellungen der Wurzelrassen und ihrer höheren und niederen Einstufung in diesem Plan) Gedankengänge, die sich versetzt mit einem aus Archäologie, Religionsgeschichte und Sprachwissenschaft überwältigend wissenschaftlich anmutenden Vokabular und durchdrungen von der Selbstüberheblichkeit ihrer Autoren in den ariosophisch-okkulten Lehren von Guido von List, Jörg Lanz von Liebenfels, Wilibald Hentschel und Max Ferdinand Sebaldt wiederfinden. In Deutschland und Österreich entstand so durch die Umwandlung ursprünglich unpolitischer Inhalte durch den aggressiven, rassistischen Antisemitismus dieser Schriftsteller eine okkultistisch, mithin unanfechtbar geistig-übermenschlich begründete deutsche Erlösungs- und Weltherrschaftsideologie, die direkt zu Hitler, Rosenberg und Himmler hinführt.

Konsequenter als die allzu diffuse, in mehreren internationalen Vereinigungen miteinander konkurrierende Theosophische Bewegung versuchte Rudolf Steiner mit seiner daraus entwickelten und 1912 organisatorisch abgespaltenen *Anthroposophischen Bewegung* lebensreformerische Ziele zu verwirklichen. Seine kompilatorische Leistung war die Verschmelzung theosophischer Mystik mit den schon vertrauten christlichen Begriffen und Gebräuchen sowie die Versöhnung von Glaubenswelt und Naturwissenschaft, im Sinne Goethes, wie er ihn verstand, zu einer neuen Geisteswissenschaft, in der von der sozialen Frage bis zur Dornacher Tempelsiedlung und von der Waldorf-Pädagogik bis zur kunstdüngerfreien Demeter-Landwirtschaft kaum ein gesellschaftlicher Bereich unberücksichtigt blieb.

Zu den geographischen Fluchtlinien, die hinaus aufs Land, den historischen, die zurück in die als Zukunft erträumte Vergangenheit, und den politischen, die in die unverbindlichen Vereinsaktivitäten führen, gesellt sich hier ein neuer Zug in eine para-religiöse Innerlichkeit, als deren Endstation der in graue Pappe gebundene Hauptkatalog des „Verlag für Lebensreform Nirwana" sichtbar wird.

Säkularisierter, weniger mystisch als die theosophischen Lehren nahmen sich die Bemühungen der eine „Ethische Erneuerung" anstrebenden Kreise um den ehemaligen Oberst Moritz von Egidy und dessen Zeitschrift „Versöhnung" aus, ebenso die Aktivitäten des „Bundes deutscher Volkserzieher" von Wilhelm Schwaner und der Zeitschrift „Ethische Kultur" von Rudolph Penzig.

In eben diesen Kreisen wurden auch die „Flugschriften des Dürer-Bundes" und der „Kunstwart" von Ferdinand Avenarius regelmäßig gelesen, sah doch auch er seine Bemühungen um eine neue Ausdruckskultur als über den kunstgewerblich-ästhetischen Rahmen hinaus ins weltanschaulich-Ethische wirkend an.

„Inzwischen lag, zusammen mit Zolas verlöschendem Naturalismus in der Kunst, die materialistische Weltanschauung in der Wissenschaft in den letzten krampfhaften Zuckungen . . .

Die erste Reaktion gegen den Materialismus in Deutschland zeigte sich in einem starken Interesse für die okkulte Lehre, vorläufig in ihren primitivsten Erscheinungen: dem Spiritismus und der Theosophie . . . Die spiritistische Bewegung wurde in Deutschland populär und begann um 1890 in alle Gesellschaftsschichten einzudringen, und sie gewann an Bedeutung und Ernsthaftigkeit durch die einzige Zeitschrift, die allen Zweigen des okkulten Wissens, in der Hauptsache aber dem Mediumismus gewidmet war und von einem wirklich großen Herrn mit tiefem Wissen herausgegeben wurde: Hübbe-Schleidens „Sphinx". Unter etwa hundertfünfzig dem Spiritismus gewidmeten Zeitschriften, die in Europa und Amerika erschienen, war die „Sphinx" die einzige, die selbst die hitzigsten Gegner jedes Okkultismus ernst nahmen."

(Stanislaw Przybyszewski, Erinnerungen an das literarische Berlin. München 1965.)

Diese Schilderung eines symbolischen Dichters deutet die Richtung der spiritistischen und okkultistischen Strömungen der 80er und 90er Jahre an: die Flucht vor dem Materialismus als einer besonders aufdringlichen Form der Begegnung mit der unangenehmen Realität, Flucht in die Innerlichkeit, in „geistige", dem Rationalen und damit dem kritischen Zugriff entzogene

Bereiche, in denen sich jeder ohne großen Aufwand als Medium oder Eingeweihter fühlen konnte. Wie auswechselbar die Positionen waren, zeigt Wilhelm Bölsches frühes Buch „Die Mittagsgöttin. Roman aus dem Geisteskampf der Gegenwart" (2. Aufl. 1902, Jena, Diederichs), in dem der Weg eines Mannes von der sozialistischen Parteinahme zur Erforschung der übersinnlichen Welt als der einzig menschenwürdigen intellektuellen Beschäftigung diskutiert, schließlich doch als Schwindel entlarvt wird.

Eine besondere Variante der weltanschaulich-religiösen Erneuerungsbestrebungen dieser Zeit bilden die Versuche, das jüdische, undeutsche Christentum durch eine volkhafte und arteigene Religion nordisch-germanischen Ursprungs zu ersetzen. Frühe und spektakuläre Ansätze finden sich bei Richard Wagner, dessen Popularität auch diese Idee transmittiert haben dürfte. Die Anfänge der neugermanischen Religionsgründungen fallen dann folgerichtig mit einigen lebensreformerischen, rassebewußten und antisemitisch akzentuierten Siedlungsgründungen zusammen. Neben der reaktionären Betriebsamkeit, die Antisemiten wie Friedrich Landmann und Gustav Simons in Eden entfalteten, muß hier auf die zwar erst 1919, aber ganz im Sinne der dargestellten Zusammenhänge zwischen bodenreformerischen und rassenhygienischen Gedankengängen gegründete Siedlung Donnershag in Sontra (Hessen) hingewiesen werden, die für einige Zeit zum Ausstrahlungspunkt aggressiver völkisch-antisemitischer Propaganda wurde. Schon im „Volkserzieher" Wilhelm Schwaners tauchen um 1900 Forderungen nach einer „deutschreligiösen Gesinnung" auf. Die Geschichte der deutsch- oder germanisch-gläubigen Gemeinschaften hier darzustellen würde zu weit führen; es sei nur erwähnt, daß auch Fidus zu ihnen Beziehungen hatte: er war Mitglied der Germanischen Glaubens-Gemeinschaft seines Freundes, des Malers Ludwig Fahrenkrog, und der „Nordungen", für die er als Illustrator tätig wurde. Von diesen Kreisen führen Fäden zu den völkischen Gruppen der Jugendbewegung um Otger Gräff bis hin zu den Artamanensiedlungen, einer Art freiwilligen Arbeitsdienst im Sinne der Ostlandbesiedlung.

Aber auch zu den Unabhängigen Sozialisten und den individualanarchistischen Gruppen der Jahre um 1900 hatten die bürgerlichen Sozialreformer ihre Beziehungen, trafen sich doch ihre beiderseitigen Vertreter im reformerischen Bohèmemilieu von Friedrichshagen, wo Weidner mit Spohr und Mühsam den „Armen Konrad" herausgab und die Revolte der „Jungen" gegen das SPD-Establishment ausgebrütet wurde — eine Revolte nicht im Namen revolutionärer Ideale, vager Vorstellungen von einem besseren Leben, geboren aus sittlicher Begeisterung und Mitleid mit den Leidenden.

Die Friedrichshagener Sozialisten standen überwiegend dem Tolstoischen Urchristentum und Pazifismus näher als dem Marxismus, einige von ihnen — wie Erich Mühsam und Gustav Landauer — waren freilich engagierte Anarchisten und folglich aktiv an der Revolution von 1918 und als führende Köpfe an der Münchener Räterepublik beteiligt.

Das eröffnete Panorama der reformerischen Bestrebungen zeigt eine schier unentwirrbare Verflechtung von Ideen und Personen. Es fehlte nicht an immer neuen Anläufen zu übergeordneter Verbindung, Zusammenfassung in größeren, politisch wirksameren Formen — doch diese scheiterten immer wieder an der Kleinkariertheit der einzelnen Programme, ihrer schwärmerischen Inhalte und dem spezifisch deutschen Vereinsindividualismus.

Die Naturheilkunde

Die Geschichte der Lebensreform beginnt mit der Entwicklung der Naturheilkunde. Diese formulierte als erste Reformbewegung das Programm des „Naturgemäßen".

„Wie ‚vernünftig' das heißt, was den Gesetzen der Vernunft wirklich gemäß ist, so heißt ‚natürlich' hier, was den Gesetzen der menschlichen Natur entspricht, was normal ist". (Eduard Baltzer: Die natürliche Lebensweise. 4. Teil: Vegetarismus in der Bibel. Rudolstadt 1886. S. 114.)

Während das 18. Jahrhundert Gott durch die Vernunft ersetzt, wird nun der Vernunft die Natur als gleichrangig an die Seite gestellt: d. h. der Instinkt, das Gefühl für das Richtige, die Intuition. Oft hat es sogar den Anschein, als würde „die Natur" höher bewertet als die Vernunft, so, wenn Prießnitz sich durch die Beobachtung eines kranken Rehes, das täglich seine Wunde in frischem Quellwasser kühlte, auf den Gedanken der Wassertherapie bringen ließ. Der durch Vernunft nicht gestörte Instinkt des Tieres wird durch geduldige Beobachtung zum Lehrmeister

220

des Menschen.

Eine Laienbewegung kündigt sich hier an, die im Laufe der nächsten Jahrzehnte die offizielle Medizin mit zahlreichen Impulsen versehen sollte, von denen sich einige als sehr brauchbar erwiesen haben. Den Weg von der rational begründeten Heilwissenschaft zur Heilkunst als der Synthese wissenschaftlicher Erkenntnis und Intuition wurde durch die Naturheilkunde gewiesen.

„Gesunde Menschen kamen damals noch selten zu einer Lebensreform", schreibt Fidus im Jahre 1924 rückblickend auf seine Zeit bei Diefenbach, Ende der 80er Jahre, als die Kämpfe der Naturheilkunde und der Naturgemäßen Lebensweise überhaupt gegen die konservative Überzahl der Ärzte wie die althergebrachte Gewohnheit des Volkes in Kleidung, Nahrung, Wohnen etc. ihrem Höhepunkt zustrebten. Die Geschichte der Lebensreform ist durchzogen von solchen Schicksalen: Kranken, wie Diefenbach, Fidus, Adolf Just und anderen, die die Ärzte aufgegeben hatten und denen der Glaube an die herrschende Medizin abhanden gekommen war; Enttäuschten der politischen Zustände, wie den gescheiterten 1848ern Baltzer und Struve, die in der vegetarischen Bewegung zu führenden Geistern wurden; Gestalten wie dem ehemaligen Offizier Johannes Guttzeit, der zum fanatischen Kämpfer in Wort und Schrift für lebensreformerische Anschauungen wurde und als Naturapostel durch die Lande zog; Sammelplätze der Sonderlinge wie der Vegetariersiedlung auf dem Monte Verita in Ascona und zahlreichen anderen, meist auf dem Lande oder in Vororten gelegenen Siedlungen.

Der Begriff „Lebensreform" taucht erst im Laufe der 90er Jahre auf; sein erstes Vorkommen konnten wir nicht feststellen. Was vorher „natürlich" oder „naturgemäß" hieß (nämlich Lebensweise, Lebenslehre, Ernährung, Kleidung, Heilweise etc.) geht nun in dem modernen Sammelbegriff auf. Gleichzeitig ist eine inhaltliche Wandlung von der bisher medizinisch-hygienischen Motivation ins Ästhetische zu verzeichnen. Aus „Lebensweise" wird „Lebenskunst". So wurde aus einer herben, die üblen Folgen der Industrialisierung teilweise richtig erkennenden Bewegung folgerichtig eine reformerische Persönlichkeitsstilisierung, die Kunstwartbestrebungen mit Nacktttänzen, Vegetarismus mit Jugendstil und Urchristentum mit dem Siedlungshäuschen verband.

221

Zum ersten Experimentierfeld reformerischer Ansätze wurde die sich im neunzehnten Jahrhundert zur eigenen medizinischen Disziplin entwickelnde Naturheilkunde. Die romantischen Mediziner lehnten sich gegen die Einseitigkeit der rationell-empirischen Methodik des 18. Jahrhunderts auf im Namen der Intuition, des seelischen Kräfteaustauschs, der Naturphilosophie. Während die romantische Medizin unter der rapiden Entwicklung der materialistisch ausgerichteten, ausschließlich naturwissenschaftlich begründeten Medizin versank, entwickelte sich parallel dazu in ländlichen Rückzugsgebieten die Naturheilkunde, die zu einem wesentlichen Korrektiv werden sollte.

Die Geschichte der Naturheilkunde, die hier nur kurz skizziert zu werden braucht, da es bereits Arbeiten zu diesem Thema gibt, stellt modellhaft dar, was uns bei der Beschreibung der Lebensreform immer wieder begegnen wird: eine offiziell verdrängte, drängende Problematik — in diesem Fall die Wechselwirkung zwischen Körper und Seele in Krankheit und Heilung — und die Bewältigung des Verdrängten durch subkulturelle Initiativen. Die ersten Naturheilkundigen waren Laien, machten ihre Entdeckungen und Versuche abseits der Lehr- und Forschungszentren auf dem Lande und begannen frühzeitig zur Absicherung ihrer Methoden mit der Bildung von Interessenvereinen und dem Aufbau einer eigenen Publizistik, die in ihrer, dilettantischen Hervorbringungen eigenen, Schärfe und Ausschließlichkeit oft sektiererische Züge trägt.

An Vorläufern fehlte es nicht. Die in immer neuen Auflagen und Bearbeitungen erschienenen Werke von Hufeland und Hartmann etwa nehmen schon eine Reihe von naturgemäßen Lebensregeln vorweg. Aber erst Männer wie Prießnitz, Schroth, Kneipp, Felke, Rikli u. a. gingen radikalere und einfachere Wege. Sie erinnerten sich der Gesundungskraft, des Gesundungswillens im Kranken selbst, den es zu wecken und zu unterstützen gilt. Dazu bedarf es weder technischer Apparaturen noch einer komplizierten Pharmazie: Licht, Luft, Wasser und Erde, die naturgegebenen Elemente des menschlichen Daseins, sind die Schlüssel zu Heilung und glücklichem Leben.

In Vincenz Prießnitz, dem ältesten der großen Naturheiler, begegnet uns sogleich der erste Stadtflüchtige der Lebensreform. Auf dem Gräfenberg *„siedelten sich gegen Mitte des vorigen*

Jahrhunderts mehrere Freiwaldauer Bürger auf ihren Besitzungen an und bildeten unter Beibehaltung ihres Bürgerrechts eine eigene Kolonie von der nahe gelegenen Stadt. Es entstand eine neue kleine Ortschaft, die nach dem Berge, worauf die Ansiedlung geschah, Gräfenberg genannt wurde". (Engelbert Maximilian Selinger, Vincenz Prießnitz. Eine Lebensbeschreibung. 2. Aufl. Freiwaldau 1903.) Dort, in Österreichisch-Schlesien, wurde Prießnitz 1799 geboren. Angeregt durch die im Volke umgehenden Erzählungen von Wunderheilungen durch einfache Mittel entwickelte er seine Kaltwasserkuren, die aus Bädern, Begießen, Packungen etc. bestanden; dazu kamen Luftbäder, Bewegungstherapie und Diät. Seine Heilerfolge zogen zahlreiche Patienten an, so daß ihm Neider und Feinde unter der konservativen Ärzteschaft erwuchsen. Um seine 1831 eröffnete Badeanstalt zu schließen, wurde sogar unter dem Vorwand des Verdachts der Kurpfuscherei ein Wiener Hofrat nach Gräfenberg geschickt, der indes, beeindruckt von dem vornehmen Publikum wie der Persönlichkeit des Leiters, den Ort als Prießnitz-Anhänger verließ. Prießnitz wurde zu einem wohlhabenden, berühmten und verehrten Mann. Er konnte seine Kuranstalt um mehrere Dependencen erweitern und hatte die Genugtuung, eifrige Nachahmungen aufblühen zu sehen.

Zugleich bildeten die ersten Kuranstalten frühe Tourismus-Schwerpunkte. Die Statistik der internationalen Besucherschaft, die durch die Gräfenberger Badeanstalt zog, legt den Gedanken nahe, daß es für viele zum guten Ton gehört haben mag, eine derartige Anstalt aufzusuchen. Die Denkmäler, Erinnerungstafeln und vom Verschönerungsverein gepflegten Promenadenwege blieben nicht aus; die Obelisken und Säulen, die den städtischen Industrievierteln mit ihren Fabrikschloten korrespondieren, hielten auch auf dem Gräfenberg ihren Einzug in die Landschaft des Neunzehnten Jahrhunderts. „Am Wege zwischen Freiwaldau und Gräfenberg steht ein großes, pyramidales Denkmal mit der Inschrift: Au genie de l'eau froide. Ein dankbarer Franzose ließ dieses Denkmal zu Ehren seines Arztes Prießnitz errichten. An dem herrlichen Fußwege um die große Koppe, auf der Seite, die nach Freiwaldau hinabblickt, erhebt sich über einem granitenen Fußgestelle ein fünfzehn Zentner schwerer Löwe von Gußeisen, der aus der Werkstätte des berühmten

Künstlers Schwanthaler hervorgegangen. Dieses Monument, mit sinnreichen Inschriften verziert, stammt von dankbaren Ungarn, die im Jahre 1839 in Gräfenberg glückliche Kuren gemacht. Im schönen Fichtenwäldchen, durch das der Weg zu den Douchen führt, steht über einer klaren Gebirgsquelle das prachtvolle marmorne Denkmal preußischer Kurgäste mit der Inschrift in goldenen Lettern: „Dem unsterblichen Prießnitz die dankbaren Preußen'." (Selinger, a. a. O.)

1846 wurde Prießnitz die große goldene Zivilmedaille am Bande von Kaiser Ferdinand verliehen. Als zwei Jahre später die Kunde vom Ausbruch der Revolution in die Wasserkuranstalt gelangte, *„war dieses Ereignis dem religiös und patriotisch gesinnten Prießnitz ein Greuel. Es brachte eine gewaltige körperliche und geistige Veränderung hervor ... Er sprach nun außerordentlich viel über Politik ... wurde verstimmt und mißtrauischer als sonst, und verlor die warme Lust am Leben."* (Selinger, a. a. O.) 1851 starb er.

Prießnitz war nicht nur als Arzt und Wunderheiler berühmt, sondern galt allen, die ihn kannten, durch seine einfache, sittliche und enthaltsame Lebensführung als vorbildlich.

Gräfenberg benachbart, wirkte in Lindewiese bei Freiwaldau Johannes Schroth (1800–1856), von bäuerlicher Herkunft wie Prießnitz, mit dem er befreundet war. Er verordnete feucht-warme Packungen, verbunden mit einer reinigenden, wasserentziehenden Fastenkur. Die „Schrothsche Trockenkur" nahm Erkenntnisse der Ernährungstherapie vorweg.

Der volkstümlichste aller Naturheiler, der bayerische Pfarrer Sebastian Kneipp (1821–1897), führte in seiner heute noch bestehenden Kuranstalt in Bad Wörishofen zu vielfältigen Anwendungen des Wassers Lehm-, Quark- und Kräuterpackungen ein sowie den reinigenden Gebrauch von Kräutertees, als deren Wiederentdecker er gilt. Er entwickelte den Kneipp-Malzkaffee und schrieb zahlreiche Bücher, die in Hunderttausenden von Exemplaren verbreitet sind.

Wie bedeutend die Einführung der Wassertherapie für die Naturheilkunde war, geht daraus hervor, daß die noch heute bestehende Zeitschrift „Der Naturarzt. Zeitschrift für naturgemäße Lebens- und Heilweise" 1861 zunächst unter dem Titel „Der Wasserfreund" begründet wurde und 1863 den allgemeinen Titel mit dem erläuternden Untertitel „Korrespondenzblatt für Freunde naturgemäßer Heilmethoden" erhielt.

Inzwischen traten neue therapeutische Methoden zu den geschilderten hinzu:

Der Schweizer Theodor Hahn (1824—1883), Verfasser einflußreicher Bücher über den Vegetarismus, gründete 1852 in der Nähe von St. Gallen die Naturheilanstalt „Auf der Waid", die mit streng vegetarischer Diät arbeitete.

Der evangelische Pfarrer Emanuel Felke (1856—1926) entwickelte besondere Anwendungsmöglichkeiten von Lehm in Packungen, Kompressen etc., was ihm den volkstümlichen Namen „der Lehmpastor" eintrug.

Arnold Rikli (1823—1906) wurde zum Vorläufer der Freikörperkultur als einer körperlichen und seelischen Hygiene, indem er seit 1855 in seiner Kuranstalt Ober-Veldes in Krain Sonnenbäder und Lichtluftbäder verordnete.

Als eine erste Synthese der bisherigen Versuche kann Adolf Just's Kuranstalt „Jungborn", im Eckertal bei Stapelburg im Harz gelegen, bezeichnet werden. Adolf Just (1859—1936), von bäuerlicher, norddeutscher Herkunft, ältester von zwölf Kindern, mußte Studium und Tätigkeit als Buchhändler wegen häufiger Nervenzusammenbrüche abbrechen. Als ihm die Ärzte nicht helfen konnten, begann er sich mit Literatur über Naturheilkunde zu befassen. In einer Verteidigungsschrift für Kneipp und den Leipziger Naturheiler Louis Kuhne bekannte er 1892: *„Ich selbst, nach einem 12jährigen Nervenleiden durch die Allopathie an den Rand der Verzweiflung, bis an die Tür des Irrenhauses gebracht, fand allein durch die verschiedenen Anwengungen der Naturheilmethode und eine ganz gründliche 4monatige Kneipp-Kur mit vegetarischer Lebensweise Linderung und schließlich durchschlagenden Heilerfolg und wahre Hilfe."* So baute er sich in einem Gehölz bei Braunschweig eine „Licht-Luft-Hütte", in der er einige Jahre lebte, engsten Anschluß an den Rhythmus der Natur suchend. Aus den dort gemachten Erfahrungen entwickelte sich die Idee des „Jungborn", einer „freien Stätte für ideale, natürliche Heil- und Lebensweise". 1896 begann die Kuranstalt zu arbeiten. *„Das etwa 30 Morgen, später sogar 40 Morgen große Grundstück war in mehrere größere und kleinere Parks und sonstige Anlagen eingeteilt. Zunächst gelang-*

te man in den von einem namhaften Fachmann entworfenen großen ,,Friedrichspark'', in dessen Anpflanzungen und Anlagen das Schweizerhaus (Verwaltungshaus), die Villa Maria, das nordische Blockhaus (Doktorhaus), mehrere Lichtlufthäuschen und Gebäude mit Speise-, Unterhaltungs-, Schreib-, Lese-, Vortragssaal usw. stehen . . . Der Friedrichspark war der Sammelplatz aller Jungborn-Kurgäste. Außer dem Friedrichspark waren in erster Linie noch zwei getrennte, geschlossene Parks vorhanden, nämlich ein Herren- und ein Damen-Luftpark. In diesen standen nun, sehr zur Behaglichkeit der Kurgäste, die meisten Lichtlufthäuschen oder Lufthütten. In diesen Luftparks fühlte man sich durchaus nicht eingeengt und abgeschlossen, denn die Parks waren sehr groß und hatten prachtvolle Anpflanzungen und Anlagen. 72 Lufthütten gab es im Jungborn. Dadurch, daß in den Luftparks gleich die Lufthütten zum Wohnen der Kurgäste standen, war der äußerste Anschluß an die Natur ermöglicht und ein gesundes ungezwungenes Wohnen und Schlafen garantiert.'' (Günter Stolzenberg, Der Just-Jungborn. Eine vorbildliche Kuranstalt der Naturheilbewegung. Mannheim o. J. (ca. 1960).)

Seine Ideen und Erfahrungen legte Adolf Just in dem zur Eröffnung des Jungborn erschienenen, in vielen Auflagen verbreiteten Buch mit dem pathetischen Titel ,,Kehrt zur Natur zurück!'' nieder, das als ein Kompendium lebensreformerischer Weltanschauungen gelten kann: sein Untertitel heißt ,,Die wahre naturgemäße Heil- und Lebensweise, Wasser, Licht, Luft, Erde, Früchte und wirkliches Christentum''. Die Luvos-Heilerde ist seine Entdeckung.

1907 zog er sich von der Leitung der Kuranstalt zurück, die er seinem Bruder Rudolf übertrug. Er begründete den Entschluß so: ,,Ich werde nun in Zukunft ganz ungebunden eine Lehrtätigkeit üben und glaube jetzt noch mehr meine Kraft im Dienste fürs Gute, um Menschen Hilfe und den Weg zur Heilung zu zeigen, entfalten zu können.'' (Adolf Just, Die Hilfe auf dem Wege! Geistes- und Seelenleben. Jungborn-Stapelburg a. Harz 1907, Anhang.) Er kaufte sich im benachbarten Bad Blankenburg ein Grundstück, um sich dem natürlichen, d. h. düngemittelfreien Obst- und Gemüseanbau zu widmen.

1945 endete die Geschichte der größten und bekanntesten Naturheilanstalt Deutschlands, als die Demarkationslinie zwischen Ost und West das Gelände in zwei Teile schnitt.

Die Geschichte der Naturheilkunde, in zahlreichen Wirkungsstätten, deren wichtigste skizziert wurden, erprobt und erweitert, wurde begleitet von einem wahren Gründungsfieber: in allen größeren Städten entstanden Vereine, die sich der Propagandierung einzelner Methoden, der Volksaufklärung im Sinne naturgemäßer Heilweisen und einer dringend notwendigen Propaganda für die einfachsten Erkenntnisse der Hygiene sowie der Errichtung von Sanatorien und anderen Einrichtungen widmeten. Sie dienten überdies als Abwehr-Organisationen immer häufiger werdender propagandistischer wie juristischer Angriffe seitens der offiziellen Medizin, die die Naturheilkunde in zahllose Prozesse wegen Kurpfuscherei verwickelte.

Vegetarismus, Ernährungsreform

Schon in Theodor Hahns Naturheilanstalt begegnete uns der Vegetarismus, der anfänglich auch Vegetarianismus oder Thalysianismus genannt wurde. Der Vegetarismus schließt alle tierischen Produkte von der menschlichen Ernährung aus. Dies geschah von Anfang an mehr aus weltanschaulichen als aus Diätgründen. *„Alles Sein ist miteinander verflochten, eine Erkenntnis, die Achtung vor dem anderen Leben gebietet",* heißt es in der Erklärung des 1. Deutschen Vereinstages der Vegetarier zu Nordhausen 1869. Die pantheistische Geste dieses Satzes macht schon den Zusammenhang zwischen Vegetarismus und Theosophie — als der Lehre von der Gott-Durchdrungenheit der gesamten sichtbaren und unsichtbaren Welt — einerseits und Vegetarismus und Pazifismus andererseits deutlich.

Schon im Altertum und unter den ersten Christen gab es Vegetarier aus religiöser Überzeugung ebenso wie unter den Buddhisten. Von großer Bedeutung für die Absicherung der ethischen Argumentation wurde das dreibändige Werk von Jean Antoine Gleizes „Thalysie ou la nouvelle existence". (Paris 1842; dt. Berlin 1872.) Thalysien hießen in der griechischen Religion die Erntedankfeste und die Früchtegaben, die der Göttin des Erdsegens, Demeter, dargebracht wurden. Später wurde Thalysia ein vielgebrauchter Name für vegetarische Vereine, Zeitschriften, Speisehäuser und andere reformistische Einrichtungen.

Der bedeutendste Theoretiker und Organisator des Vegetarismus in Deutschland wurde der sächsische Pfarrer Eduard Baltzer (1814–1887). Er gründete 1847 in Nordhausen die erste
Freie religiöse Gemeinde und schuf einen Bund der sich bilden-
den Freien Gemeinden. *„Es waren schöne Tage, die wir damals
feierten; ein Geist der Selbstverjüngung, ein Geist apostolischer
Wiedergeburt durchwehte die Herzen in unseren Versammlungen"* (Baltzer, Erinnerungen. Bilder aus meinem Leben. Frank-
furt/M. 1907.) Durch Robert Blum wurde er 1848 in das in
Frankfurt a. M. tagende Vorparlament berufen, *„um die deutsche Bewegung in ein sicheres Gleis zu leiten"*. Als er *„zur Ver-
einbarung einer Verfassung mit der Krone Preußens"* nach Berlin delegiert wurde, gab er die Erklärung ab, daß er *„grundsätzlich Republikaner sei"* und daß er *„dahin wirken würde, die
Vorzüge republikanischer Staatsverfassung, so weit möglich, mit
der konstitutionellen Monarchie zu vereinen."* (a. a. O.) Nach
Auflösung des Frankfurter Parlaments widmete er sich wieder
dem Aufbau der Freien Gemeinden. *„In der nun beginnenden
Zeit der Reaktion, die äußere Ruhe im Gefolge hatte, fand man
sich selbst, sozusagen, Inventur zu halten, um zu erfahren, wie
man für künftig sich einzurichten haben werde. Seit bereits
mehr als einem Jahrzehnt gehörte ich nun dem öffentlichen Leben an und war wider Willen und Erwartungen in Sturm und
Strom des politischen und parlamentarischen Lebens hineinge-
zogen worden, hatte auch schriftstellerisch mit Erfolg zu wirken
begonnen. Die Arena für parlamentarisches Wirken blieb nun
voraussichtlich für immer geöffnet, und mancher Freund suchte
mich zu bestimmen, in dieser politischen Sphäre meinen künftigen Beruf zu suchen, zumal die freien Gemeinden nun bald
unterdrückt werden würden.
Aber meine Erfahrungen im politischen Leben rieten mir das
Gegenteil. Ich hatte nicht nur hinter die Kulissen geblickt und
gesehen, wie die Regisseure das politische Schauspiel arrangier-
ten, ich hatte auch beobachtet, wie auf diesem Felde fast alle
und jede Identität verloren ging an niederen, menschlichen Leidenschaften; das stieß mich ab, das begann mich aufzureiben . . .
Mein ursprünglicher Beruf dagegen war ganz der idealen Seite
des Lebens zugewendet, der Religion, allerdings nicht dem zelo-
tischen Dogmatismus, der die Kirche beherrschte, sondern der-*

jenigen, die dem Gemütsleben ethische Kraft und Reinheit verlieh ... Mein Hauptberuf blieb nunmehr die Freie Religionsgemeinde, die Pflege des Kultus derselben, die entsprechenden Studien und literarischen Arbeiten, und die durch den Beruf veranlaßten Reisen." (a. a. O.)

Hier wird deutlich, wieviel enttäuschte, brachliegende politische Energie umgeleitet wurde in den Aufbau der eigenen Persönlichkeit um der „Idealität" willen, in den Aufbau überschaubarer Wirkungskreise, deren Idealform der Verein ist, und in unpolitische, ungefährliche, mit dem gutbürgerlichen Habitus des nachbiedermeierlichen Privatgelehrten zu vereinbarende Betätigungsfelder.

„Es war zur Zeit des böhmischen Krieges, als ein anscheinend unbedeutendes Ereignis eintrat, welches mein Verhältnis zur Gemeinde einen Augenblick zu stören drohte, meinem ganzen Leben und Streben aber eine neue Richtung, ein harmonisches Kolorit verlieh. Bereits im Frankfurter Vorparlament hatte ich Gustav Struve kennen gelernt, von dem ich wußte, daß er grundsätzlich kein Fleisch aß." Als nun Baltzer einen Vegetarier, ohne es zu wissen, zu Tisch lud, wurde er mit dem Phänomen direkt konfrontiert. Auf Befragen nannte ihm dieser die Schrift Handbuch der naturgemäßen Lebensweise von Theodor Hahn. „Ich las und ordnete mir die chaotisch hingeworfenen Notizen zum System, in steter Berücksichtigung meiner eigenen Lebenserfahrungen. Längst gewohnt, alle Grundsätze auf ihre Konsequenzen zu prüfen, machte ich mir klar, welche ungeheuren Umwälzungen im Leben der Menschheit aus dem Vegetarismus fließen mußten, wenn die Welt ihn aufnahm. Eine neue materielle und geistige Welt trat wie eine Offenbarung vor mein Auge ... So legte ich den 26. November 1866 die Zigarre für immer beiseite, aß nichts mehr, was von geschlachteten Tieren kommt, ordnete mein physisches Leben nach den Regeln des Systems, soweit sie mir zur Zeit klar waren, und kündigte meiner Frau und Kindern an mit dem Bemerken: wenn sie wissen wollten, weshalb ich das täte, sollten sie mich fragen oder vor der Hand das Buch von Th. Hahn lesen. Vier Wochen später waren sie alle ‚Vegetarianer'." (a. a. O.)

Baltzer wandte nun seine ganze Zeit und Kraft dem Aufbau der Vegetarischen Bewegung zu. „Denn für mich selbst war diese

Sache nicht nur Religion, sondern eine der Vorbedingungen zur Lebenserneuerung der Gegenwart und aller Zukunft." Baltzer gründete in Nordhausen den ersten Vegetarier-Verein mit der Zeitschrift „Vereins-Blatt für Freunde der natürlichen Lebensweise (Vegetarianer)", die ab 1868 erschien. Nun setzte eine gewaltige Vereins- und Publikationstätigkeit ein, die einen theoretischen Überbau hervorbrachte, der über der Frage „Fleisch- oder Pflanzenkost" den politisch-sozialen Zusammenhang mehr und mehr aus dem Blick verlor. Vegetarische Speisehäuser entstanden in großer Zahl in allen Städten. Das erste derartige Lokal soll 1871 in Bayreuth unter Mitwirkung Richard Wagners gegründet worden sein, der sich in einer Schrift für den Vegetarismus einsetzte. Sie wurden zu Versammlungstätten für Lebensreformer aller Richtungen, hier lagen die Zeitschriften aus, konnten persönliche Kontakte angeknüpft und Projekte aller Art erörtert werden. So wurde am 28. Mai 1893 im Vegetarischen Speisehaus „Ceres" zu Berlin die Gründung der „Vegetarischen Obstbau-Kolonie Eden bei Oranienburg" beschlossen.

„Siedlungen sind eine unerläßliche Voraussetzung wahrhaft vegetarischen Lebens; nur sie verbürgen die Verwirklichung unserer Ziele und eine gesicherte Entwicklung der vegetarischen Bewegung" (Georg Förster in: Vegetarische Presse, Jg. 19, 1936, S. 17.) — nicht nur der vegetarischen, muß man hinzufügen, sondern jeder anderen lebensreformerischen Bestrebung ebenfalls, da sie auf Entfaltung des Individuums abzielen und in der Großstadt ihr Haupthemmnis erkannt zu haben glauben.

Parallel zur vegetarischen Bewegung und zu großen Teilen von ihr angeregt entwickelte sich eine neue Ernährungslehre, die auch Impulse aus der Antialkohol- und Antinikotinbewegung aufnahm. Das gesunde Leben sollte mit dem gesunden Essen und Trinken beginnen. Der schon erwähnte Adolf Just (1859 –1936) und der Schweizer Arzt Max Oskar Bircher-Benner (1867–1939) werden allgemein als die geistigen Väter der neuen Ernährungsrichtung angesehen. Stephan Steinmetz (1858– 1930) und Gustav Simons (1861–1914) entwickelten die nach ihnen benannten Vollkornbrotsorten. Im Kampf gegen den Alkoholismus, der eine der schlimmsten Begleiterscheinungen der sozialen Frage im ausgehenden 19. Jahrhundert war, wurden Mineralwässer und Obstsäfte propagiert und allmählich in immer größerem Umfange produziert. Säfte, Trockenfrüchte, pflanzliche Fette und Vollkornbrot wurden in Spezialgeschäften verkauft, deren erste um das Jahr 1887 entstanden, wie die „Gesundheitszentrale" in der Linkstraße am Potsdamer Bahnhof zu Berlin, wo freilich auch der gesamte naturkeilkundliche Bedarf an Badewannen, Wolltüchern und Erdpackungen gedeckt werden konnte. Im Jahre 1900 wird für ein derartiges Geschäft zum ersten Mal der Name „Reformhaus" verwendet, und zwar von dem Wuppertaler Kaufmann Karl August Heynen, der sein Haus „Reformhaus Jungbrunnen" nannte. Fortan waren die „Reformhäuser" Propaganda- und Vertriebszentralen der neuen Ernährungsweise, gleichzeitig oft auch Treffpunkt ihrer Anhänger. (Bis zum ersten Weltkrieg blieb die Zahl der Reformhäuser relativ klein, 1925 gab es etwa 200 in ganz Deutschland, die sich dann gegen Ende der zwanziger Jahre und besonders in den dreißiger Jahren so stürmisch entwickelten, daß ihre Zahl sich 1939 auf etwa 2000 verzehnfacht hatte. Heute gibt es allein in der Bundesrepublik soviel wie damals im ganzen „Reich".)

„Für die Anhänger der neuen Ernährungsrichtung wurde das Reformhaus geradezu zur Einkaufszentrale, weil sie dort ihrer Einstellung entsprechende, schonend behandelte Nahrungsmittel ohne Zusätze von chemischen Färb-, Konservierungs- und Aromastoffen finden konnten. Umgekehrt wurden die Reformhäuser zu wichtigen Propagandastützpunkten für diese Ernährungsrichtung. Daß sich im Zuge der Entwicklung auch eine eigene ‚biologische Landwirtschaft' herausbildete, von dem Gedanken ausgehend, daß die Gesundheit beim Boden beginnt und daß falsch ernährte Pflanzen und Tiere auch keine vollkommene Nahrung für den Menschen abgeben können, sei nur am Rande erwähnt." (Werner Altpeter: Zur Geschichte der Lebensreform. Sonderdruck 1964, S.7) Hier wird der sachliche Zusammenhang von neuer Ernährung und Siedlungsbewegung deutlich.

Körperkultur, Freikörperkultur, Leibeserziehung

Die neuere Körperkulturbewegung, insbesondere die Freikörperkulturbewegung, dürfte ebenso wie die anderen Strömungen der Lebensreform aus mehreren historischen Quellen herzuleiten sein. Hier sind es vor allem die Turn- und Sportverbände und die gymnastische Erziehung, deren Tradition zurückgeht

bis zu Friedrich Ludwig Jahn und dem Philanthropisten Guts-
Muths, andererseits die schon vor der Jugendbewegung bestehenden Wandervereine und die Bestrebungen zur Kleiderreform
(Gustav Jäger, Paul Schultze-Naumburg). Auch die Einflüsse der
Naturheilbewegung (Luft und Sonne neben Wasser und Erde als
wichtigste Heilmittel!) liegen auf der Hand.
Neben Naturheilkunde und Ernährungsreform darf die Freikörperkulturbewegung, auch Nacktkultur, Schönheitsbewegung
oder — moderner — Naturismus genannt, als die bedeutendste
lebensreformerische Gruppierung gelten. Sie hat heute noch
zahlreiche Anhänger in vielen Vereinen, wenn auch durch die
allgemeine Liberalisierung der Badesitten ihr reformerisches
Moment mehr und mehr verloren geht. Die Freikörperkultur
vereinigt in sich alle reformerischen Motive und Tendenzen,
steht doch in ihr der Mensch selbst als handelndes Subjekt wie
als Ziel der reformerischen Lebensweise im Zentrum. So reicht
die Motivskala von den medizinisch-hygienischen Gesichtspunkten über sittliche und ästhetische Begründungen bis zu politisch-
rassebewußten. In den Licht-Luft-Häuschen und Luftparks, war
bereits die Vermischung von hygienischen und „metaphysi-
schen" Motiven — dem a priori heilenden Einfluß nahester Verbindung zu den Elementen — nicht zu übersehen. Nun treten,
in den 80er und 90er Jahren, ästhetische Motive hinzu. Schön
sein kann nur ein gesunder Leib. Karl Wilhelm Diefenbach, der
Lehrer von Hugo Höppener, den er mit dem Namen Fidus ehrte,
wurde zum Pionier der Freikörperkultur. Er badete im verlas-
senen Steinbruch zu Höllriegelskreuth bei München nackt in
Luft und Sonne, ebenso seine Kinder und Schüler. Strafanzeigen
blieben nicht aus.
Vermutlich waren für Diefenbach, der, ein kranker Mann, seine
Überlebenschancen allein in naturgemäßer Lebensweise erblick-
te, die gesundheitlichen Wirkungen des Nacktbadens primär.
Die Visionen aber, der er dabei hatte — erstmalig eine Landschaft mit nackten sonnengebräunten Körpern — wirkte unmittelbar auf seine malerischen Inhalte. Fidus als Teilnehmer dieser
Unternehmungen, lernte hier den menschlichen Körper kennen, wie er immer wieder betont. Die malerischen Motive werden ihn bis in seine späte Zeit ausfüllen. Möglich, daß hier, in
dem lebensreformerischen Anschluß an die Natur eine bisher

232

übersehene Wurzel des Jugendstils zu finden ist: der Mensch als Natur in der Natur. Was Diefenbach und Fidus in Höllriegelskreuth lebten, sahen und in ersten Bildern festhielten, wurde zum später immer wieder variierten Inhalt der Jugendstilmalerei.

Einen Nachhall dieses Naturerlebnisses der Naturisten findet man in einer der zahlreichen, in dem apologetischen Band „Im Lichtkleid", hrsg. von Dr. med. Leopold Fulda, abgedruckten Stellungnahmen zur Nacktkultur. Kurt Hoffmann aus Berlin-Südende berichtet dort (S. 79): *„Sehnsuchtsvoll trat dann die weite rosige Heide vor das Auge mit ihren stolzen schlanken Birken, mit den wehenden, lichtgrünen Zweigen. — Birken, den schlanken, sonnengebräunten Körpern unserer Mädels vergleichbar.—"* Wenn Ernst Bloch in seinem Aufsatz „Herbst, Heide, Sumpf und Sezession" die norddeutsche Landschaft von Worpswede, die Lüneburger Heide und andere vergleichbare, durch Kargheit ausgezeichnete Ödländer zur Urlandschaft des Jugendstils erklärt, so wird sie hier um ein kostbares Requisit vervollständigt, und die zahlreichen Kompositionen aus Birken und Mädchenkörpern, die das Werk von Fidus aufweist, nehmen eine damals neuartige und tief empfundene Sehnsucht nach Einswerden von Mensch und Landschaft auf.

Wenige Jahre danach kaufte sich ein wohlhabender, exzentrischer junger Mann in Loschwitz bei Dresden ein Landhaus. Er nannte es „Lug in's Land" und begann, im Verein mit seiner Frau, ein lebensreformerisches Treiben: Nacktbaden, Wintersport, Skilaufen, Reformkleidung — alles wurde pionierhaft und fanatisch betrieben und in einer Reihe von Schriften untermauert. Die Aphorismen von Heinrich Pudors Broschüren zeigen mehr als einmal, wie sehr damals die lebensreformerischen Entdeckungen in der Luft lagen: so propagierte er, wenige Jahre vor Adolf Just, die Heilkraft der Erde, und, ganz im Zuge der Ablösung Gottes durch die Natur, funktioniert er die Auferstehung von den Toten um in das Bild des aus dem „Grab" des Moorbades geheilt Auferstehenden. Seine Schriften, insbesondere die frühen „Jungbrunnen" und „Nackende Menschen", sind Zeugnisse einer religiösen und zugleich erotischen Annäherung an die Natur. Sie nehmen die ästhetisierende Bilderwelt von Bölsches „Liebesleben in der Natur" vorweg, indem sie den

Heilprozeß durch Bilder vom Begatten, Zeugen und Nähren erläutern.

Durch Richard Ungewitter wurde die Freikörperkultur in ein quasi theoretisches System gebracht. Seine zahlreichen Bücher, die ungeheure Verbreitung erlangten und zusammen mit Schultze-Naumburgs „Kultur des weiblichen Körpers", Stratz' „Schönheit des Weibes" etc. zu den Schönheitsbibeln der Lebensreformer und der Wandervögel gehörten, bilden den Auftakt zur Politisierung der Freikörperkulturbewegung. Schon Pudor deutet im Bilde an, daß er dem nordisch-arischen Menschen allein Schönheit und Zukunft zuspricht: *„Goldenes Haar, blaue Augen, rothe Lippen, weiße Zähne und ein sammet-roth-brauner Leib — das ist die Farbenskala des Körpers der zukünftigen Menschen in Europa".* (Nackende Menschen, S. 10.) Durch Ungewitter wird die Freikörperkultur kategorisch in den Dienst der Rassenverbesserung und Aufartung gestellt. Die nur mühsam ihr erotisches Interesse an der Nacktheit verbergenden Programme der „Schönheit", der Zeitschrift „Hellas" (später: „Deutsch-Hellas") und anderer Nacktlogen und Vereine wirken in ihren Vergöttlichungen auch des schönen Südländers, des sardischen Fischerknaben, der Venezianerin und der Griechin dagegen geradezu kosmopolitisch. Ungewitter gründete einen Verein, in dessen Namen bereits das Programm enthalten ist: „Treuebund für aufsteigendes Leben". Damit schließt er sich den ariosophisch-okkulten Lehren von Lanz von Liebenfels, Guido von List und Wilibald Hentschel an; namentlich letzterer hat in seiner Schrift „Varuna", deren 2. Aufl. den Untertitel „Das Gesetz des aufsteigenden und sinkenden Lebens in der Geschichte" hat, sowie in einer späteren Schrift „Vom aufsteigenden Leben. Ziele der Rassenhygiene." (1910) dem nordisch-germanischen Menschen als der reinsten Art des Ariers die Zukunft der Menschheit versprochen.

War das sittliche Ziel der Freikörperkulturbewegung der Kampf gegen die doppelte Moral, gegen Unaufgeklärtheit und Prüderie, Sexualangst und falsche Scham, und die Ersetzung der alten, durch die Kommerzialisierung der Sexualität (Kaufehe, Bordell, Mitgiftgeschäft etc.) zerrütteten Sexualmoral durch eine neue Ethik, die ohne Triebhaftigkeit auszukommen hoffte, so zeigen einige Daten aus den Anfängen der Bewegung ein anderes Bild:

zur ersten Versammlung der Nacktkulturvereinigung „Hellas" in Berlin erschienen etwa 40 Herren und nur 2 bis 3 Damen, was mit allgemeiner Enttäuschung zur Kenntnis genommen wurde. In den Zeitschriften wie „Schönheit", „Freude", „Licht-Land" etc. dominieren eindeutig Abbildungen weiblicher Akte. Ein zeitgenössischer Kritiker beschreibt das Publikum eines Schönheitsabends: *„Wer einmal in diesen Vorstellungen zu Gaste war, bei denen man anfangs sogar Jungfrau und Jüngling völlig unbekleidet sah, während später doch das Efeublatt der Allmutter Eva die Scham verhüllte, wer dort die Zuschauer sah, die, aus der Tiergartenstraße und ihrer Umgebung gekommen, mit heißen Blicken auf die Bühne starrten und wirklich nicht in rein ästhetischem Genießen schwelgten, der weiß genau, daß hier ganz andere als künstlerische Empfindungen entdeckt worden sind."* (Jeannot Emil Freiherr v. Grotthuß, Aus deutscher Dämmerung. Schattenbilder einer Übergangskultur. 5. Aufl. Stuttgart 1909.)

Und zu den Sammlungen von weiblichen Akten, die unter dem Deckmantel wissenschaftlicher und künstlerischer Studienmittel in großer Zahl auf den Markt kamen, paßt, was Grotthuß weiter über diese Veranstaltungen schreibt: *„Auch in Paris gibt es Nacktdarstellungen. Aber es fällt dem Pariser im Traume nicht ein, etwa behaupten zu wollen, daß er sie aus ‚künstlerischen' Interessen besuche. Das überläßt er den — ich finde keinen besseren Ausdruck — ‚ehrpusselichen' Deutschen. Der Franzose hat wenigstens den Mut zu seinen Begierden, und ich muß offen bekennen, daß ich das immer noch anständiger und geschmackvoller finde als die Tartüfferien unserer angeblichen Kunstenthusiasten, die erst schnell noch eine neue Religion gründen müssen, damit sie sich mit ruhigem Gewissen ihrem ‚Amüsement' hingeben können."*

Einen ihrer schärfsten zeitgenössischen Kritiker findet die Nacktkulturbewegung in Wilhelm Stapel, dem konservativen Herausgeber der Zeitschrift „Deutsches Volkstum". In einem „Die Lichtbekleideten" überschriebenen Aufsatz aus dem Jahre 1926 schreibt er: *„Die Nacktkultur als weltanschaulich begründete Bewegung ist nichts anderes als ein Reflex der Großstadt ... Sie ist eine zivilisatorische Zersetzungserscheinung stadtgeborener Geschlechter ... Es ist eine Parallelerscheinung zu jenem* von Rekord beherrschten großstädtischen Sportbetrieb, der keinen Zusammenhang mehr hat mit der Wahrhaftigkeit des Mannes. Ein solcher Sport führt zum Champion-Geschäft und zum Wettgeschäft. Die Nacktkultur führt zum Zeitschriften- und Pornogeschäft." (Zitiert aus dem Abdruck in dem Essay-band „Stapeleien", Hamburg 1939, S. 284.)

Mit Ungewitter wird die Sexualfeindlichkeit als Lustfeindlich-keit zum Theorem der Freikörperkulturbewegung. Pudor moch-te den Koitus als Lusterlebnis, als nahestes Umarmen der Natur, im „Jauchzen der Zukunft" nicht missen. Nun aber werden Erotik und Sexualität als großstädtische Entartungen des Zeu-gungstriebes verteufelt und bekämpft. Wilhelm Stapel konnte nicht umhin, zu bedauern, daß hier lediglich „der Bierspießer in einen Limonadenspießer" verwandelt wurde und weltan-schauliche Gründe (der Höherzüchtung etc.) herhalten müssen, wo sachliche (der Hygiene, des Sportes etc.) genügen sollten. Der „Rückkehr zur Natur" gesellt sich unversehens die „Rück-kehr nach Alt-Hellas" hinzu. Die Nacktheit der griechischen Skulpturen sollte Vorbild für die Büro-, Korsett- und Moralge-schädigten des 19. und 20. Jahrhunderts werden. Nun wird der Kampf gegen ungesunde Kleidung, der einmal im Namen der Volksgesundheit aufgenommen wurde, im Namen des schönen Frauenkörpers fortgeführt.

Wenn es auch vorher schon Licht-Luft-Bäder wie jenes am Ber-liner Kurfürstendamm gegeben hatte (für das Fidus 1901 das Plakat entworfen hatte), in denen nach Geschlechtern getrennt respektive an verschiedenen Tagen „gebadet" oder Sport getrie-ben wurde, so beginnt doch die eigentliche Freikörperkulturbe-wegung erst mit dem gemeinsamen Sonnenbaden von Männern und Frauen. Die dabei unvermeidlichen Anfechtungen und Pro-bleme dürften der Grund für die Ritualisierung und Ideologisie-rung der Freikörperkulturbewegung sein. Wenn in den Zeit-schriften der Bewegung neben ausgesprochen herben Bildern durchaus laszive Aufnahmen veröffentlicht wurden (vor allem in der „Schönheit" und der „Freude"), so dürfte doch das Ver-halten der „Lichtfreunde" auf ihren „Sonnenland"-Terrains al-les andere als lasziv gewesen sein. Der Preis für das ungehinder-te Anschauendürfen des weiblichen Körpers durch den Mann war eine neue, lichtgeisthafte Prüderie, die von den männlichen

Protagonisten der Bewegung sicher auch aus Gründen der moralischen Selbstverteidigung gepredigt wurde. Man wollte beides: der Lichtschwester beim Turnen oder Baden zuschauen dürfen und dennoch nicht als Lüstling gelten müssen. Aus diesem Dilemma ist der pastorenhafte Ton (Magnus Weidemann, der Herausgeber der „Freude" und einer der eifrigsten Verfechter der Nacktkultur, war übrigens ursprünglich tatsächlich Pastor) und der verkrampfte ethisch-ästhetische Anspruch der Freikörperkulturpublizistik erklärbar.

Diese vier Reformbestrebungen: die Naturheilkunde, die Ernährungsreform und der Vegetarismus, die Siedlungsbewegung und die Freikörperkultur dürfen zur Lebensreform im engeren Sinne gezählt werden, da sie sowohl gemeinsame oder benachbarte Ursprünge haben als auch zur gleichen historischen Stunde eng mit einander verbunden auftraten. Zur Lebensreform im weiteren Sinn bzw. zu den mit der Lebensreform verwandten Strömungen können gerechnet werden: die Frauenbewegung und Ehereformbestrebungen, die Jugendbewegung und die Reformpädagogik (und als deren Teil die Kunsterziehungsbewegung).

Diese drei Bewegungen haben sehr viel ältere, durchaus noch revolutionäre Ansätze. Auch ihre gesamtgesellschaftliche Relevanz ist sehr viel größer. Sie hatten jeweils eigene Verbände und eigene Publikationsorgane. Zu dem Zeitraum freilich, von dem die Rede ist, entwickeln sie vielerlei Gemeinsamkeiten und strukturelle Verwandtschaften mit der Lebensreform im engeren Sinne. Personelle Querverbindungen und gedankliche Anleihen gab es ohnehin häufig genug. In diesem Abriß kann es nicht darum gehen, Frauenbewegung, Jugendbewegung und Reformpädagogik jeweils erschöpfend darzustellen — dazu muß auf die umfangreiche Spezialliteratur verwiesen werden. Hier kann nur angedeutet werden, inwieweit diese Bewegungen zu mehr oder weniger großen Teilen auch lebensreformerisch waren.

Auf alle sieben Bewegungen trifft zu, daß sie in ihrem sozialen Ursprung bürgerlich (meist sogar eher kleinbürgerlich) und in ihrer gedanklichen Grundhaltung idealistisch sind. Die angestrebte Reform soll zwar in ihren Zielen und Wirkungen, nicht aber in ihren einzelnen Maßnahmen und ihren Mitteln politisch sein. Die Veränderung der Gesellschaft wird dort begonnen, wo sie den geringsten politischen Einsatz erfordert und wo mit Sanktionen seitens der Mächtigen am wenigsten zu rechnen ist: im persönlichen Alltagsleben des einzelnen. Durch friedliche Kumulation der Einzelreformen hofft man die — teilweise durchaus als notwendig anerkannte — Umwälzung der gesamten Macht- und Eigentumsverhältnisse kampflos zu erhalten. Reform statt Revolution — ein Programm, das aus der gleichen Bewußtseinslage heraus bereits hundert Jahre zuvor von Friedrich Schiller in seinen „Briefen über die ästhetische Erziehung des Menschen" formuliert wurde und das bereits in der Anfangsphase der Lebensreform von Friedrich Engels als „Flucht aus der platten Misere in die überschwengliche Misere" charakterisiert wurde.

Die Gleichung Lebensreform = Selbstreform wird von den Verlautbarungen der Lebensreformer vollauf bestätigt, ja von diesen in schöner politischer Naivität selbst formuliert, besonders dort, wo eine zusammenfassende Zielbestimmung der gesamten Lebensreform versucht wurde.

Denn es gab auch Versuche, die Intentionen der verschiedenen lebensreformerischen Verbände zu bündeln und in übergeordneten Zeitschriften oder gar in Dachverbänden zusammenzufassen. Freilich blieb es bei Versuchen: die Vereine, die mit dem Anspruch auftraten, die Ziele der gesamten Lebensreform zu realisieren, hatten meist noch weniger Mitglieder als die einzelnen Verbände, die sich nur der Ernährungsreform oder der Freikörperkultur widmeten. Wenn wir im Folgenden aus den Satzungen zweier solcher Gesamt-Reform-Bünde zitieren, so nicht deshalb, weil die beiden Bünde historisch von besonderem Einfluß gewesen wären, sondern weil sich in ihren Verlautbarungen das Selbstverständnis der Lebensreform als einer vielgestaltigen Einheit widerspiegelt.

Der „Deutsche Bund für Lebensreform" bestand bereits 1907, als der „Bund für allseitige Lebensreform des gesamten Deutschtums" gegründet wurde. Organ des ersten Verbandes war die Zeitschrift „Der Mensch" (herausgegeben von Julius Sponheimer), des zweiten die Zeitschrift „Hellas", später „Deutsch-Hellas" (herausgegeben von Hermann Dames).

In seiner Zeitschrift „Hellas" (Heft 2/1907, S. 15 f.) veröffentlichte Hermann Dames den folgenden Aufruf — eine Umarmungsgeste, die ohne Erfolg blieb. Gerade die Vielzahl der Aktivitäten und Verbände, die Dames eingemeinden möchte, läßt die Grenzen seines Versuchs deutlich werden. Doch die Zeit ist voll von solchen privaten Bundgründungen: warum sollte da nicht einer auf die Idee kommen, den „Bund der Bünde" zu gründen? (Auch in der Jugendbewegung waren ja — besonders in der bündischen Phase nach 1918 — Großbundpläne virulent.)

AUFRUF
zur Begründung eines Bundes allseitiger Lebensreform des gesamten Deutschtums.

Motto: Alle Zweifel, Alle Aengste, alle Schmerzen, alle Sorgen,
Werft von euch des Alltags Lasten, denn es kommt der grosse Morgen ...
Schon im Osten steigt die Sonne, rosengoldne Ströme fliessen,
Alle Wälder sind wie Tempel, Wunderblumen seh' ich spriessen.
Horcht, des Herolds Stimme ruft uns, Starken nur gilt sein Verlangen,
Nur die Starken sind geladen, die nicht zweifeln und nicht bangen.
Nur die Reinen, Unbestaubten, die in Liebesflammen brennen,
Nur die glaubenskühn Verwegnen, die den Weg zum Gipfel kennen.
Kommt ihr Starken, ihr Verwegnen, eure Fasten sind zuende,
Alle Welten, alle Sonnen biet' ich euch als Liebesspende ..

(Julius Hart, „Weltfeier").

Ein starkes Sehnen geht wieder durch die Völker deutscher Zunge wie vor hundert Jahren; das Morgenrot einer neuen Zeit leuchtet herauf, und diesmal werden es, scheints, die grauen Nebel reaktionären Geistes nicht, wie einst, verdunkeln. Zu viele schon tragen die Sonne selber in sich, fühlen sich als Mitschaffende der neuen Zeit, als Geist ihrer Zeit.

Sie erkannten, dass in uns selber zumeist sowohl die schwarzen als die heitern Lose liegen ...

Zahlreiche Verbände, Genossenschaften und Einzelstreiter dringen bereits auf den allerverschiedensten Wegen zu harmonievollerer Lebensgestaltung vor.

Aber viele, die ihr ganzes Leben auf einzelne Sonderziele richteten, vergassen darüber das Ganze, dessen Allgemeinförderung das Ziel aller Ziele ist, denn allein im Fortschreiten des Ganzen ist auch die höhere Lebensstufe des Einzelnen dauernd zu begründen.

Wohl hat jede Einzelforschung ihre Berechtigung; denn nur ihr haben wir es zu verdanken, wenn Wissenschaft und Technik eine nie geahnte Höhe erklommen haben.

Aber Kunst und Menschheitskultur sind dahinter zurückgeblieben, und darin liegt die Gefahr, dass wir den Wert der Technik und Einzelforschung als Massstab der gesamten Kulturhöhe betrachten.

In Bibliothekschränken und Einzelköpfen verschlossenes Wissen genügt aber ebensowenig, als eine Religion, Ethik und Kunst, die nicht dem Leben der Zeit dient.

Alles Wissen, alle Idealhöhen, alle Kunstsehnsucht will Tat werden.

Vollmenschen, die alle Konsequenzen ihrer Ideale und Erkenntnisse erleben wollen, ihre Weltanschauung betätigen möchten, brauchen wir trotz aller speziellen Einzelfortschritte.

Weltanschauung! ... Der Mensch, der in seinem Wissensdrange Höhen und Tiefen der alten Erde durchforschte, hat je nach dem Stande seiner Erkenntnisse Weltanschauungen getürmt und wieder eingerissen, wieder getürmt und neu gebaut, wenn sich mit der alten nicht mehr würdig leben liess.

In solchem Zeitalter einer absterbenden und neuwerdenden Weltanschauung stehen heute alle, die bei der notwendigen Kleinarbeit den Blick über das Ganze des Fortschritts noch nicht verloren haben.

Grosse reformatorische Gedanken sind schon zur Tat geworden oder stehen noch im heissen Kampfe der Meinungen, siegesbewusst.

Die riesige Bewegung der Bodenreform, von den Wenigsten in Deutschland noch in ihrer ungeheuren Bedeutung und Nähe des Sieges genügend erkannt, die Reformen der Lebens- und Heilweise, der Schule, des Kunstgewerbes, der Ethik, des Rechts, welche durch die von vielen Seiten noch unterschätzten Sonderbestrebungen eines Vegetarismus, der Theosophie, des Spiritualismus, Reform der sexuellen Ethik, ferner Friedensbestrebungen, Freimaurertum, Frauenbewegung, der Trachtreform, Mutter- und Kindesschutz, Nacktkultur und viele andere gestützt und gefördert werden, sind alle helfende, erlösende Faktoren aus sozialem Elend und geistiger Knechtschaft und als solche trotz aller trennenden oder widersprechenden Meinungen mit Freuden zu begrüssen, — jedoch: **keine dieser zahlreichen Bestrebungen für sich allein vermag eine neue Kultur, ein höheres Menschentum hervorzubringen.**

So wie ein einzelner Baum noch kein Garten ist, kann eine einzelne Reformbestrebung **allein** kein Jungbrunnen des Menschengeschlechts sein.

In ihrer Vereinigung aber, die eine gegenseitige Ergänzung, Ausgleichung der Gegensätze, Klärung der Meinungen und Würdigung der anderweitigen Absichten bedingt, können alle diese Teilbestrebungen **den Garten,** und mit ihren einzelnen Bausteinen **das würdige Haus für höhere Lebenskultur schaffen,** nach welchem in Hunderttausenden des germanischen Volkes eine innere Sehnsucht wie ein Heimweh lebt ...

Schon ist eine gewaltige Vorarbeit dazu von schaffensfrohen Männern und Frauen aller Stände und Richtungen vollbracht, gerade die Kleinarbeit, die so leicht entmutigt, ist getan.

Wir können heute bereits im eigenen Kreise einer sammelnden Organisation reife Früchte des einzeln Gewordenen **dankbar geniessen,** wenn wir aus all den gepflegten Einzelbäumen den Garten zusammenbringen und mit dem gemeinsamen Band der Organisation uns in Freundschaft und Liebe verbinden.

Ein solches Band ist der

Bund für allseitige Lebensreform, dessen Organ die **illustrierte Schriftenfolge „Hellas"** bildet, **in welcher aus dem Lager aller Fortschrittlichen jeder gute reformatorische Gedanke eine Stätte findet,** zur Propagierung des gemeinsamen hohen Zieles.

Es ist nötig, dass **alle Vereine,** auch die vorher nicht genannten, sofern sie auf eine Darlegung ihrer Ziele und Errungenschaften Wert legen, sich an der Verwirklichung des Bundes beteiligen, so zum Beispiel:

Lebensreformer, Gartenstadtfreunde, Dürer- und Goethebund, Gnostiker, neureligiöse Vereinigungen, Gesellschaften für ethische Kultur, für Mutterschutz, für Ehereform, für Kinderpflege, für Kunst im Leben des Kindes, Jugendfürsorge, Volkserziehung, Schulreform, Innenkolonisation, Litteratur- und Künstlervereinigungen, Amateurphotographen-, Sports-, Wanderer-, Radfahrer-, Turner-, Bergsteiger-, Schwimmer-, Körperkultur- und Trachtreform-Vereine **und**

. **Alle sonst, die mit diesen Bestrebungen sympathisieren, gleichgültig, ob sie einem Vereine bereits angehören oder nicht.**

Da sofortige praktische Vorteile aller Art, wie **echteste Kameradschaft, auch** zwischen Männern und Frauen, **ein eigenes Heim** auf freier Scholle **auch dem Minderbemittelten** inmitten herrlicher Natur etc. als

eine neue Heimat für Gleichgesinnte.

dem Einzelnen geboten werden können, **ist jede einzelne Persönlichkeit so gut wie** jeder der Vereine am Anschluss interessiert und wird um seine **Adresse** und **seine Vorschläge für den Ausbau des Bundes** gebeten, die in den folgenden Heften gewürdigt werden sollen; No. 1 gab den grundlegenden Plan der Hellasbewegung.

Mit Gruss an alle Werdenden

Bermann Dames,

Herausgeber der „Illustrierten Schriftenfolge „Hellas" für Natur und Kultur, Kunst und Schönheit, Wissenschaft und Sozialleben.

Berlin N., luvalidenstr. 131.

================ (Abdruck mit genauer Quellenangabe erwünscht.) ================

Aus den Satzungen dieses Bundes (die Dames im 8. Heft der Zeitschrift „Hellas" 1907 veröffentlicht), geht allerdings hervor, daß die praktischen Aktivitäten des Bundes auf kaum mehr als auf Gruppenbilden, Briefeschreiben, Zeitschriftenlesen und Versammlungen abhalten hinausliefen. „Gründung einer Heimgesellschaft für Gleichgesinnte" — als Ferienkolonie oder Altersheim — wird als Fernziel angegeben. Später hat Dames tatsächlich in der Nähe von Oranienburg eine kleine Kolonie namens „Dameswalde" gegründet.

In den Satzungen eines anderen Gesamt-Reform-Bundes, des „Deutschen Bundes für Lebensreform" heißt es unter § 2 (Zweck, Ziele und Mittel): *„Der D. B. f. L. erstrebt eine Erneuerung der körperlichen und geistigen Volkskraft durch Aufklärung über die Naturgesetze, deren Befolgung ein reiner Naturtrieb, die bewußte Erkenntnis (Wissenschaft) und weise Erfahrung gebieterisch fordern. Auf dieser Grundlage fordert der D. B. f. L. von seinen Mitgliedern Selbstreform, das ist Selbsterziehung zur Neugestaltung des persönlichen Lebens, im Einklang mit diesen Gesetzen. Aus dieser Neuordnung des persönlichen Lebens heraus fordert der D. B. f. L.: eine Umgestaltung der Jugenderziehung nach seinen Grundsätzen, eine gesunde Entwicklung geistig-sozialen Lebens mit Läuterung und Veredelung des herrschenden Rechts- und Religionsgefühls, sowie der Kunst und Sitte; eine Neuordnung des wirtschaftlich-sozialen Lebens auf genossenschaftlicher Grundlage, unter Durchführung der Bodenreform, zur endlichen Errichtung einer wirklichen, menschlichen Kulturgemeinschaft."* (Der Mensch, Jg 13, 1906, Nr. 1, S. 2)

An gleicher Stelle heißt es in einer Selbstverständniserklärung der Zeitschrift: *„Der ‚Mensch' tritt ein für eine umfassende*

Um- und Neugestaltung des persönlichen Lebens. Er erwartet und sieht kein Heil in staatlichen Maßnahmen, solange die einzelnen Menschen, aus deren Mitte die Lenker der Geschicke des Volkes entstehen, nicht auf Ausmerzung der Sünden und Fehler im persönlichen Leben, in ihrem kleinen Kreise bedacht sind."
Diese Äußerungen, besonders die letzte, verraten eine deutliche innere Verwandtschaft mit den Bestrebungen der Jugendbewegung, wie sie gleichzeitig und wenig später formuliert worden sind. In einem programmatischen Artikel aus der Zeit des „bündischen Aufbruchs" — des Neubeginns der Jugendbewegung nach 1918 — heißt es: *„Der Mensch muß selbst besser werden, jeder für sich, dann wird auch die Gesamtheit besser. Darum muß jeder, der Mensch werden soll, an sich selbst arbeiten und das gute Werk tun. (...) Heute sehen wir nicht in der Erfassung der Massen durch Verbände das Heil, (...) sondern im Wachsen der Gemeinschaft. Die Schule ist uns ein Teil des Lebens, für den das gleiche gilt: Gemeinschaft, füreinander, nicht gegeneinander. Und darum gilt auch für sie, was für den Staat gilt und was uns von der Revolution trennt: erst der neue Mensch, dann der neue Staat."* (Franz Ludwig Habbel: Etwas ganz Einfaches. In: Der weiße Ritter, Jg 1, Heft 3, Regensburg 1919, zitiert nach Hermann Siefert: Der bündische Aufbruch 1918—1923, Bad Godesberg 1963, S. 38 f.)
In der programmatischen Broschüre „Begriff und Aufgabe der Lebensreform, mit besonderer Berücksichtigung der deutschen Jugendbewegung" (Hartenstein 1921) aus der Feder des Eden-Mitbegründers Dr. med. Friedrich Landmann heißt es: *„Die Lebensreform als Tat setzt sich (...) die Aufgabe, selbstschöpferisch unsere Entwicklung in neue, gesunde Bahnen zu leiten, und zwar trachtet sie dabei — eingedenk der Tatsache, daß Mensch und Umwelt sich wechselseitig bedingen — sowohl den Menschen selbst als auch die menschlichen Verhältnisse zu beeinflussen. Mehr oder weniger wird dies ja auch von Staat und Kirche, von politischen Parteien und anderen gesellschaftlichen Vereinigungen erkannt und erstrebt; von ihnen allen unterscheidet sich aber die Lebensreform dadurch, daß sie als einzige an die Wurzel geht und an ihre Bekenner weit größere persönliche Anforderungen stellt, als jene den ihrigen zuzumuten wagen. Denn Lebensreform ist vor allen Dingen Selbstreform; sie hat*

bei der eigenen Person und im eigenen Hause zu beginnen. Deshalb sind auch in der jetzigen Welt die Lebensreformer stets Ausnahmen." (ebenda, S. 3 f.)

Solche Anschauungen konnten sich durchaus auch antikapitalistisch verstehen: „Der moderne Krämergeist ist in unsern Augen eine der verwerflichsten Erscheinungen. Geschäfte machen, offenbar der einzige Lebenszweck vieler Menschen, heißt heute doch nichts anderes, als an dem, was andere Leute schufen, Geld zu verdienen. (. . .) Wir sind uns so ziemlich darin einig, daß es eigentlich keinen anderen Erwerb geben dürfte, als den Lohn für geleistete Arbeit, eingeschlossen das geistige und künstlerische Schaffen. Wir zweifeln sehr am Gelingen, auf der Grundlage der heutigen kapitalistischen Wirtschaftsordnung einen wohlgestalteten Bau aufzuführen. Deshalb sind wir Lebensreformer zumeist Feinde des Kapitalismus. Darin dürften sich übrigens so ziemlich alle vorurteilslosen und weitsichtigen Kämpfer einig sein, daß der Kapitalismus keine segensreiche Einrichtung ist." (Walter Hammer: Lebensreform und Politik. Schöneberg-Berlin: Verlag Lebensreform, 1910, S. 18 f.)

Dieser politisch naive Antikapitalismus lehnte freilich gleichzeitig die Arbeiterbewegung und ihre damals wichtigste Organisation, die Sozialdemokratie, als materialistisch und damit als ungeistig ab. Dennoch war die Lebensreform, die hier in ihrer ersten Phase bis etwa zur Mitte der zwanziger Jahre umrissen ist — wie die Jugendbewegung oder die Reformpädagogik auch — in ihren Intentionen durchaus emanzipatorisch und progressiv. Gerade die Lebensreform artikuliert verdrängte Bedürfnisse der gesamten bürgerlichen Gesellschaft, wenn auch die Träger und Vorkämpfer dieser Bewegung in erster Linie dem Kleinbürgertum entstammen. Das Proletariat hatte in jener Epoche vorrangig um die Verbesserung seiner primären Lebens- und Arbeitsbedingungen zu kämpfen, seine Kämpfe spielten sich noch fast ausschließlich im Produktionsbereich ab. Für Reformen im Reproduktionsbereich der Arbeitskraft (also in den Bereichen der Wohnung, Kleidung, Ernährung, Erziehung usw.) konnte das kämpfende Proletariat gerade in der Zeit der Sozialistengesetze noch nicht sehr viel Kraft von den eigentlichen Klassenkämpfen abziehen. Das vermögende Großbürgertum und die Reste der Feudalschichten waren hingegen auf Reformen angewiesen, es sei denn zur Beruhigung des sozialen Gewissens oder zur Dekoration der eigenen Lebensweise mit fortschrittsfreundlichen Ornamenten. Durchschlagende Erfolge hatte die Lebensreform denn auch nur in den Bereichen, die die Sozialstruktur der Gesellschaft nicht infrage stellten: in der Kleidungs- und Ernährungsfrage, in der Leibeserziehung und anderen pädagogischen Teilreformen.

An zwei zentralen Problemkomplexen ist hingegen das Scheitern des lebensreformerischen Ansatzes offenkundig: an der ökonomischen und an der sexuellen Frage. Ökonomisch konnten die Lebensreformer auch durch autarke Siedlungsgenossenschaften mit Selbstversorgung oder durch Freigeld- und Freilandtheorien nach der Lehre Silvio Gesells nicht aus der kapitalistischen Geld- und Warenwirtschaft ausscheren. Selbst wenn einzelne Siedlungen eine Zeitlang erfolgreich wirtschafteten oder einzelne Künstler und Propheten als Rentner ihrer Anhängergemeinden ein Auskommen fanden, so war damit die ökonomische Unsicherheit des Kleinbürgertums insgesamt doch keineswegs behoben. Im Gegenteil: die ökonomische Lage gerade der kleinen Handwerker und selbständigen Gewerbetreibenden, der Einzelhändler und der Intellektuellen verschlechterte sich parallel zum Erstarken der Lebensreform fortwährend.

Aus den gleichen Gründen mußten auch die sexuellen Emanzipationsversuche scheitern, die in den Motivationen der Freikörperkulturbewegung verborgen gewesen sein mögen. Denn weder konnten die ökonomischen Zwänge der bürgerlichen Familie durchbrochen, noch konnten etwa die Angst vor den Geschlechtskrankheiten wirksam gebannt oder gar die Versorgung unehelicher Kinder und lediger Mütter sichergestellt werden. Allenfalls konnten einige zaghafte Fortschritte erreicht werden in den Fragen der sexuellen Aufklärung, der freieren Gattenwahl und der Enttabuisierung des menschlichen Körpers. Die sexuelle Libertinage, die manche klerikalen Sittenapostel hinter der Freikörperkultur witterten, fand nicht statt — denn die Nacktheit wurde, kaum daß sie möglich geworden war, sofort wieder ritualisiert und ideologisiert, also entweder in den Dienst einer Licht- und Reinheitsmoral gestellt oder dem allgemeinen Leistungszwang zu körperlicher Gesundheit und Tüchtigkeit unterworfen.

244

Am Beispiel Fidus läßt sich zeigen, wie die Lebensreform selbst in ihrem doppelten Scheitern von einzelnen dennoch vermarktet werden konnte. Fidus hat sowohl die ökonomisch-sozialen als auch die sexuellen Sehnsüchte des Kleinbürgertums thematisiert, er hat ihnen (wie man in Abwandlung eines Wortes von Walter Benjamin sagen könnte) zu ihrem Ausdruck verholfen, ohne ihnen zu ihrem Recht zu verhelfen. Seinen Anhängern und Abnehmern hat er zwar nur Scheinbefreiungen, wie z.B. die Darstellung der bürgerlichen Sexualmisere im Gewande herber Nacktheit, anbieten können. Er selber hat dadurch jedoch seine ökonomische Existenz und wohl auch seine soziale Stellung zeitweise recht gut sichern können.

AUSGEWÄHLTE BIBLIOGRAPHIE

I. Historische Vorläufer — Darstellung, Theorie und Kritik

Armytage, W.H.G., Heavens below. Utopian experiments in England 1560–1960, London 1961

Ball, Hugo, Die Flucht aus der Zeit. Tagebücher 1912–1921, Luzern 1946

Bergmann, K., Agrarromantik und Großstadtfeindschaft, Meisenheim 1970

Berneri, Marie Louise, Journey through Utopia, London 1950

Bestor, Arthur Eugene, Backwood Utopias, Philadelphia 1950

Bloch, Ernst, Geist der Utopie, Frankfurt 1964

ders., Das Prinzip Hoffnung, Frankfurt 1973

Borsodi, Ralph, Flight from the City, New York 1973

Buber, Martin, Pfade in Utopia, Heidelberg 1960

Cohn, Norman, Das Ringen um das Tausendjährige Reich, Bern-München 1961

Engels, Friedrich, Die Entwicklung des Sozialismus von der Utopie zur Wissenschaft (MEW 19), Berlin 1972

Erlay, David, Worpswede–Bremen–Moskau: Der Weg des Heinrich Vogeler, Bremen 1972

Fourier, Charles, Theorie der vier Bewegungen, Frankfurt 1966

Frecot, Janos/ Geist, Johann Friedrich/ Kerbs, Diethart, Fidus 1868–1948, Zur ästhetischen Praxis bürgerlicher Fluchtbewegungen, München 1972

Fuchs, Manfred, Probleme der Wirtschaftsunternehmen der deutschen Jugendbewegung, Diss. Göttingen 1957

Gallwitz, Sophie Dorothea, Dreißig Jahre Worpswede, Bremen 1922

Gross, Babette, Willi Münzenberg, Stuttgart 1967

Hepner, Karl, Die Ikarier in Nordamerika, New York 1886

Hinds, William Alfred, American Communities, Chicago 1908

Hine, Robert V., Californian Utopias, San Marino, Calif. 1953

Hobsbawn, Eric J., Sozialrebellen — Archaische Sozialbewegung im 19. und 20. Jahrhundert, Neuwied—Berlin 1962

Höxter, John, So lebten wir. 25 Jahre Berliner Boheme. Erinnerungen, Berlin 1929

Holloway, Mark, Heavens on Earth, Utopian Communities in America 1860—1880, London 1951

Jordi, Fritz/ Vogeler, Heinrich, Fontana Martina, Gießen 1975

Kaplan, Bert/ Plaut, Thomas, Personality in a Communal Society — An Analysis of Mental Health oh the Hutterites, Kansas 1956

Kapralik, Elena/ Antonin Artaud, Leben und Werk des Schauspielers, Dichters und Regisseurs, München 1977

Krabbe, Wolfgang, Gesellschaftsveränderung durch Lebensreform. Strukturmerkmale einer sozialreformerischen Bewegung im Deutschland der Industrialisierungsperiode, Diss., Göttingen 1974

Kropotkin, Pjotr, Landwirtschaft, Industrie und Handwerk. Die Vereinigung von körperlicher und geistiger Arbeit, Münster 1977

Lafargue, Paul, Das Recht auf Faulheit, Frankfurt 1966

Landauer, Gustav, Aufruf zum Sozialismus, Frankfurt 1967

ders., Beginnen, Berlin 1977

ders., Entstaatlichung, Berlin 1976

ders., Revolution, Berlin 1974

Laqueur, Walter Z., Die deutsche Jugendbewegung, Köln 1962

Liefmann, Robert, Die kommunistischen Gemeinden in Nordamerika, Jena 1922

Linse, Ulrich, Gustav Landauer und die Revolutionszeit 1918—1919. Politische Reden, Schriften u.a., Berlin 1976

Linse, Ulrich, Die Kommune in der deutschen Jugendbewegung. Ein Versuch zur Überwindung des Klassenkampfes aus dem Geiste der bürgerlichen Utopie. Die kommunistische Siedlung Blankenburg bei Donauwörth 1919—1920, München 1973

Morris, H., Utopische Kommunen in den USA, Münster 1976

Münzenberg, Willi, Propaganda als Waffe — Ausgewählte Schriften 1919—1940, Frankfurt 1972

Nearing, H. und S., Living the Good Life, New York 1970

Nordhoff, Charles, Communistic Societies of the United States, New York 1965

Oppenheimer, Franz, Die Siedlungsgenossenschaft. Versuch einer positiven Überwindung des Kommunismus durch Lösung des Genossenschaftswesens und der Agrarfrage, Berlin 1896

ders., Die Utopie als Tatsache. In: Zeitschrift für Sozialwissenschaft, 2. Jhg., Berlin 1899

ders., Weder Kapitalismus noch Kommunismus, Stuttgart 1962

Parrington, Vernon L., American Dreams — A Story of American Utopias, Providence, Rhode Island 1947

Petzet, H. W., Von Worpswede nach Moskau, Heinrich Vogeler. Ein Künstler zwischen den Zeiten, Köln 1972

Proudhon, Pierre-Joseph, Über die Schaffung einer Ordnung in der menschlichen Gesellschaft oder Prinzipien der politischen Organisation, Paris 1927

Starkie, Enid, Das Trunkene Schiff. Das Leben des Jean Arthur Rimbaud, Hamburg 1963

Thoreau, Henry David, Walden oder Leben in den Wäldern, Zürich 1971

Vogeler, Heinrich, Erinnerungen, Berlin 1952

Webber, Everet, Escape to Utopia. The Communal Movement in America, New York 1959

Wooster, E., Communities Past and Present, New Llano 1924

Wurm, Shalom, Das Leben in den historischen Kommunen, Köln 1977

II. Entwicklung seit der Nachkriegszeit — Darstellung, Theorie und Kritik

Aktionsanalytische Organisation, Gefährliche Illusion einer heilen Welt, Berlin—Frankfurt 1977

Allsop, Kenneth, The Angry Decade. A Survey of the Cultural Revolt of the Nineteen-Fifties, London 1958

Arbeitsgemeinschaft Sozialpolitischer Arbeitskreise, Zur alternativen Ökonomie 1, Berlin 1975

dies., Zur alternativen Ökonomie 2, Berlin 1977

Arbeitsgruppe Alternativkatalog, Heft 1, Rüschlikon—Zürich 1975

dies., Heft 2, Rüschlikon—Zürich 1976

Arbeitskreis alternatives Adreßbuch, Das alternative Adreßbuch, Klingelbach 1977

Arnold, David O. (Hrsg.), Subcultures, Berkeley 1973

Autonomie — Materialien gegen die Fabrikgesellschaft Nr. 7: Kommunitäre Selbstorganisation, Alternativprojekte und Pragmatismus, Frankfurt—München 1977

Baacke, Dieter, Beat — die sprachlose Opposition, München 1968

ders., Jugend und Subkultur, München 1972

Bahr, Hans-Eckehard (Hrsg.), Politisierung des Alltags — Gesellschaftliche Bedingungen des Friedens. Berichte und Analysen, Darmstadt—Neuwied 1972

Bahr, Hans-Eckehard/ Gronemeyer, Rainer (Hrsg.), Anders leben — überleben. Die Grenzen des Wachstums als Chance zur Befreiung, Frankfurt 1978

Baldry, Jon, Good and Bad in the Hippy Cult. In: Humanist No. 4, London 1968

Berke, J., Counter Culture — The Creation of an Alternative Society, London 1969

248

Berndt, Heide, Kommune und Familie. In: Kursbuch Nr. 17, Frankfurt 1969

Böckelmann, Frank, Befreiung des Alltags — Modelle eines Zusammenlebens ohne Leistungsdruck, Frustration und Angst, München 1970

Boehmer, Konrad/ Regtien, Ton, Provo — Modell oder Anekdote? In: Kursbuch Nr. 19, Frankfurt 1969

Bookchin, Murray, Für eine befreiende Technologie. In: Duerr, Hans Peter (Hrsg.): Unter dem Pflaster liegt der Strand, Band II, Berlin 1975

ders., Die Grenzen der Stadt, Berlin 1977

ders., Hör zu Marxist! In: Duerr, Hans Peter (Hrsg.), Unter dem Pflaster liegt der Strand, Band I, Berlin 1975

ders., Post Society Anarchism, Berkeley 1971

ders., Umwelt und Gesellschaft, Hamburg 1974

Boutemard, Bernhard Suin de (Hrsg.), Alternatives Vorlesungsverzeichnis freier Nachbarschaftsuniversitäten, Lindenfels 1977

Brinkmann, Rolf Dieter/ Rygulla, Ralf Rainer (Hrsg.), Acid — Neue Amerikanische Szene, Darmstadt 1969

Brockmann, Anna Dorothea (Hrsg.), Landleben — Ein Lesebuch von Land und Leuten. Argumente und Reportagen, Reinbek 1977

Brückner, Peter, Nachruf auf die Kommunebewegung. In: Kerbs, Diethart (Hrsg.), Die hedonistische Linke, Neuwied—Berlin 1970

ders., Provokation als organisierte Selbstfreigabe. In: Politische Aktion und politisches Lernen, München 1971

ders., Die Transformation des demokratischen Bewußtseins. In: Agnoli, Johannes/ Brückner, Peter, Die Transformation der Demokratie, Frankfurt 1968

Brügge, Peter, Deutsche Jugendbewegung 71 — Flucht aus der Gesellschaft. In: Der Spiegel Nr. 33, Hamburg 1971

Brun, Rudolf (Hrsg.), Die tägliche Revolution — Möglichkeiten des alternativen Lebens in unserem Alltag, Frankfurt 1978

Carstensen, Claus J., Gegenökonomie und Alternativkultur. In: Autonomie Nr. 2, Frankfurt—München 1976

Cohn-Bendit, Daniel, Der große Basar, München 1975

Cohn-Bendit, Gabriel und Daniel, Linksradikalismus — Gewaltkur gegen die Alterskrankheit des Kommunismus , Reinbek 1968

Cooper, David (Hrsg.), Dialektik der Befreiung, Reinbek 1969

Davis, F., On Youth Cultures. The Hippie Variant, New York 1971

Dollase, Rainer/ Rüsenberg, Michael/ Stollenwerk, Hans J., Rock People oder Die Befragte Szene, Frankfurt 1974

Dreitzel, Hans Peter, Der politische Inhalt der Kultur. In: Touraine/ Dreitzel/ Moscovici/ Sennet/ Supek/ Birnbaum, Jenseits der Krise — Wider das politische Defizit der Ökologie, Frankfurt 1976

Duyn, Roel van, Die Botschaft eines weißen Heinzelmännchen. Das politische Konzept der Kabauter, Wuppertal 1971 ders., Provo — Einleitung ins provozierende Denken, Berlin 1966

Ellis, R., The Big Beat Scene, London 1961

Enzensberger, Hans Magnus (Hrsg.), Kursbuch Nr. 16 — Kulturrevolution. Dialektik der Befreiung, Frankfurt 1969

Erlenwein, Peter, Identität und Politik — Die Politik der Erfahrung in der amerikanischen Protestbewegung der 60er Jahre, Frankfurt 1977

Fairfield, Richard, Communes USA, London 1972

Feil, Johannes (Hrsg.), Wohngruppe, Kommune, Großfamilie, Reinbek 1972

Feldmann, Gene/ Gartenberg, Max (Hrsg.), The Beat Generation and the Angry Young Men, New York 1958

Geck, Karl (Hrsg.), Free Clinic Heidelberg, Hattersheim 1975

Gizycki, H. von, Alternative Lebensform I — Farmkollektive der deutschstämmigen Hutterer in Süd-Dakota. In: Frankfurter Hefte Nr. 10, Frankfurt 1975

ders., Aufbruch aus dem Neandertal, Neuwied 1974

ders., Zur Sozialpsychologie einer neuen Kommune als Modellpraxis für Demokratisierung. In: Vorgänge Nr. 9, Weinheim 1974

Goeschel, Albrecht (Hrsg.), Richtlinien und Anschläge — Materialien zur Kritik der repressiven Gesellschaft, München 1968

Goodman, Paul, Communities — Ways of Livelihood and Means of Life, New York 1960

ders., Compulsury Miseducation and the Community of Scholars, New York 1964

ders., Growing up Absurd, New York 1960

ders., Like a Conquered Province, New York 1967

ders., People or Personnel, New York 1965

Gorman, C., Making Communes, London 1972

Guattari, Felix, Der Student, der Verrückte und der Katangese. In: Psychotherapie, Politik und die Aufgaben der institutionellen Analyse, Frankfurt 1976

Hack, Lothar, Am Beispiel Berkeley: Rigider Funktionalismus und neue Unmittelbarkeit. In: neue kritik Nr. 41, Frankfurt 1967

Haines, Fred, Hermann Hesse und die amerikanische Subkultur. In: Michels, Volker (Hrsg.), Materialien zu Hermann Hesses „Der Steppenwolf", Frankfurt 1972

Hall, S., The Hippies — An American Movement. In: Nagel, J. (Hrsg.), Student Power, London 1969

Hedgepeth, W./ Stock, D. (Hrsg.), The Alternative — Communal Life in New America, New York 1970

Hillmann, Günter, Die Befreiung der Arbeit. Die Entwicklung kooperativer Selbstorganisation und die Auflösung bürokratisch-hierarchischer Herrschaft, Reinbek 1970

Hoffman, Abbie, Modern Utopian, San Francisco 1971

ders., Revolution for the Hell of it, New York 1968

ders., Woodstock Nation, New York 1969

Hollstein, Walter, Gammler und Provos. In: Frankfurter Hefte Nr. 5, Frankfurt 1967

ders., Hippies im Wandel. In: Frankfurter Hefte Nr. 8, Frankfurt 1968

ders., Der Untergrund — Zur Soziologie jugendlicher Protestbewegungen, Neuwied—Berlin 1969

Hopkins, Jerry (Hrsg.), The Hippie Papers — Notes from the Underground Press, New York 1968

Horowitz, David (Hrsg.), Counterculture and Revolution, New York 1972

Illich, Ivan, Selbstbegrenzung, Reinbek 1975

Ineson, G., Community Journey, London 1956

Jong, Rudolf de, Provos und Kabauter. In: Duerr, Hans Peter (Hrsg.): Unter dem Pflaster liegt der Strand, Band II, Berlin 1975

Jungk, Robert, Der Jahrhundertmensch — Bericht aus den Werkstätten der neuen Gesellschaft, Reinbek 1976

Jungk, Robert u. a. (Hrsg.), Enzyklopädie der Zukunft, Band I, Tübingen 1978

Kaiser, Rolf Ulrich, Underground? Pop? Nein, Gegenkultur! Köln—Berlin 1969

Kanter, Rosabeth M., Commitment and Community, New York 1974

Kerbs, Diethart (Hrsg.), Die hedonistische Linke — Beiträge zur Subkultur-Debatte, Neuwied—Berlin 1970

Kerouac, Jack, The Origins of the Beat Generation. In: Hoffmann, Frederick J. (Hrsg.), Marginal Manners. The Variants of Bohemia, New York 1962

Kinkade, Kathleen, A Walden Two Experiment — The First Five Years of Twin Oaks Community, New York 1973

Klein, Joachim, Auf der Flucht. In: Links Nr. 85, Offenbach 1977

Kommune 2, Kindererziehung in der Kommune. In: Kursbuch Nr. 17, Frankfurt 1969

dies., Versuch der Revolutionierung des bürgerlichen Individuums — Kollektives Leben mit politischer Arbeit verbinden! Köln 1969

Kornbluth, Jesse (Hrsg.), Notes from the Underground, New York 1968

Kosel, Margret, Gammler, Beatniks, Provos. Die schleichende Revolution. Frankfurt o.J.

Kreuzer, Helmut, Die Boheme — Analyse und Dokumentation der intellektuellen Subkultur vom 19. Jahrhundert bis zur Gegenwart, Stuttgart 1971

Krim, Seymour, The Beats, Greenwich, Conn. 1960

Kunzelmann, Dieter, Notizen zur Gründung revolutionärer Kommunen in den Metropolen. In: Böckelmann, Frank/ Nagel, Herbert (Hrsg.), Subversive Aktion — Der Sinn der Organisation ist ihr Scheitern, Frankfurt 1976

Laermann, Klaus, Kneipengerede. Zu einigen Verkehrsformen der Berliner „linken" Subkultur. In: Kursbuch Nr. 37, Berlin 1974

Langhans, Rainer/ Teufel Fritz, Klau mich — Strafprozeßordnung der Kommune I, Frankfurt—Berlin 1968

Leineweber, Bernd/ Schibel, Karl-Ludwig, Die Revolution ist vorbei — Wir haben gesiegt. Die community-Bewegung. Zur Organisationsfrage der Neuen Linken in den USA und der BRD, Berlin 1975

Lerner, M. P., The New Socialist Revolution, New York 1973

Lipton, Lawrence, Die heiligen Barbaren, Düsseldorf 1960

Lowien, Merve, Weibliche Produktivkraft — Gibt es eine andere Ökonomie? Erfahrungen in einem linken Projekt, Berlin 1977

Marcuse, Herbert, Das Ende der Utopie, Berlin 1967

ders., „Ich habe nie behauptet, daß der Kapitalismus krisenfest ist" — Interview mit Herbert Marcuse. In: Sozialistische Correspondenz Info, Frankfurt 1970

ders., Konterrevolution und Revolte, Frankfurt 1973

ders., Versuch über die Befreiung, Frankfurt 1969

Melville, Keith, Communes in the Counter-Culture: Origines, Themes, Styles of Life, New York 1972

Mills, Richard, Young Outsiders. A Study in Alternative Communities, London 1973

Möller/ Kohlhepp/ Neumann, Jugendkommunen, Berlin 1969

Menne, Ferdinand (Hrsg.), Neue Sensibilität — Alternative Lebensmöglichkeiten, Darmstadt—Neuwied 1974

Mosler, Peter, Die Scene, das Dorf. Das Dorf, die Scene. In: diskus Nr. 2, Frankfurt 1975

ders., Was wir wollten, was wir wurden — Studentenrevolte zehn Jahre danach, Reinbek 1977

Noack, Hans-Joachim, Der Traum vom anderen Leben. Neue Landkommunen als Alternativen zur städtischen Zivilisation. In: Frankfurter Rundschau vom 24.12.1976

Paetel, K.O. (Hrsg.), Beat. Eine Anthologie, Reinbek 1972

Peinemann, Steve B., Wohngemeinschaft. Problem oder Lösung?, Frankfurt 1975

Pfütze, H., Sensible Rebellen — narzißtische Ideale. Jugend in der Krise der Gesellschaft. In: Soziale Welt Nr. 2-3, 1967

Plum, Niels Munk u. a., Freistaat Christiania, Münster 1976

Reese, Karin (Hrsg.), DIG — Neue Bewußtseinsmodelle, Frankfurt 1970

Rohner, Meinrad, Wir Kinder der Tertiarisierung. In: Autonomie Nr. 2, Frankfurt—München 1976

Roszak, Theodore, Gegenkultur, München 1973

Rubin, Jerry, Do it! Scenarios für die Revolution, München 1977

ders., We are everywhere, New York 1971

Salzinger, Helmut, Rock Power, Frankfurt 1972

Sander, Hartmut/ Christians, Ulrich, Subkultur Berlin — Selbstdarstellung, Text-, Ton-, Bilddokumente. Esoterik der Kommunen, Rocker, subversive Gruppen, Darmstadt 1969

Sanders, Ed, The Family — Die Geschichte von Charles Manson und seiner Strand-Buggy Streitmacht, Reinbek 1972

Schehl, Hellmuth, Vor uns die Sintflut? Ökologie, Marxismus und die herrschende Zukunftsgläubigkeit, Berlin 1977

Schmid, Thomas, Facing Reality: Organisation kaputt. In: Autonomie Nr. 1, Frankfurt—München 1975

Schwendter, Rolf, Maximen und Reflexionen zur Praxis der antiautoritären Linken. In: Republikanische Verlagsgesellschaft, Heft 1, Stuttgart 1969

ders., Modelle zur Radikaldemokratie, Wuppertal—Barmen 1970

ders., Theorie der Subkultur — Neuausgabe mit einem Nachwort, sieben Jahre später, Frankfurt 1978

Skinner, B. F., Futurum Zwei. ‚Walden Two.' Die Vision einer aggressionsfreien Gesellschaft, Reinbek 1972

Tuynmann, Hans, Ich bin ein Provo — Das permanente Happening, Darmstadt 1967

Ungers, L., Kommunen in der neuen Welt 1740—1972, Köln 1972

Veysey, Laurence, The Communal Experience, New York 1973

Vine, Jan, Beatnik as Anarchist? In: Anarchy No. 31, London 1963

Vollmar, Klaus, Landkommunen in Nordamerika, Berlin 1975

Whitney, N. J., Experiments in Community, Wallingford 1966

Zablocki, B., The Joyful Community, Baltimore 1971

Ziehe, Thomas, Pubertät und Narzißmus, Frankfurt—Köln 1975

Peter Brückner, Diethelm Damm
Jürgen Seifert

1984 schon heute

oder wer hat Angst
vorm Verfassungsschutz?

Berufsverbote fallen nicht vom Himmel, sie werden vorbereitet und zwar von langer Hand. Was der Verfassungsschutz
in Tausenden von Dossiers auf elektronischen Datenbanken
speichert, bekommen die Bespitzelten normalerweise nie zu
Gesicht. Eine Ausnahme stellen die seit Jahren durchgeführten Verhöre dar — vornehm Anhörungen genannt —, in denen Bewerber für den öffentlichen Dienst einer politischen
Gesinnungsprüfung unterzogen werden. Die dort gestellten
Fragen geben einen ersten Einblick in das Ausmaß der Be-
spitzelung und lassen Schlüsse auf die Praktiken der Verfas-
sungsschutzämter zu.
Daneben werden in diesem Band vor allem auch die sozio-
psychischen Reaktionsmuster der potentiell Betroffenen
untersucht. Erst in der Aufschlüsselung solcher Phänomene
wie Vorweganpassung, politische Anonymisierung und individuell paranoischer Verhaltensweisen liegt die Möglichkeit,
eine politische Antwort auf den Zugriff staatlicher Repres-
sionsorgane zu finden.

146 Seiten, DM 8,80

Verlag Neue Kritik

Tatjana Botzat, Elisabeth Kiderlen
Frank Wolff

Ein deutscher Herbst

Zustände
Dokumente, Berichte, Kommentare

Neben detaillierten Analysen von Nachrichten und Kommentaren enthält der Band Berichte der täglichen Erfahrung eines politischen Ausnahmezustands. Die Auswahl konzentriert sich auf September und Oktober 1977, die Zeit von der Entführung Hanns-Martin Schleyers bis zu den Ereignissen in Mogadischu und Stammheim. Mit mehreren Schwerpunkten folgt die Darstellung zunächst den Ereignissen oder vielmehr ihrer Öffentlichkeit.

Was sich in diesen Wochen in der Bundesrepublik abspielte, läßt sich eher als T e n d e n z der Gesellschaft fassen denn als ihre totale Realität. Das Buch versucht, angesichts der schwindelhaften televisionären Luftkriegkommandos, der einen wie der anderen Seite, auf der Erde zu bleiben.

Aus dem Inhalt: Die Tage vor Köln/ Die Entführung/ Nachrichtensperre/Exkurs über das Fernsehen/Gespräch mit dem Polizisten K./ Hexenjagd auf die „Sympathisanten"/ Erklärungen/Kontaktsperre/Ante Mortem/Traumreise von Köln via Mogadisch nach Stammheim/ Wie es bleibt, ist es nicht

207 Seiten mit zahlreichen Abbildungen, DM 11,80

Verlag Neue Kritik